国家级一流本科专业建设点监狱学·系列教材

监狱执法文书

Prison Law Enforcement Documents

吴丙林　栗志杰／主编

法律出版社 LAW PRESS·CHINA | 北京

图书在版编目(CIP)数据

监狱执法文书 / 吴丙林，栗志杰主编．-- 北京 ：法律出版社，2023
ISBN 978－7－5197－7504－9

Ⅰ．①监… Ⅱ．①吴… ②栗… Ⅲ．①监狱－法律文书－写作 Ⅳ．①D916.13

中国国家版本馆 CIP 数据核字（2023）第 011193 号

监狱执法文书
JIANYU ZHIFA WENSHU

吴丙林 栗志杰 主编

责任编辑 慕雪丹 章 雯
装帧设计 汪奇峰 臧晓飞

出版发行 法律出版社
编辑统筹 法商出版分社
责任校对 赵明霞
责任印制 胡晓雅
经　　销 新华书店

开本 710 毫米×1000 毫米 1/16
印张 18.75 **字数** 336 千
版本 2023 年 6 月第 1 版
印次 2023 年 6 月第 1 次印刷
印刷 三河市兴达印务有限公司

地址：北京市丰台区莲花池西里 7 号（100073）
网址：www.lawpress.com.cn
投稿邮箱：info@lawpress.com.cn
举报盗版邮箱：jbwq@lawpress.com.cn

销售电话：010－83938349
客服电话：010－83938350
咨询电话：010－63939796

书号：ISBN 978－7－5197－7504－9
定价：45.00 元
凡购买本社图书，如有印装错误，我社负责退换。电话：010－83938349

编辑委员会

总　序

如果从20世纪初国人翻译日本学者佐藤信安、小河滋次郎等人的监狱学著作算起，现代意义的监狱学在中国出现已有百余年。历经百年沧桑，监狱学已经发展成为涵盖数十门分支学科的学科群。从移译西学到自主创新，从依附西方到独立自主，中国监狱学的百年发展成为中国学术由弱到强发展历程的缩影。

2018年，为推进教材建设，中央司法警官学院启动了监狱学系列教材编写的计划，首批推出五本教材，分别是《犯罪心理学》《监狱学基础理论》《狱政管理学》《罪犯教育学》《法医学》。教材出版得到了兄弟院校的支持和肯定。三年来，高等教育形势发生了变化，监狱工作改革不断推进，司法警官教育取得了一系列成绩，现实对教材建设提出了新要求、新期待。

从全国高等教育形势来看，全国教育大会胜利召开，为加快推进教育现代化、建设教育强国、办好人民满意的教育指明了方向；教育部发布《关于加快建设高水平本科教育　全面提高人才培养能力的意见》（新时代高教40条），教育部会同有关部门联合推出"六卓越一拔尖"计划2.0；教育部、财政部、国家发展和改革委员会联合发布《关于高等学校加快"双一流"建设的指导意见》，明确"双一流"建设的核心是人才培养；《深化新时代教育评价改革总体方案》印发，对引导全党、全社会树立科学的教育发展观、人才成长观、选人用人观具有重大意义。

从监狱改革发展来看，2018年以来，司法部连续召开了两次全国监狱工作会议，要求提高政治站位，夯实监狱事业发展基石，狠抓内部管理，深化监狱改革，打造过硬队伍，不断开创监狱工作新局面。2019年4月，中共中央办公厅、国务院办公厅印发《关于加强和改进监狱工作的意见》，要求努力建设一支信念坚定、执法为民、敢于担当、清正廉洁的高素质监狱人民警察队伍，并强调，加强教学练战一体化培训，进一步加强司法行政系统所属院校警察类专业毕业生培养和入警工作。同时,《刑法修正案(十一)》施行,《社区矫正法》以及修订后的《未成年人保护法》《预防未成年人犯罪法》正式实施,这些新规定的出台,都要求监狱学专业教育教学内容作出及时调整。

作为监狱学研究和教学的重要机构,中央司法警官学院三年来取得了一系列成绩。2019 年 12 月,经教育部高等学校教学指导委员会评议,中央司法警官学院监狱学专业、侦查学专业获批国家级一流本科专业建设点。这是全国首个监狱学一流本科专业建设点,标志着司法行政系统所属高等院校学科专业建设取得历史性突破,对提升人才培养质量、增强服务监管改造工作能力和水平具有重要意义。此后,狱内侦查学入选首批国家级一流本科课程,罪犯教育学课程和团队被评为国家级课程思政示范课程和团队,"新文科建设框架下的监狱学专业升级改造"成功获批教育部首批新文科研究与改革实践项目。

在上述背景下,监狱学专业人才培养目标、培养规格、课程体系乃至教学方式方法等都有必要作出相应调整。为此,我们组织校内外相关学者,同时吸收实务部门专家共同编写"国家级一流本科专业建设点监狱学系列教材"。

教材是教育理念的反映,同时也引领教育理念的变革。一些重要的教育理念,往往可以通过教材内容、形式的变化得到反映。教育需求决定教育创新,学习需要影响教学方式。诚如陶行知先生所说,教的法子必须根据学的法子,学习方式的变革正在悄悄影响着教学方法和教学理念。在教材编写过程中,我们充分考虑学习需求,努力贯彻"学生中心、产出导向、持续改进"理念,注重将价值塑造、知识传授和能力培养三者融为一体,力争体现高阶性、创新性和挑战度。同时,在教材体例上作出调整,在每节之前增加了要点提示,节末设置研究与思考题,在章节中增加图例、图表、专栏或案例,尽量方便学生自学。

期待这个系列教材能为监狱学专业的教育改革、为司法警官教育的高质量发展作出应有的贡献。

中央司法警官学院教材编审委员会

2021 年 7 月

自　序

监狱执法文书涉及三个话题：学术课题、专业课程、教材建设。

从学术课题的角度来看，监狱执法文书的研究，首先要界定其研究范围。从监狱执法的实际需要考量，监狱执法文书是监狱人民警察在执行刑罚、改造罪犯和管理监狱的履职过程中所需要制作的各种公务文书。在长期的公务活动中，公务文书形成了通用文书和专用文书两大类。通用文书适用于所有的公务活动，专用文书仅适用于某个特定的公务领域。监狱在执法过程中，既需要使用通用文书，也需要使用专用文书。另外，监狱执法文书的规范化和智能化研究也在不断推进。

从专业课程的角度来看，监狱执法文书在普通高等教育监狱学专业的人才培养方案中，被纳入专业必修课程之列，这足以说明监狱执法文书课程的重要程度。监狱执法文书是在监狱执法领域使用的公务文书，是监狱人民警察执行刑罚、改造罪犯、管理监狱的文字工具。“工欲善其事，必先利其器。”监狱执法文书课程的开设，旨在提高学生处理监狱各种公务文书的实际能力，打牢公务文书写作的功底，以便日后适应监狱执法岗位的需要。这门课的学习有两个要点。一是“守拙”。“没有规矩不成方圆。”包括监狱执法文书在内的公务文书，从格式到内容，几乎处处有规矩，是规矩最多、规矩最细的文体之一。监狱执法文书课程的学习，不妨从文书的规矩入手，从点滴做起，掌握一个规矩，就可以获得一份成就感，瀚海拾贝，集腋成裘，就可以激发出浓厚的学习兴趣。二是“工巧”。常言道“内行看门道，外行看热闹”，学习监狱执法文书课程，希望同学们给自己树立一个明确的目标，就是努力使自己成为掌握“门道”的“内行”。监狱执法文书领域的“门道”，体现在风格的把握、主旨的生成、材料的融化、结构的安排、笔法的运用等方面。总的来说，监狱执法文书课程的学习，要守规矩、讲门道，做到守拙工巧。

从教材建设的角度来看，随着教学经验的积累和学术研究的深入，监狱执法文书的教材也在不断完善。以中央司法警官学院为例,在开办监狱学专业普通高等教育之初,曾使用吴丙林、王清明主编的《监狱文书写作》(群众出版社2003年版)。2012年吴丙林、裴玉良主编的《监狱文书制作原理与实务》由中国市场出版社出版,成为中央司法警官学院监狱学专业的本科教材。该教材成为此次编写《监狱执法文书》的基础。在此,笔者代表《监狱执法文书》编委会,向中国市场出版社和白琼编辑表示感谢,向《监狱文书制作原理与实务》的裴玉良主编和撰稿人冯昆英、王晶、刘旭、严雪峰老师表示感谢。

本书分为三编共十二章。第一编为总论,含绪论、监狱执法文书构成要素、监狱执法文书制作要领共三章。第二编为专用文书,含刑罚执行文书、狱政管理文书、监狱侦查文书、罪犯教育文书、罪犯心理矫治文书、罪犯劳动管理文书共六章。第三编为通用文书,含常用党政机关文书、常用公共关系文书、常用事务性文书共三章。

本书由中央司法警官学院组织编写,特邀请享受国务院特殊津贴专家、《中国监狱学刊》原主编辛国恩编审担任本书顾问。

本书由吴丙林、栗志杰担任主编,李志艳、王定辉、赵树青、李天发担任副主编,参加撰写的还有柴若冰、高海平、李朝运、董琦、冯景、冯家宁。

撰稿人分工如下:

吴丙林　第一章
王定辉　第二章
栗志杰　第三章
李天发　第四章
赵树青　第五章
柴若冰　第六章
高海平　第七章
李志艳　第八章
冯　景　第九章
冯家宁　第十章
李朝运　第十一章
董　琦　第十二章

本书由主编、副主编讨论拟定编写提纲并审阅初稿，吴丙林、栗志杰统稿，吴丙林定稿。本书经顾问辛国恩编审予以审订，特表示感谢。

由于水平所限，书中疏漏乃至错误之处在所难免，敬请读者批评指正。

吴丙林

2022 年 7 月

目录
Contents

第一编　总　论

第二编　专用文书

第三编 通用文书

第一编　总　　论

第一章　绪　　论

要点提示

1. 监狱执法文书，是监狱在实际工作中使用的具有明确阅文对象、现实效用和规范体式的应用文体，是监狱依法规范履行职能和处理公务的重要工具。

2. 按不同的标准，监狱执法文书分为专用文书和通用文书，统一制式文书和非统一制式文书，表格式文书、填空式文书、实录式文书和拟制式文书。各种类型的文书所起的作用分别为：记录和凭证，管理和沟通，教育和宣传，研究和借鉴。与文学作品、政论文章等文体比较，监狱执法文书具有“实、准、清、直、快”的显著特点。

3. 监狱执法文书的研究，围绕监狱执法过程中的各种公务文书，以提高制作质量为主线，以应用写作知识和监狱执法实务知识为依托，以探讨文书理论、引导技能训练和促成习惯养成为基本内容，从而达成整体提高监狱执法文书制作水平的研究目标。

4. 监狱执法文书的学习，要树立质量观念，把握文体风格，熟悉各种规范，并接受习读范文、评析例文、修改病文、制作符合规范的文书的训练。

第一节　监狱执法文书的概念和性质

一、监狱执法文书的概念

监狱执法文书，是监狱在执法实践中使用的具有明确阅文对象、现实效用和规范体式的应用文体。

（一）监狱执法文书是监狱实际工作中形成的应用文体

1. 文书

“文书”一词有以下几种用法。一是泛指古代的文籍图册，西汉贾谊的《过秦论》中说：“焚文书而酷刑法。”二是指公文、案卷，东汉班固在《汉书·刑法志》中说：

“文书盈于几阁，典者不能遍睹。”在古籍中，有时把这一意义上的文书称为“文案”、“文按”或“文牍”。三是指专管文字材料的职务，如军队连级单位通常设有文书一职。本书中，文书是指人们为处理现实的具体事务而广泛使用的，具有某些惯用格式的应用文体。根据所处理的事务的性质，人们通常把文书分为两大类：一是私人文书，指个人处理私人事务而采用的文书，如私人书信、日记、自传、家谱、著作、手稿、契约等；二是公务文书，是为处理各种公共事务而采用的文书。

公务文书，又称公文，是一切机关、团体、单位在其职能活动中所形成的，承担和发挥一定公务职能的文书，通常分为专用文书和通用文书两大类。专用文书指仅在某行某业中所采用的公务文书。通用文书指各行各业所普遍采用的公务文书，包括党政机关公文和其他常用文书。党政机关公文，由党务文书和行政公文组成，适用于中国共产党机关和国家行政机关的公务活动。原本属于专用文书，但因其在长期使用中形成了一套特定的体式、处理程序和使用规则，并由中央权威机关明文公布和认可，因此为其他许多公务领域吸收、采纳，参照执行，从而成为一类通用文书。因此，通用文书又分为党政机关公文和其他常用文书两大类。

2. 监狱执法文书

监狱执法文书又称“监狱法律文书”或“监狱工作文书”，是指在监狱管理领域使用的公务文书，可分为监狱专用文书和通用文书。监狱专用文书，是指专门适用于监狱工作领域的文书，带有明显的行业性和专业性，如罪犯入监登记表、罪犯奖励审批表、罪犯心理评估表、释放证明书等。监狱工作中使用的通用文书包括党政机关公文和其他常用文书。监狱常用的党政机关公文包括报告、请示、决定、批复、通知、通报、意见、函和纪要等，其他常用文书包括计划、总结、简报、慰问信和感谢信等。党政机关公文采用全国统一的规范体式，规范化程度高；而其他常用文书则没有统一的规范格式，遵循长期使用中形成的惯用格式。

（二）监狱执法文书具有明确的制作主体和阅文对象

1. 制作主体明确

与一般文章“作者”的叫法不同，公务文书的写作主体一般被称为“制作者”，包括制发主体和制作人员。《中华人民共和国监狱法》（以下简称《监狱法》）第 2 条第 1 款规定：“监狱是国家的刑罚执行机关。”监狱执法文书的制发主体，是作为国家刑罚执行机关的监狱，主要指我国依法设置的监狱、未成年犯管教所。监狱的上级管理机关和监狱下设的监区、分监区以及监狱的执法职能部门，也可以成为某些监狱执法文书的制发主体。当然，监狱执法文书的实际写作和处理是由监狱管理人员即监狱人民警察完成的，因此监狱人民警察是监狱执法文书的制作人员。为阐述方便,本书中用“制作者”指代制作主体和制作人员。

2. 阅文对象明确

与一般文章“读者”的概念不同,监狱执法文书的“读者”一般是事先确定的,大多指向某些特定的单位或者个人,只有少量文书是面向社会公众的。监狱执法文书实际上是制作者同接收、阅读的主体进行交流和沟通的工具。因此,在监狱执法文书研究中,一般将接收、阅读文书的主体称为“受文者”或“阅文者”,不大使用“读者”的概念。为受(阅)文者考虑,是监狱执法文书制作过程中必须始终坚持的重要理念。

(三)监狱执法文书用以处理监狱执行刑罚的具体事务

对被判处死刑缓期2年执行、无期徒刑和有期徒刑罪犯执行刑罚,是监狱的法定职责。监狱履行法定职责时,既要依法剥夺罪犯的人身自由,对附加剥夺政治权利的罪犯依法剥夺其政治权利;又要运用监管、教育、组织劳动等手段改造罪犯,努力使其成为守法公民。在惩罚和改造罪犯过程中,监狱需要处理大量的执法、管理和教育事务,监狱执法文书则是处理这些事务的重要工具之一。

(四)监狱执法文书具有现实效用和规范体式

用来处理监狱执法实务的监狱执法文书都具有相应的现实效用。有的文书具备一定的法定效力,有的文书则具备法律意义、教育意义或宣传意义。另外,监狱执法文书都具有程度不同的规范体式。其规范体式分为以下三种情况:一是部分专用文书采用全国监狱系统统一的格式或样式,尚未统一格式的采用各地监狱自行设计的格式;二是监狱系统的党政机关公文采用国家标准所规定的统一格式;三是常用的其他文书采用约定俗成的惯用格式,这种格式文书制作的自由空间大,要求不太严格,但“定式虽无,大体则有”,制作时不能对大体样式、行文习惯全然不顾,任意而为。

二、监狱执法文书的性质

监狱执法文书是监狱依法规范履行职能和处理公务的重要工具。这一表述所揭示的监狱执法文书性质,包含以下三方面的特性:

(一)监狱执法文书的依法性

监狱执法文书的制作和处理有着明确的法律依据。从立法层次上看主要有以下内容:一是由全国人民代表大会制定的刑法、刑事诉讼法等基本法律的规定;二是由全国人大常委会制定的监狱法、人民警察法和国家赔偿法等法律的规定;三是国务院制定的《人民警察使用警械和武器条例》等行政法规的规定;四是司法部制定的行政规章和地方性法规的规定,如司法部制定的《监狱教育改造工作规定》和《监狱提请减刑假释工作程序规定》等。

上述法律依据,主要是对文书名称和基本作用的界定,有明示和暗示两种表现形式。明示即在法律法规和规章中明确提出有关文书的名称。例如,2018 年修正的《中华人民共和国刑事诉讼法》(以下简称《刑事诉讼法》)第 273 条第 2 款规定:“被判处管制、拘役、有期徒刑或者无期徒刑的罪犯,在执行期间确有悔改或者立功表现,应当依法予以减刑、假释的时候,由执行机关提出建议书,报请人民法院审核裁定,并将建议书副本抄送人民检察院。人民检察院可以向人民法院提出书面意见。”《监狱法》第 33 条第 1 款规定:“人民法院裁定假释的,监狱应当按期假释并发给假释证明书。”以上两个条款就分别指出了减刑建议书、假释建议书和假释证明书三种文书,暗示了在法律法规和规章中暗含着文书的名称或使用要求。例如,《监狱法》第 46 条第 2 款规定:“使用武器的人员,应当按照国家有关规定报告情况。”这里虽然没有直接提及文书的名称,却暗含着一个文书,即“使用武器报告书”或称“使用武器报告表”。又如,《监狱法》第 42 条规定:“监狱发现在押罪犯脱逃,应当即时将其抓获,不能即时抓获的,应当立即通知公安机关,由公安机关负责追捕,监狱密切配合。”这里也暗含了一个文书,即“罪犯脱逃通知书”,由监狱制作,发往公安机关。

监狱执法文书承载着监狱工作的具体业务,无论哪一方面的业务都必须严格依照法定的条件和程序处理。文书中不管是记述事实、阐述见解还是表述意图,都必须符合法律规定。监狱用以向社会各界公布信息的文书,还要严格执行党和国家有关宣传工作的规定,履行申报、审核和批准手续,保守国家秘密,注重宣传效果。

(二)监狱执法文书的工具性

监狱执法文书是处理监狱执法实务的文字工具。这一工具在监狱公务活动中发挥着以下几方面的作用:

1. 记录和凭证的作用

“庶务纷纶,因书乃察。”出自刘勰《文心雕龙·书记》的这句话,是说众多政务繁杂纷乱,因为有了文书才得以明察。文书最基本的作用就是记录信息并充当各项事务的凭证。监狱执法过程中,有大量信息需要用文书记录。从罪犯被送到监狱服刑那一刻开始,监狱就要制作罪犯入监登记表、罪犯收监身体检查表等文书,力求完整而详尽地记录罪犯的自然情况、判决内容、家庭成员、社会关系、健康状况等信息,为认识和了解罪犯提供原始而真实的信息资源。罪犯入监以后,监狱要用各种文书持续和完整地记载罪犯服刑和改造表现,为各种刑罚执行事务的处理和监管教育活动的开展提供事实依据，同时也记录下监狱人民警察的执法过程和实际成效。罪犯出监之前，监狱还要制作罪犯出监鉴定表等文书，归纳和总结罪犯整个服刑过程中的实际表现；并运用送达文书的形式，将有关信息提供给公安机关和政府的安置帮教部门，以利于这些机关和部门对刑满释放人员回归社会后的管理、安置和帮教。有些监狱执法文书依法制作完成后，即产生法律效力，成为处理监狱执法实务的凭证。

2. 管理和沟通的作用

在监狱系统内部，监狱运用相应的文书，通知有关事项，通报重要情况，宣布重大决定，发布执法规范，提出工作要求。这些文书是实施管理、维护秩序、提高执法水平和改造质量的重要工具。在与外界打交道时，监狱运用对外文书，将有关情况告知给特定的个人、单位、团体、机关乃至社会公众，表达对某些特定事项的看法、意见、建议或决定。这些文书是监狱与外界保持联系和沟通的重要工具。

3. 教育和宣传的作用

与历史上的旧监狱全然不同，新中国的监狱在全社会的犯罪预防和控制体系中占据着相当独特而重要的地位。新中国监狱以预防和减少犯罪为行刑目的，卓有成效地开展改造活动，使大批罪犯转变成能够与他人和谐相处的守法公民，取得了为世人瞩目的成就。然而，受监狱相对封闭的特性和人们陈旧的思维定式的影响，社会上许多人对大墙以内监狱人民警察的付出和奉献了解得不深不透，甚至对监狱、监狱人民警察还抱有种种偏见，对刑满释放人员也多有歧视。因此，监狱有必要采取各种有效的手段，主动向社会公众宣传监狱公正执法、改造罪犯的成就，让社会公众了解监狱工作，理解并支持监狱人民警察，接纳并帮助刑释人员。“消息”“通讯”“评论”等监狱公共关系文书的制发，就是一种很好的宣传手段。另外，在预防和控制犯罪领域，许多监狱已经成为一些机关单位的警示教育基地，这些情况用适当的文书形式加以传播，也可有效地起到宣传和教育作用。

4. 研究和借鉴的作用

监狱执法文书不仅记载了罪犯服刑改造的大量信息，而且记录了监狱人民警察执法的丰富经验和成功做法；既是监狱人民警察特别是新加入警察队伍的年轻人尽快熟悉执法业务、提升改造质量的重要资源，也是理论工作者开展刑事执法、预防控制犯罪研究的第一手资料。

（三）监狱执法文书的规范性

监狱执法文书是规范化程度比较高的应用文体，有着严格的处理规范和技术规范。

1. 文书处理规范

监狱执法文书处理工作是指监狱执法文书拟制、办理、管理等一系列相互关联、衔接有序的工作,有着比较系统和完整的操作规范。对于通用的党政机关公文,2012 年 4 月 6 日,中共中央办公厅、国务院办公厅联合印发了《党政机关公文处理工作条例》,该条例自 2012 年 7 月 1 日起施行。1996 年 5 月 3 日中共中央办公厅发布的《中国共产党机关公文处理条例》和 2000 年 8 月 24 日国务院发布的《国家行政机关公文处理办法》停止执行。根据该条例的规定,公文处理工作应当坚持实事求是、准确规范、精简高效、安全保密的原则。公文要遵守的行文规则有:行文应当确有必要,讲求实效,注重针对性和可操作性;行文关系根据隶属关系和职权范围确定;一般不得越级行文,特殊情况需要越级行文的,应当同时抄送被越过的机关,等等。

对于监狱系统的专用文书,则要按照司法部监狱管理局《监狱执法文书格式(试行)》和司法部《监狱教育改造工作规定》等规章提出的要求严格执行。尚未统一格式的专用文书,各地监狱管理机关也在积极努力,推出了切合本地监狱工作需要的文书格式,努力实现文书的局部统一。

2. 文书的技术规范

监狱执法文书的制作要遵守一系列的技术规范,在纸张要求、印制要求、文书中各要素排列和标志规则等方面遵守文书格式的规范。

第二节 监狱执法文书的类型和特点

一、监狱执法文书的类型

(一)专用文书和通用文书

根据文书的内容,监狱执法文书分为专用文书和通用文书。

监狱的专用文书大致包括监狱刑务文书、监管文书和教育文书。监狱刑务文书,是指监狱为处理罪犯从收监到释放整个执行过程中与刑罚的实施和变更密切相关的事务所使用的文书,主要包括收监文书、暂予监外执行文书、提请减刑假释文书、申诉控告检举处理文书和出监文书。监管文书,是指监狱在对罪犯日常监管、应急处置和对狱内又犯罪的侦查过程中所使用的文书。教育文书,是指监狱在对罪犯进行教育改造过程中所使用的文书,如罪犯个别教育文书、集体教育文书、社会帮教文书、心理咨询文书、心理评估文书、劳动管理文书等。

监狱通用文书包括监狱系统的党政机关公文、公共关系文书和常用事务文书。监狱常用的党政机关公文有报告、请示、决定、批复、通知、通报、意见、函和纪要等。公共关系文书，简称公关文书，是指监狱在处理公共关系时所使用的文书，如监狱的宣传文书和礼仪文书。常用事务文书有计划、总结、简报、调查报告和公示等。

（二）统一制式文书和非统一制式文书

根据文书体式要求，监狱执法文书分为统一制式文书和非统一制式文书。

统一制式文书适用于全国监狱系统，名称、格式或样式有统一要求。统一制式文书包括三种：一是指2002年司法部监狱管理局颁发的《监狱执法文书格式（试行）》中包含的48种文书；二是司法部及司法部监狱管理局其他正式文件中规定的有关文书，其名称和格式有统一规定；三是监狱工作中所使用的党政机关公文，由于统一执行《党政机关公文处理工作条例》的规定，也属于统一制式文书。

除统一制式文书外，监狱工作中还存在大量的非统一制式文书。非统一制式文书产生的原因如下：一是我国监狱遍布全国各地，地区与地区之间、监狱与监狱之间存在较大的差异，监狱执法中的一些具体做法也不尽相同，以致有些文书短期内难以做到整齐划一。以监狱对罪犯的考核文书为例，虽然全国监狱系统普遍推行对罪犯的现实表现推行量化考核方法，司法部对计分考核工作也有统一的原则性要求，但各地监狱具体做法不尽相同，文书格式自行设计，彼此差异较大。由于监狱执法文书涵盖面广，有的工作领域统一文书制式的条件还不成熟。例如，监狱对罪犯实施的狱政管理涉及监狱对罪犯的组织、处遇、激励、现场管理和监管安全等许多工作，工作中实际使用的文书种类相当庞杂，短期内难以在全国范围内做到名称和格式的统一。二是由于约定俗成等原因，有一部分文书无须统一制式。这一现象不仅出现在监狱执法领域，其他公务领域也是如此。例如，监狱常用事务文书中的计划、总结、简报、调查报告等，历来按照约定俗成的一般格式来处理，没有硬性的规范，也没有统一制式的必要。

（三）表格式文书、填空式文书、实录式文书和拟制式文书

根据文书的格式，监狱执法文书可分为表格式文书、填空式文书、实录式文书和拟制式文书。

表格式文书和填空式文书属于填充文书，此类文书采用事先设计好的格式，制作时只需将内容填入相应的栏目或文书预留的空白处；既方便制作，又方便阅文处理。表格式文书和填空式文书是程式化程度最高的文书。司法部监狱管理局2002年颁发的48种监狱执法文书格式，大部分属于表格式文书和填空式文书。另外，各地监狱根据需要还自行设计了大量的表格，不仅方便实用，而且梳理出了执法实务

的操作过程和操作要点，推动了监狱执法和管理的正规化、科学化的进程。填空式文书的大量使用，有效地节省了制作时间，减轻了处理的难度，深受监狱执法一线警察的欢迎。

实录式文书，是指监狱用于如实记录执法活动的文书。如刑务领域，按照司法部部颁规章的要求，对罪犯提请减刑假释进行评议、评审的各种会议，必须做适时的文字记录，由此形成了各种会议记录文书；监管领域特别是监狱侦查中的调查取证的过程和结果，按法律的规定必须适时记录，由此形成了询问笔录、讯问笔录、现场勘验检查笔录等文书；教育改造领域，按照司法部有关规章的要求，监狱人民警察对罪犯的个别教育过程，也要制作个别谈话记录。监狱工作中的实录式文书显现和记载监狱执法活动的进展和结果，是具有查证、评判和研究价值的原始资料。

拟制式文书，又称文字叙述式或拟稿式文书，需要根据一定的样式和惯用格式处理，通篇内容需要制作者组织文字而成，是制作难度较高的一类文书。

二、监狱执法文书的特点

（一）实

监狱执法文书用来处理监狱在执行刑罚、监管改造、教育改造和公共关系等活动中的具体事务，有着强烈的实用目的，应当体现和符合真实可信、简便实用、文风朴实的特点和要求。

1. 真实可信

监狱执法文书所涉及的监狱执法实务，事关监狱服刑罪犯的切身利益，事关监狱的执法质量和形象，事关法律的尊严和权威；因此写进监狱执法文书的任何话语都必须真实可信，这是监狱执法文书制作的根本。虚构事实而制造内容虚假的文书，是违纪、违法甚至犯罪行为。离开了内容真实，文书就失去了根本；不仅没有任何好的功效，还会给公正执法设置障碍。造假而成的文书，最后变成制作人、签发人违法乱纪的证据。

2. 简便实用

监狱执法文书的形式要服从实务目的，简便实用。司法部监狱管理局从监狱执法实际需要出发，制定了统一使用的文书格式和样式，为制作和处理文书提供了标准和依据；既方便基层单位执法文书的制作，又方便执法文书的阅文者的阅读和处理。根据法律规定和本地区本单位的实际，各地监狱也自行制定了一些执法文书的式样。文书形式的规范化，为实现文书的制作目的、保证文书制作质量提供了便利条件。在大量的非制式文书的使用中，也要坚持形式服务内容的务实精神，采用简便易行的格式，在文书结构上既要完整又要简约，大力删减不必要的内容，力求文约而事丰。

3. 文风朴实

由监狱执法文书性质所决定，文书的语言必须实实在在，朴素自然。“就是要讲符合实际的话不讲脱离实际的话，讲管用的话不讲虚话，讲有感而发的话不讲无病呻吟的话，讲反映自己判断的话不讲照本宣科的话，讲明白通俗的话不讲故作高深的话。”“力求反映事物的本来面目，分析问题要客观、全面，既要指出现象，更要弄清本质；阐述对策要具体、实在，要有针对性和可操作性。要实事求是，有一说一、有二说二，是则是、非则非，不夸大成绩，不掩饰问题。要深入浅出，用朴实的语言阐述深刻的理论。要有感而发，情真意切。”①这一论述，同样适用于监狱执法文书的制作实践。

（二）准

1. 材料准确

监狱执法文书的第一手材料主要来自监狱执法实践，是监狱人民警察通过观察、调查得来的制作文书的素材。作为处理监狱执法实务的工具，监狱执法文书中的材料必须准确无误，只有这样才能保证实务处理结果的正确。在实际工作中，往往一份材料失真失准，就有可能引发连锁反应，最后导致实务处理结果的完全错误。

2. 见解正确

文书用于表达制作者的制作意图，而支撑制作意图的是制作者对相关事项的见解。文书的见解表现为观点、看法、意见等，这些属于制作者对于实际事情的主观判断；主观判断要符合客观实际，符合实务处理的法律法规和规章等有关规范。只有见解正确，才能使实务处理的结果正确。

3. 表述确切

监狱执法文书是用来与阅文者交流与沟通的，必须使用与真实情况相符的语言，力求阅文者理解的意思与制作者想要表达的意思完全一致，力戒使用含混不清、易生歧义的语言。另外，文书的表述要符合制作者与阅文者的关系，适应特定的语言环境，合乎自己的身份和情感。

（三）清

“公文不一定是好文章，可是必须写得一清二楚，十分明确，句稳词妥，让人家

① 习近平：《努力克服不良文风 积极倡导优良文风》，载《求是》2010 年第 10 期。

不折不扣地了解你所要说的是什么。”①叶圣陶先生的这一论述同样适用于监狱执法文书。监狱执法文书无论内容还是形式，都要求清清楚楚、明明白白，便于理解、易于接受。

1. 内容清

监狱执法文书对事实的表述要清楚，即根据事件的调查进展情况，把阶段性的调查成果写清楚。写清楚的前提是想明白，即制作者对事情的思想认识要清楚明白。“一番话在未说之前，我必须把思想先弄清楚，自己先明白，才能让读者明白。”②

2. 文理清

要把心里想明白的问题写出来让别人明白，就需要厘清思路。“思路，是个比喻的说法，把一番话一篇文章比做思想走的一条路。思想从什么地方出发，怎样一步一步往前走，最后达到这条路的终点，都要踏踏实实摸清楚，这就是注意思路的开展。”③文书不仅要思路清晰，而且要注意文气通畅。“古来文章家爱谈文气，有种种说法，似乎很玄妙。依我想，所谓文气的最实际的意义无非念下去顺当，语言流畅妥帖。念不来的文章必然别扭，就无所谓文气。现在我们不谈文气，但是我们训练学生说话作文，特别注重语言的连贯性，个个词要顺当，句句话要顺当，由此做到通体顺当。”④清晰的思路反映在文书的结构上就是层次清楚，有条有理。监狱执法文书讲究以理服人。这里的“理”，既可以理解为文书的义理，也可以同时理解为文书的文理。要使文书收到好的效果，制作者就要把意图和道理有条理地表达出来。

3. 文面清

文面显示着文书的外在质量，主要涉及行文项目、项目位置等。监狱执法文书对格式的要求比较高，什么地方讲什么内容、写什么项目，基本上是固定的；这样既方便了制作，又便于阅文者查找。清晰的文面，还能给人留下清新典雅的第一印象。

（四）直

直述不曲，是文书在漫长的发展过程中形成的颇具特色的表达风格。在叙述、说理和说明等表达方式的使用上，惯用“直笔”，即直陈其事、直录其情、直说其理、

---

① 叶圣陶：《公文写得含糊草率的现象应当改变》，载《新华半月刊》1957年第15期。

② 朱光潜：《温和的修养》，东方出版中心2008年版，第157页。

③ 中央教育科学研究所编：《叶圣陶语文教育论集》（下册），教育科学出版社1980年版，第546页。

④ 中央教育科学研究所编：《叶圣陶语文教育论集》（下册），教育科学出版社1980年版，第469页。

直表其意。

1. 直陈其事

叙述是一种常用的表达方式;在监狱执法文书中则用来记人、记物、记事,三者当中以记事为主。大凡记叙文体,特别是文学性记述文体,其要求是“文似看山不喜平”,因此大都使用曲笔,讲究情节曲折多变,小径通幽。监狱执法文书则恰恰与之相反,在对事情的叙述过程中,其特点就是用直笔,直截了当地讲清事情的来龙去脉,不设悬念,不生枝杈,不肆夸张。这一叙事特点,是文书与记叙文体(特别是文学性记叙文体)的重要区别。

2. 直录其情

这里的情,是指某一项执法工作的进展情况。按照法律法规和规章的规定,对重要的执法活动必须制作笔录或记录式文书。这类文书的制作意图在于如实记录执法的进程及结果,其表达方式属于一种特殊的“说明”。“说明”这一表达方式在监狱执法文书中经常使用,如对于专用词语的解释、文书附属材料的说明等;特别是对于执法活动(如现场勘验检查、询问知情人、讯问犯罪嫌疑人、召开专题会议、对罪犯个别谈话等),其进展情况须形成实时的说明性的文字记录。这种记录也有自己的明显特点和要求,那就是用直笔,真实客观地记录执法活动的进展和结果,不允许记录人掺杂进自己的见解或主观判断,如现场勘验检查笔录、询问笔录、讯问笔录、谈话记录、会议记录等虽然也需要必要的整理,但都必须保持原意和原貌,即所谓“原汁原味”。

3. 直说其理

监狱执法文书有时要使用“议论”这一表达方式。但文书不是学术论文,也不是政论文章,文书中的议论,大多体现为就现实的事情(单一或同类的)提出看法,阐明观点,发表见解,说清理由。文书中的说理也多用直笔,讲究直说其理。“由事而理,由理而断”是常用的章法,必要时也使用“揭示矛盾,明确焦点”等方法。除特别需要外,不提倡旁征博引,而是“就事论事”,过程明快,直达目的。

4. 直表其意

监狱执法文书的直笔,不仅体现在叙事、说理和记录情况方面,而且表现在对主旨(制作意图和核心见解)的表达上;这也是其区别于文学作品的显著标志。文学作品的主题是含蓄的,大都隐藏在字里行间,“只可意会不可言传”。文书则完全不同,其主旨向阅文者直接展示,而且要在文书中的显著位置(如标题、开头或结尾处)直接表达。

使用直笔,是监狱执法文书区别于文学作品的重要标志;但这并不意味着文书的语言可以不看场合，不顾对象，不讲分寸。恰恰相反，用直笔表述出来的每一句话都要得体。实践证明，凡文书中的紧要之处，一旦措辞不当，对阅文者形成某种程度的冒犯，则可能伤害感情、耽误事情、引发危情。在监狱执法文书制作过程中，既要善用直笔，又要顾及阅文者的感情；因此并不是一味排斥婉转的用语，某些场合也讲究“义直而语婉”。

（五）快

快，是指监狱执法文书的成文快速、行文明快。

1. 成文快速

监狱执法文书是用来反映实际情况和解决实际问题的。监狱执法的实际情况变化快，实际问题的解决也要跟上迅速变化的势态，其对策、方法、措施的出台也必须快；因此，相应文书的制作就必须强调一个“快”字。例如，监狱对突发事件的处置过程中，时间是最为紧缺的资源，所有的处置活动都必须在第一时间实施并完成，相应的文书也必须在规定时间内制作完成。监狱需要对外发布新闻消息时，也要在严格履行审查审批程序后，迅速及时地发布出去。又如，减刑和假释是对罪犯有效的激励手段，而激励的实效在很大程度上取决于激励措施的及时性，因此相应的文书必须及时制作和发送。另外，监狱执法活动往往有严格的办理期限，所涉及的文书都必须在规定的时间内完成。迟来的正义不是真正的正义，涉及当事人切身利益的文书，如果不能在规定时限内完成，将会带来严重后果和恶劣影响。监狱执法文书成文要快的特点，也有别于文学作品，文学作品一般没有严格的成文时间的要求。这一特点，也是监狱执法文书制作的难点。很多人不是写不出文书，而是在很短的规定时间内写不出好的文书。这也是为什么要重视文书写作、培养扎实写作功底的重要原因之一。

2. 行文明快

正常情况下，阅文者办理文书所载事项的时间都很有限；因此，制作者必须考虑如何节省阅文者的时间和精力，尽可能使阅文者用最短的时间、花最小的力气读完办清。因此，除非特殊需要，监狱执法文书要提笔入题，一开始就直截了当地进入正题，不容东拉西扯，不要白白浪费自己和阅文者的时间和精力。在行文中，尽量使用简短的句式，做到语言简洁、明快。篇幅处理上，该长则长，该短则短。同等的信息量，则力求篇幅简短。

总之，“实、准、清、直、快”这五个特点和要求既是监狱执法文书与文学作品或文学性的记叙文、说明文和学术论文以及政论文章的区别之处，也是监狱执法文书的文体语体风格的重要组成部分。

第三节　监狱执法文书的研究和学习

一、监狱执法文书的研究

（一）研究内容

以监狱执法文书为对象展开的研究活动，着眼于监狱实际工作需要，研究现阶段监狱工作所使用的文书制作的规范化和科学化问题。其主要包括以下两方面内容：

1. 监狱执法文书制作原理研究

这一部分在于研究监狱执法文书的基本理论问题，如监狱执法文书的概念、性质、分类、作用、特点和基本要求，监狱执法文书的主旨、材料、思路、结构、语言和表达方式等构成要素，监狱执法文书的体式及标准化研究等。

2. 监狱执法文书制作的实务研究

这一部分着眼于监狱执法文书的应用，探讨监狱系统内部各类执法业务所需要的文书如何制作的问题。监狱的执法业务集中在刑罚执行、狱政管理、安全处置、监狱侦查、罪犯教育、罪犯心理矫治和罪犯劳动管理等领域。这些领域需要用到哪些文书？这些文书的制作依据是什么？目前的使用状况如何？应当按照什么格式处理？如何才能制作好这些文书？这些是本书所关注并试图作出明确回答的问题。

从监狱的实际情况来看，一部分监狱执法文书有全国监狱系统统一使用的文书格式。对于这些文书，本书把研究的重点放在“执行”上，以如何按照现有格式写好文书为着力点，不对文书格式本身加以评价。有相对数量的监狱执法文书目前尚无全国监狱系统统一的格式，但这些文书又是依照法律、法规和规章的规定必须制作的。对这一部分文书，不可采取回避的态度，而应当积极地探索和研究，因此本书将着力点放在文书存在的必要性分析和格式的“设计”上。当然，这些格式并非出自作者的凭空想象，而是严格按照法律、法规、规章的规定，并参考了一些实际单位自行设计的格式或样式。

（二）研究思路

1. 提高监狱执法文书制作质量是监狱执法文书研究的一条主线

作为监狱学专业的应用型研究，监狱执法文书研究的目标非常明确，就是提高监狱执法文书的制作质量。所谓文书的制作质量，是内在质量和外在质量的统一。内在质量标准是对文书的实质内容的要求，文书承载的具体实务的处理要恰当，内容表述要得当。外在质量标准是对文书的外在形式的要求,格式和文面应符合要求。从理论探讨到文种介绍,从制作要点讲解到引导学习者练习,本书各个部分、各道环节都是围绕着文书的内在质量和外在质量的提升展开的;这就要求作者和学习者都要有明确的质量观念、精品意识,讲清和学透文书制作的质量标准。

2. 应用写作知识和监狱执法实务知识是监狱执法文书研究的两大基石

要制作出质量比较高的监狱执法文书,离不开两大基石,即应用写作知识和监狱执法实务知识。无数的事例说明,如果不具备应用写作知识,缺乏文字表达的基本功,则写不成监狱执法文书;如果光有文字功夫,不懂监狱执法实务,则写不对监狱执法文书。只有两方面结合起来,既知道"写什么",又知道"怎么写",才有可能"写得好"。监狱执法文书研究的任务就是把应用写作知识和监狱执法实务知识结合起来,解决"写什么""怎么写""如何写得好"这三个问题。

这里要消除两种误解。一种误解是"只要有文字功夫,就能写好监狱执法文书"。基本的写作知识和写作能力是写好监狱执法文书的前提条件,而绝非唯一的充分条件。对监狱工作不了解或了解不透彻,写出的文书必然是外行话充斥其中,甚至犯严重的表述错误。例如,某报报道监狱服刑罪犯获得减刑和假释情况时,在标题中显示某地监狱系统"春节前大规模赦罪",其中"赦罪"的提法就不妥当。我国对犯罪分子赦免罪行的制度只有"特赦",而减刑和假释是刑罚执行中的变更制度,不是赦免罪犯的罪行,况且监狱管理机关无权赦免罪行。文书的实务内容是文书内在质量的体现,不是只要有文字功夫就能应对的。另一种误解是"只要掌握了监狱执法实务,就能写好监狱执法文书"。在此,必须厘清监狱执法文书与监狱执法实务之间的关系:第一,监狱执法文书与监狱执法实务之间是表与里的关系。不懂监狱执法业务的人,绝对制作不出一篇哪怕像点儿样的工作文书。大凡监狱执法文书中出的纰漏和瑕疵,都与业务不通不精有关。第二,监狱执法文书的制作与监狱执法实务之间存在相互补充相互促进的关系。监狱工作中制作的文书是具体业务水平的直观再现,反映的是业务能力的高低。文书的制作过程也是对具体业务的梳理过程。总体来看,监狱执法文书研究与其他监狱业务研究之间既有联系又有区别,彼此之间界限和分工是明确的,不是其他业务研究所能替代的。

3. 探讨文书的理论、引导技能的训练和促进习惯的养成是监狱执法文书研究的三大要点

围绕着研究的质量主线,依托写作和实务两大基石,监狱执法文书研究的要点在于探讨文书的理论、引导技能的训练和促进习惯的养成三大方面。

(1)探讨文书的理论。虽然监狱执法文书研究性质界定为应用型研究,但也不

能脱离文书制作理论的探索。理论的探索在于发现和揭示监狱执法文书的制作规律。遵循规律,便可以顺风顺水,事半功倍;违背规律,则只会是逆水行舟,事倍功半。用以揭示监狱执法文书制作规律的理论,不求深奥,但求透彻和够用。监狱文书制作理论的探索应当将着力点放在如何才能确定好制作目的、如何才能提炼好主旨、如何才能选用好材料、如何才能厘清想清楚思路、如何才能厘清谋划好篇章结构、如何才能运用好语言和表达方式等方面。

(2)引导技能的训练。监狱执法文书研究要讲理论,但更要注重学以致用,因此引导学习者进行技能训练是必不可少的手段和内容。学习者若想要有所收获,不经过一系列写作实践活动是根本不行的。技能训练的目的是消化理论、把握规范、掌握基本技巧,制作出质量比较好的文书。

(3)促进习惯的养成。文书的功能在于应用,理论消化和技能训练的真正价值在于学习者在学习过程中养成了良好的写作习惯,习惯实际上就是在接受训练的过程中所获得的稳定而持久的惯性作用力。这种惯性一旦形成,其效果必然会显现在工作实际之中,从而长久受用。

二、监狱执法文书的学习

(一)树立质量观念

学习监狱执法文书制作的原理与实务,必须具有事业心、责任感,树立强烈的文书制作质量意识。监狱执法文书是监狱执法工作必不可少的工具,正所谓"政事之先务"(意即施政理事的要务,出自刘勰的《文心雕龙·书记》)。监狱执法文书的制作,既涉及当事人的切身利益,又涉及国家刑事执法的客观公正,不容轻视;监狱执法文书的制作,既是监狱人民警察履行职责的一项基本技能,又是监狱人民警察执法水平的一项测评指标,不可小觑。近年来,全国监狱系统在规范执法行为和岗位大练兵中,都把监狱执法文书的制作列为训练和考核的重要科目。监狱执法文书制作质量的优与劣,直接体现了监狱执法和改造罪犯工作水平的高与低。学习监狱执法文书的制作,首要的就是以高度的事业心和责任感对待文书的质量问题,要有一种文书质量意识,彻底扭转"文书质量差一些无关紧要"的观念,像守住公正执法这一监狱工作"生命线"一样把住监狱执法文书制作的质量关。

(二)把握文体风格

就现有的研究成果而言,监狱执法文书的特色和风格具有以下几层含义:一是具有公务文书特色和风格。监狱执法文书是整个公务文书中的一员,其特色和风格明显有别于文学作品和理论文章,表现出务实、简明、整洁、高效等风格和特色。

从这种角度来看,公务文书与其他文体可谓是"两股道上跑的车",各有各的要求,各有各的规律。能够写好公务文书的人员不一定会写诗歌和小说;能写诗歌、小说的作家,也不一定都能写好公务文书;能够写好理论文章的人,也不一定能写出符合规范的公务文书。二是具有监狱执法的行业特色。在公务文书领域,监狱执法文书因其制作目的、制作主体、阅文对象以及所处理公务的内容都在一定程度上有别于其他公务文书,从而呈现出明显的监狱执法行业特色。三是具有监狱执法各领域的专业特色。监狱执法领域涵盖面广,涉及刑务、管理、教育和宣传等专业。各项专业活动产生的文书,自然带有各自的专业特色。有的属于法律文书,行文庄重、严谨、缜密;有的属于教育文书,用语贴切、透彻、深入浅出,易于为罪犯接受;有的属于管理文书,表述准确、凝练、明晰;有的属于公关文书,表达大方、生动、亲切、感染力强。监狱执法文书的风格和特色需要在学习中逐步体会和消化。

另外,要正确选用书面语言和口头语言。书面语言和口头语言是文体风格的两大分野,需要根据实际情况恰当选用。例如,提请减刑意见书等刑务文书,必须使用规范的书面语言;对罪犯教育的讲稿,则应当使用便于跟罪犯群体面对面交流的口头语言。同样是笔录,询问笔录和讯问笔录由于记录的是对话,所以采用口头语言,记录时不能人为地转化为书面语言。但现场勘验检查笔录就不一样,由于记录的是专业的侦查人员对现场勘验检查的情况,所以必须使用书面语言,特别是使用专业术语。

(三)熟悉各种规范

监狱执法文书属于程式化的公务文书,在长期使用中形成了一系列的标准、规则和规程,对文书的内容、形式和办理有着程度不同的规范要求,如行文规范、用语规范、格式规范和办理规范等。大到行文关系、文种选择,小到公章、数字、计量单位、标点符号的使用,文书制作的方方面面都有相应的规范;这些规范对于保证文书的制作质量和实际成效都起着关键作用,是值得高度重视和熟练掌握的学习内容。

(四)强化读写训练

要想写好监狱执法文书,必须依靠"多看"和"多练"。只有如此,理论才能被消化和吸收,规范才能被掌握和运用,制作质量才能有保证,制作水平才能得到切实提升。监狱执法文书的训练包括习读、评析、修改和制作等环节。

1. 习读范文

所谓范文,大体分为两种:一种范文是指可以作为制作模板使用的文书,供初学者模仿,作为样本使用。摹写是入门训练的一条捷径和有效方法,可以使初学者掌握格式,体会风格,写出有模有样的文书。另一种范文则是指写作质量高的模范文章,特别是一些语言大师所写的著名的实用文章。这些文章思路清晰,语言朴素、自然,见解深刻,从中可以为提高文书内在质量汲取大量营养。

2. 评析例文

监狱执法文书课对理论和规范的讲解,为的是给大家提供一项清晰的评判标准,使大家明白哪些才是好文书。评析例文,就把这项评判标准运用起来,指出例文中哪些符合标准,哪些不符合标准;哪些是好的,哪些是差的。例文的评析训练,意在练眼光、品风格、挑毛病,是消化理论、熟悉规范的有效途径。

3. 修改病文

在制作训练中光能看出毛病还不够,还要能把它改过来。俗话说,文章与其说是写出来的,不如说是改出来的,监狱执法文书也不例外,要经过反复修改,才能保证和提高质量。动手修改有毛病的文书,是文书写作的一项基本功,也是切实提高文书制作水平的必经之路。

4. 制作符合规范的文书

根据给定的材料制作出规范的文书,是训练的核心内容和落脚点。通过训练,才能写出质量比较高的监狱执法文书,提高监狱执法文书的制作水平,养成良好的实用写作习惯,从而达成提高文书制作质量的学习目标。

研究与思考

1. 简述监狱执法文书的概念和性质。
2. 简述监狱执法文书的类型和特点。
3. 简述监狱执法文书的研究内容、研究思路和学习方法。

第二章　监狱执法文书构成要素

要点提示

1. 监狱执法文书的构成要素有主旨、材料、思路、结构、语言和表达方式。一篇文书由内容和形式组成:主旨和材料是内容要素,结构和语言是形式要素;而思路则是把内容与形式连接起来的路径和脉络,兼具内容和形式两方面的要素。

2. 主旨是在制作目的支配下所形成的制作意图和核心见解。制作目的指制作一份监狱执法文书想要得到的实际效果,是文书生命意义和实用价值之所在。制作意图指为实现制作目的而采取行动的打算,通常要求单一、直白和居要。核心见解又称主要观点,取自于对材料的提炼和对实务的认识,是制作意图的支撑,在文书中起统领作用,要求正确、鲜明、集中而深刻。

3. 材料为文书提供资源和营养,集材要“广”,选材要“精”,审材要“严”,用材要“巧”。

4. 思路是文书的思想路径,负责输送营养,要求主旨统领,万绪归一;找好线索,一线到底;厘清脉络,首尾相顾。

5. 结构是思路的外显,任务是搭起骨架;因此,要素应齐全,层次要分明,前后关系要清楚。

6. 语言是陈情达意的手段,要体现文书的风格;要求规范、平实,准确、得体,简洁、连贯。

7. 表达方式是表述特定内容的方法、手段,叙述、描写、抒情、议论和说明是监狱执法文书常用的表达方式。

第一节 监狱执法文书的主旨和材料

一、主旨

(一)主旨的含义

监狱执法文书的主旨,是为实现制作目的而形成的制作意图和核心见解。

对于文章的核心要素,人们一般习惯于在文学作品中称“主题”,在记叙文中称“中心思想”,在议论文中称“基本论点”,在说明文中称“中心认识”,而在公务文书中一般称为“主旨”。旨,在古汉语中的原意是“菜肴的美味”,用在文章中主要有两种含义:一是指“意”,即意为旨,意思之称,如“妙达此旨,始可言文”(《宋书·谢灵运传论》);二是指“见”,见解、主张之称,如“今承旨而杀之,是逆天心,顺府意也”(《后汉书·曹褒传》)。主旨,现在则理解为主要的意思和意图、见解和主张。

监狱执法文书是用来处理公务的文字工具。这一工具在使用时必须明确三个基本问题,即“为了什么”“想做什么”“因为什么要这样做”,分别指向制作目的、制作意图和核心见解。

(二)制作目的

1. 制作目的之含义

制作目的,是制作和使用监狱执法文书所希望得到的实际效果。

“目的”一词的字面意思可以理解为“用眼(所瞄准的)箭靶中心”,现代汉语中指“做某事要想得到的结果”。监狱人民警察接受一项文书制作任务,一定要弄清制作这一篇文书想要得到什么样的结果,以便“有的放矢”。

2. 制作目的之特点

(1)制作目的与实务目的相一致。作为一种应用文体,监狱执法文书的制作是为实务的开展服务的,制作目的直接服从和服务于实务目的。例如,给予罪犯表扬、记功或物质奖励等奖励的预期效果,是引导和激励罪犯积极服刑改造,营造争先向上的监管改造氛围,而制作罪犯奖励审批表、罪犯奖励通知书等文书就是为了得到这样的实际结果。如此看来,文书的制作目的与实务目的是一致的,并不存在游离于实务目的之外的其他目的,不是供人欣赏品味、悦人耳目的,而是解决现实工作中的问题。

(2)共同目的和个体目的相统一。在监狱工作各个领域和各个环节使用的所有文书都具有一个共同的目的,就是“正确执行刑罚、惩罚和改造罪犯,预防和减少犯罪”。正因为有了这一整体目的，我们才得以将监狱的法律文书、教育文书、心理矫治文书、公关文书、党政机关公文和事务文书等汇集成同一类别文书（即监狱执法文书）来研究和探讨。不仅如此，在监狱工作内部，每一领域的文书也有着本领域文书共同的制作目的。例如，刑务类文书，为的是正确处理监狱执行刑罚过程中的各种法律事务，以体现依法治国的要求和社会主义法治理念，维护法律的权威和尊严；监管类文书，为的是借助监管过程中的组织、处遇、激励、安全和执法监督等措施的实施，提升监管的规范化、科学化水平，提高监管改造质量；教育类文书，为的是科学组织和实施对罪犯的个别教育、集体教育、社会帮教和心理矫治，促进罪犯思想和行为的良性转变，全面提高教育改造质量。另外，每一种具体的监狱执法文书，还具有自己直接的目的。例如，提请减刑建议书，直接的制作目的是对罪犯实施减刑这一特定的刑事奖励措施，从而引导和激励罪犯积极改造。

（3）单一目的和多重目的相并存。文书的制作目的既有单一性的，也有多重性的，而且后者居多；这是由实务目的的多重性所决定的，正所谓“一箭双雕”或“一石三鸟”。毛泽东在《抗日时期的经济问题和财政问题》的报告中指出，精兵简政必须达到精简、统一、效能、节约和反对官僚主义五项目的。有些监狱执法文书也具有多重目的。多重性的制作目的可分为层级式目的和并列式目的。如前面提到的监狱工作整体目的就是由“正确执行刑罚”“惩罚和改造罪犯”“预防和减少犯罪”三个逐级递进的目的所组成的。层级目的的出现，是因为监狱执法实务自身标准呈现逐步深入、逐级上升的特性。实务操作中，一个浅近目的的背后，往往还有若干个深层的目的；一个预期目标（阶段性目的）达成后，新的目标就会很快出现。除此之外，监狱执法文书还有并列式目的。监狱执法实务往往涉及多方利益诉求，需要按法律规范加以权衡处理。利用法律规范调整利益关系的一项重要原则，就是全面考虑各方利益，恢复或重建利益的均衡状态，以实现社会关系的和谐。例如，在监狱执法实务处理中，既要及时有效制裁犯罪，又要切实保障罪犯的合法权益；这种情势反映在监狱执法文书中，就显现出制作目的多重并行的特征。

3. 制作目的之表现方式

任何一种文书都有着明确的制作目的，但并不是所有的文书都把制作目的用文字直接表现出来。制作目的在文书当中有外显和内藏两种情况。

（1）制作目的之外显。有一部分监狱执法文书尤其是一些监狱常用党政公文当中，制作目的是直接用文字表现出来的，通常在文书的开头部分，以“为”“为了”等字样为标志，直接点明制作目的。当一份文书需要写多层目的时，表述应当有针对性，力求简洁明了，讲究内在逻辑性，一般采用由具体到抽象、由直接到间接、由微观到宏观的顺序来排列。

(2)制作目的之内藏。如果制作目的显而易见或不言自明,就没有必要见诸文字,由此形成了目的内藏的现象。监狱执法文书中显现还是隐藏制作目的要根据实际情况而定。当制作者确认依照阅文者的认知程度,完全可以理解制作目的时,就没有必要写出来;如若不然,则应明确表述。例如,同样是罪犯减刑的问题,在监狱内部的审批文书和提请减刑建议书中没有必要写明目的;但出现在监狱公共关系文书如宣传文书中,由于面对的是对监狱工作了解不深的公众,就有必要把减刑的引导激励目的明确地写出来。

(三)制作意图

1. 制作意图的含义

意图是为实现制作目的而采取行动的打算。"为什么使用这一工具"是制作目的的问题;"想用这个工具干什么"则是制作意图的问题。意图的存在,取决于监狱执法文书的实务工具的性质以及这一工具使用的目的。制作目的决定制作意图,而制作意图则体现制作目的。

意图直接指向一篇文书想要做的事情。例如,2004 年 4 月 27 日最高人民检察院、公安部、司法部《关于开展减刑、假释、保外就医专项检查活动的通知》,在分析了减刑、假释、保外就医工作存在的问题后指出:

"为了解决上述问题,进一步加强和规范减刑、假释、保外就医工作,最高人民检察院、公安部、司法部决定,今年在全国范围内开展一次减刑、假释、保外就医专项检查活动。"

在这一句话中,把目的和意图都表述出来了。"为了解决上述问题,进一步加强和规范减刑、假释、保外就医工作"点出了目的;"今年在全国范围内开展一次减刑、假释、保外就医专项检查活动"又讲出了"想要做的事情",明确了意图。

又如,一份监狱对罪犯刑事判决提请处理意见书在阐述了人民法院对罪犯的判决可能有错误之后写道:

"为此,根据《中华人民共和国监狱法》第二十四条和《中华人民共和国刑事诉讼法》第二百六十四条的规定,提请你院对刘某的判决予以处理,并将处理结果函告我监。"

这里的"提请你院对刘某的判决予以处理"就是这篇文书的意图。

2. 制作意图的种类

制作意图大致分为以下三类:一是告知性意图。以告知某一特定事项为制作意图。监狱在采取某项措施后,要按照规定将有关情况告知给某一特定对象或一定范围内的人员。如罪犯奖励通知书，制作意图是将监狱作出的奖励决定告知给受到奖励的罪犯。二是祈使性意图。以祈使对方有所行动为制作意图，所谓“祈”即“祈求”，所谓“使”即“使令”，二者的共同属性都要求阅文者有所行动。[①] 监狱制发的文书，很多时候是提出要求或建议，如对罪犯刑事判决提请处理意见书，制作意图是要求人民法院或人民检察院核查判决中可能存在的错误；又如，提请假释建议书，制作意图是建议人民法院假释罪犯。三是实录性意图。以实录某个执法活动或执法过程为制作意图，目的是留存第一手资料，如询问笔录、讯问笔录、现场勘验检查笔录、监狱减刑假释评审委员会评审记录等。

3. 制作意图的表达要求

制作意图的表达，要求单一、直白和居要。

（1）单一。监狱执法文书用以解决的实际问题千姿百态、千差万别，解决问题的途径、方法、要求因人而异、因事而异，因此不能将互不相干的问题糅在一起，不能“一锅煮”“一勺烩”，而只能按照程序和权限逐一解决。这就要求监狱执法文书要“一文一题”，有时甚至要“一文一事”，即制作意图要单一。

（2）直白。监狱执法文书的制作意图通常要用文字直接表述出来。这是因为，文书的阅读者不是欣赏意义上的读者，文书学将其称为“阅文者”，阅文者的任务是通过阅读监狱执法文书，了解情况，处理问题。所以，监狱执法文书的制作者要时时处处为阅文者考虑，要让阅文者在第一时间能够了解问题之所在，毫不费力地领会文书的中心思想。因此，制作者应当在文书中直截了当地表达真实意图，不兜圈子，不绕弯子，更不能有意让对方猜测、揣摩。

（3）居要。监狱执法文书的制作意图，不仅要单一和直白，而且还要尽量放置在醒目的位置上，做到“片言居要”。这也是为阅文者考虑的表现，正如梁启超所说，“文章最要令人一望而知其宗旨之所在，才易动人”。制作意图一般置于文书的标题、开头或结尾处。一是在标题中表现制作意图。标题是全篇文书最为醒目的位置，因此应尽可能把制作意图放在标题中去表现。二是在正文的开头表现制作意图。文书的开头部分是除了标题以外最明显的位置，常用来表现制作意图，通常是采用将结论前置的办法。三是将制作意图放在正文的结尾处。这里也是一个显著位置。在一些格式固定的监狱执法文书中，其制作意图的表达往往有固定位置。有的是在文书的标题、开头和结尾处分别表达制作意图的一部分内容，连在一起，就形成了制作意图的全部内容。以监狱起诉意见书为例，从标题上看，是监狱提出起

---

① 吴新元：《公文写作速成》，中国纺织出版社2009年版，第27页。

诉意见,大的方向、范围确定了;正文开头有一种固定的表述即罪犯某某在服刑期间涉嫌某罪,是这篇文书要论述的核心内容;正文的结尾处,则写明具体建议和主送机关等。这三个地方的内容连起来,就是这篇文书的制作意图,即监狱因罪犯某某在服刑期间涉嫌某罪而向人民检察院建议起诉。

单一、直白和居要是监狱执法文书制作意图的一般要求。但也要注意,个别文书如消息、报道等宣传教育文书,由于文体特点和实际需要,其意图有时并不直接显现。

4. 制作目的与制作意图的联系和区别

在监狱执法文书中,目的决定意图,意图体现目的。目的与意图联系非常密切,但两者之间也有着根本性的区别。例如:

"为进一步加强对外国籍罪犯、港澳台罪犯的管理,规范监狱对外国籍罪犯和港澳台罪犯的刑罚执行工作,我局决定对外国籍罪犯和港澳台罪犯的监管改造情况进行调查。现将有关事项通知如下……"

这是《司法部监狱管理局关于对外国籍罪犯和港澳台罪犯监管改造情况进行调查的通知》正文的第一段,这里目的和意图的区分是十分明确的,基本结构可概括为"为……(目的),我局决定……(意图)"。

文书中的目的与意图要分开,不能重叠和重复。如若不然,就会导致"为了此事而做此事"的错误。例如,某市政府办公厅制发的《关于进一步做好刑满释放人员的安置帮教工作的意见》开头表述为:

"为进一步做好刑满释放人员的安置帮教工作,有效减少社会乱源,降低刑释人员重新犯罪率,维护社会稳定,特提出如下意见……"

这份文书中,"进一步做好刑满释放人员的安置帮教工作"在标题中已被确定为意图,开头部分又被"为"字引领作为目的出现,也就是说,"为什么"和"干什么"重叠,从而得出一个不合常规的结论,即"为进一步做好刑满释放人员的安置帮教工作,提出进一步做好刑满释放人员的安置帮教工作的意见"。这一段需要把目的和意图分开,可调整为:

"为降低刑释人员重新犯罪率,有效减少社会乱源,维护社会稳定,现就进一步做好刑满释放人员的安置帮教工作提出如下意见……"

在监狱执法文书中,考虑到阅文者的认知程度,制作目的有时是可以省略的。除一些宣传文书外,监狱执法文书的制作意图则不能省略,否则阅文者就得去猜测、揣摩制作者究竟要干什么,以致费时、费力,有时还会误事。

（四）核心见解

1. 核心见解的含义

核心见解是制作者对文书所述之事的主要观点和基本看法，是支撑制作意图的原因和理由。

前面讲到，文书有告知性、祈使性、实录性意图。当制作者将一些重要事项告知阅文者时，需要说明原因和理由。当祈使对方有所行动时，必然要让对方明白这样做的原因和理由，即“知其然，知其所以然”。制作者对原因和理由的分析结果就是见解，体现着制作者的思想内容。文书中的思想内容体系由文义、层义、段义和句义组成。一般把句义叫作“看法”，段义叫作“意思”，层义叫作“观点”，而文义则是“核心见解”。核心见解是文书各个层级思想内容的统领，其作用在于证明制作意图的正当性和合理性，是制作意图的支撑。

应当指出，并非所有的文书都必须具备核心见解。实录性的文书不能夹带记录人员自己的主观判断，不允许记录员在这类文书中发表自己的看法、观点、见解，因此不存在核心见解，只存在“如实记录某一执法过程和结果”的制作意图。

核心见解有别于制作意图。制作意图在绝大部分监狱执法文书中是不可缺少的，否则阅文者会不明白这篇文书究竟要干什么。但核心见解则不同，缺少核心见解，阅文者也会明白这篇文书要干什么；只不过少了核心见解，阅文者有的时候会不明白这样做的原因和理由，以致不好接受甚至根本就接受不了。一些不需要说明原因和理由的文书中可以没有核心见解，另一些文书的核心见解却是不可缺少的。例如，提请减刑建议书的制作意图是建议为罪犯减刑，那么建议减刑的理由是什么呢？若干条理由集结成一项核心见解，就是制作者认为罪犯的改造表现符合减刑条件，即罪犯确有悔改表现或者确有立功表现。

那么，核心见解是从哪里来的呢？在监狱执法文书中，核心见解来源于对材料的审视和分析，既包括对事实材料的分析，又包括对理论材料和法律材料的把握。核心见解来源于材料，一旦形成后又成为监狱执法文书的灵魂，反过来统领着材料。文书的材料好比人的血肉，核心见解则好比人的灵魂。在需要有核心见解的文书中，如果只有材料，没有核心见解，就好比人只有血肉而没有灵魂。

2. 核心见解的要求

监狱执法文书中的核心见解要正确、鲜明、集中、深刻。

（1）正确。汉语的旨字有义理的意思，如“语高而旨深”（韩愈《答陈商书》）即指文章所确定的核心见解应该是符合义理的。监狱执法文书的核心见解要正确：既要符合实际情况又要符合法律政策规范，既要合情合理又要合法。

(2)鲜明。监狱执法文书的基本观点要明确,结论性的表述要明朗。如有的提请减刑建议书,事实结论写为:“罪犯王某确有悔改或立功表现。”这一句话没有说清该犯究竟具备悔改或立功两者之中的哪种实际表现,给文书材料的组织和内容的表述制造了障碍,也使阅文者不甚了了。

(3)集中。一篇监狱执法文书当中有大大小小的观点、意思和看法,这些思想内容都必须集结到核心见解的大旗之下,由核心见解来统领,为核心见解服务,避免出现游离于主旨的散落混乱现象。

(4)深刻。监狱执法文书的核心见解要深刻。一是内涵深刻,切中问题实质。二是核心见解的表述要力图给人以深刻的印象。作为处理实务的文字工具,监狱执法文书应当给人以一种清新而深刻的印象。

综上所述,核心见解是制作意图的支撑,二者均为制作目的所支配。在制作目的支配下所形成的制作意图和核心见解构成文书的主旨。主旨中的核心见解是文书的灵魂,对通篇文书起着统领作用。鉴于主旨的重要性,制作者必须认真对待,避免出现偏差。

二、材料

(一)材料的含义和种类

材料是监狱执法文书用以表达具体内容的素材和原料。

俗话说“巧妇难为无米之炊”,材料是构成监狱执法文书的基础:没有材料写不成监狱执法文书,材料不足则写不好监狱执法文书。在监狱执法文书中,材料受主旨统领,主旨靠材料支撑。

按不同的标准,文书的材料可以分为不同的类型。

1. 直接材料和间接材料

这是按材料的来源所作的分类。

直接材料,习惯上也称为第一手材料,是指制作者运用各种感知手段或技术手段,直接从现实生活和工作中获取的材料。直接材料源于收集者的见闻、采访和调查,在现实生活和工作中直接采集材料的过程实际上就是求证事实真相的过程。直接材料原始、自然、略显粗糙,但生动、形象、新鲜,是构成监狱执法文书的主要原料。监狱工作的直接材料,往往本身以某种文书形式出现,如记录性的文书、各种笔录等。

间接材料,习惯上也称为第二手材料,是指制作者运用社会交际手段和传媒工具所获得的材料,包括从他人言谈、转述中获得的材料,从阅读书籍、报纸、杂志、文件或其他资料获得的材料,从观看电影、电视、录像或听广播、录音获得的材料等。间接材料经收集审查后,可以较为快捷便利、省时省力地引用到文书之中。当今信息产业为社会提供了丰富的信息,也为人们从各种传播渠道间接获取较为真实可信的第二手材料提供了便利条件。

2. 事实材料、法律材料和理论材料

这是按材料的性质所作的分类。

事实材料反映已经发生或正在发生的真实情况。这类材料既排斥情感、虚构、想象、臆造等主观因素,也排斥道听途说、张冠李戴、捕风捉影、加油添醋等虚假成分。事实材料的收集和审查必须依照有关的程序进行,必要时要制成相应的证据性文书。

法律材料,是指监狱执法文书中支持核心见解所依据的法律规范,包括法律、法规、规章以及司法解释等材料。

理论材料,是指监狱在处理各种实务时所依据的理论研究成果,如各种专著、论文和专业教材等。在监狱执法文书中,理论材料往往用于分析事件性质、阐明处理理由。

3. 本体材料和背景材料

这是根据材料的组合关系划分的。

本体材料,是指承担表现主旨任务、构成文书中心内容的材料,在文书中居于主导地位,往往表现为陈述的主要问题、支撑核心见解的主要论据、记录说明的对象情况。

背景材料,是指在构成文章内容时,对表达主旨起辅助作用、居次要地位的材料。其特点是在文书中辅佐本体材料,为本体材料服务。背景材料用于陈述与主要事实相关联的一些问题、情况或辅助性的论据,对主旨起着铺垫作用。例如,很多文书需要介绍罪犯的家庭情况、个人情况和判决情况,都属于此类材料。

(二)材料的要求

1. 集材要"广"

材料的采集是文书材料准备的第一步,为的是给文书的制作提供资源和营养,因此要力求全面。监狱执法文书的材料大多来自监狱人民警察的一线执法实践,材料的采集汇总与实务活动的开展同步进行,途径多,角度多,方法更多,特别值得关注的是观察、调查和阅览等途径和方法。

观察,作为一种有目的、有计划、比较持久的活动,是形成监狱执法文书材料的最直接的来源。在监狱执法实践中,敏锐的观察力是监狱人民警察的职业素质的基本要求。在罪犯活动现场组织、指挥、监督罪犯活动的人民警察，对罪犯面对面实施管理和教育的过程中，要全面观察罪犯个体和群体的行为表现，善于发现罪犯的各种动向和苗头，勤于查找安全隐患和监管漏洞；其他岗位的人民警察也要善于运用直接或间接的多种手段，观察罪犯的服刑改造情况、监管改造环境建设情况和一线警官的履职情况。所有岗位的监狱人民警察通过观察体验而形成的各种材料，如工作日志、值班记录、谈话记录、动向分析等，可以为制作监狱执法文书提供最直观、最丰富的第一手材料。这些直接来自观察体验的第一手材料，本身大都成为监狱执法文书的组成部分。观察，既是文书材料采集的途径，也是制作文书的一种有效手段。有些文书如讯问笔录、谈话记录，在制作过程中，制作者要将观察得来的当事者的关键表情和动作准确如实记录下来。

调查，是获取准确第一手材料的主要途径。观察体验得来的材料，直观形象但又受人的感官和感知工具（如现场监控手段）自身的局限，结果可能会失真失准。为全面准确地了解实情，正确处理执法实务，就要进行一系列的调查活动，如监狱侦查本身就是一种法定的专门调查活动，又如遍布监管领域的狱情、犯情、警情调查，也是制作监狱执法文书材料的重要来源。

阅览，是获取第二手材料的重要途径，借此采集并积累理论和法律材料，如监狱专业书刊，法学、管理学、教育学、心理学书刊，历史时事资料，社情民情资料等。这些资料所承载的方方面面的知识，都可以为制作监狱执法文书提供丰富的营养。另外，阅览在监狱工作中还有一种重要的含义，就是查阅监狱工作的各种档案材料，如罪犯服刑档案、罪犯心理档案、监狱侦查卷宗等。这些材料中包含各种有价值的信息，为处理执法实务、制作新的文书提供重要材料，也为研究监狱现象和改造工作的历史、现状和走向提供了丰富资源。

2. 选材要“精”

并不是所有采集来的材料都会用到文书之中，材料是否可以运用到文书中必须经历一个精心挑选的过程。挑选的基本标准如下：第一，围绕主旨去选材。主旨不管是制作意图还是核心见解，都是从材料中分析提炼并经过一定程序确定下来的。材料是主旨的重要来源；但主旨一旦形成，就会统领并制约着材料。能够说明主旨的材料可以选进来，与主旨无关的材料则要挑出去。第二，选择有说服力的材料。一篇监狱执法文书，为了节省文字，也为了节省阅文者的时间，选材要坚持少而精的原则，选择最具证明力、影响力的材料，切实注意材料的典型性和新颖性。

3. 审材要“严”

对于挑选出来的材料，必须对其真实性、准确性和合法性进行审查。由主观和客观的种种原因所致，有些采集来的材料可能失真、失准，所以必须进行审查和鉴别。从文书材料的采集可以看出：很多的一手材料本身就是监狱执法文书；这些文书集中在一起，又成为制作一份新的文书的素材；而新的文书形成后，有可能变为制作下一份文书的材料之一。因此，一份材料一旦失察，以讹传讹，极有可能产生“多米诺骨牌”效应，导致一系列实务处理的错误。另外，在监狱执法中，对一些材料还必须进行合法性审查，从程序规范方面保证材料真实性。例如，狱内又犯罪案件的侦查是法定的专门调查工作，必须由监狱明确授权的侦查人员组织实施，询问笔录、讯问笔录和现场勘验检查笔录等文书的制作主体必须合法，法律规定的要素必须完整，应当履行的生效手续必须完备。又如，对监狱执行刑罚事务中文书的材料也必须审查其主体是否合法、程序是否合法、是否具有法律效力或法律意义，审查不合格的材料绝对不能选用到文书当中去。

4. 用材要“巧”

用材，是指对挑选出的材料进行整理、改造、提炼的加工过程。“材有美，工有巧。”《周礼 · 考工记》里的这句话，是说造物要材料上乘，做工精巧。同理，文书制作时材料的加工也要突出一个“巧”字。面对挑选出来的形态各异的素材，要精心组织，巧妙安排，方法得当。材料加工的常用方法有：截取、转述、分类组合和归纳概括等。截取，是从所选的材料中，只摘录或引用其中的一部分、一段甚至一两句；转述，是把有关材料的内容，用自己的话加以叙述；分类组合，是把散见多处或无条理的材料，加以分类和排列组合，使之成为能说明某个问题或观点的有条理的材料；归纳概括，是把众多的材料归纳在一起，对较长的材料加以概括，压缩其篇幅和文字。具体制作中，通常是根据表述具体内容的需要，灵活、巧妙地综合使用这些方法。总之，材料的使用，好比把一块块布料最后缝制成一件衣服一样，加工的要求是裁剪得当，追求舒适得体的整体效果。

第二节　监狱执法文书的思路和结构

一、思路

（一）思路的含义

思路，是指一篇监狱执法文书按照一定的条理表达意图和见解等内容的路径、脉络。在制作监狱执法文书过程中，材料有了，主旨也有了，就要静下心来，考虑这些内容如何组织和安排。这一过程叫作“谋篇”，即谋划篇章结构，想好都讲些什么,在什么地方讲,所有内容如何组合成一篇完整的文书。就像工匠建造房屋一样,“基址初平,间架未立,先筹何处建厅,何方开户,栋需何木,梁用何材,必俟成局了然,始可挥斤运斧”。[①] 在谋篇的过程中,思路的确定是至关重要的。

(二)思路的要求

1. 主旨统领,万绪归一

文书的主旨一旦被提炼出来,就成为文书所有内容的统领:哪些内容可以写,哪些内容不可以写,取舍的标准就是看是否与制作意图和核心见解相符合。与这一篇文书制作意图和核心见解无关的内容,哪怕特别重要,也不能写进这一篇文书当中去。无论简单还是繁复,离题的话一句也不能要,所有的内容都必须指向一个共同的目标,服从和服务于文书的主旨。

2. 找好线索,一线到底

根据主旨确定好内容之后,就要认真考虑怎样把这些内容串联在一起。就像“裁衣之待缝缉”,找好叙事的线索,中途不随意改变,才可以把看似纷乱的内容有条理地排列起来。叙事线索在监狱执法文书中要根据实际情况而定:不同的文书有不同的线索,同一份文书中不同的项目也有不同的线索。如狱内案件结案表中的“侦查简况”和“结案根据和主要证据”两个栏目就要分别选择监狱案件侦办单位的活动和犯罪嫌疑人的活动两条不同的线索。

3. 厘清脉络,首尾相顾

在确定监狱执法文书的思路时,要安排好各项文书内容的编排次序,并做到首尾相顾。很多叙事兼说理型的监狱执法文书采用的是“起承转合”的基本思路。起承转合的表述方法符合人们的接受习惯,在监狱执法文书的记述事实部分经常采用。起,并非指文书首部的罪犯基本情况项目,而是指叙事的开头,一般是写事实结论;承,指承接,以具体事实为承接部分;转,指文转,在具体事实以后,转入理由的分析;合,指合结,得出事实结论,与起句遥相呼应。例如,一份“监狱起诉意见书”对犯罪嫌疑人的涉嫌犯罪事实的记述和说理:先写“犯罪嫌疑人在服刑期间涉嫌盗窃罪”,一上来就告诉这篇文书的阅文者(人民检察院)关于该案的事实结论,把核心见解明白无误地表达出来。这样的文书“起”法,完全体现了文书为阅文者考虑的宗旨。接着用“主要事实如下”承接到具体事实的记述。叙事完了,用“综上所述”转入对案件性质的分析,最后得出“犯罪嫌疑人的行为触犯《中华人民共和国刑法》第二百六十四条的规定,涉嫌盗窃罪”。至此,事实部分“合结”,与起句遥相呼应。

---

① 《李渔全集》(第3卷),浙江古籍出版社1992年版,第4页。

当然,文无定法,并非所有的文书都必须具备起承转合四个部分并按照固定次序编排。如监狱的新闻稿中,通常是把文稿中最能吸引人的部分选出来放在开头,接着写具体内容;而文转和合结的部分可以写,也可以省略。

二、结构

(一)结构的含义

结构,是指监狱执法文书内容的外在组织形式。结构主要包括整篇文书的框架和层次,这两个方面都是由思路决定的。结构是外在的,思路是内在的,结构是思路的外显。文书的制作要"有物有序",既要有内容又要讲次序。文书的次序安排表现为结构,其总体要求是完整、连贯和严密。完整,要求制作要素齐全,无残缺。连贯,要求脉络畅通,贯穿首尾,自然流畅,不脱节不断气。严密,要求文章的各个部分之间有严密的逻辑联系:既不能出现前后内容互不相干,更不能出现前后内容相互矛盾的现象。

(二)结构的要求

1. 要素完整

文书的结构要求完整,主要是对结构要素而言的;一篇文书根据规范要求和实际需要,应该写的内容或项目不能缺失。这里有以下几种情况:第一,有统一格式或样式的文书,项目和内容有明确规定,这些定型的要素不容许制作者随意增减和改动,要严格按照格式或样式的要求处理,不能缺项。有固定格式的表格式文书所规定的项目必须逐项填写,不能遗漏。当一些项目确实没有填写内容时,也要用笔画出一道斜线表示无内容可填,或者用"无"或"暂无"等字样在该项目处注明,不允许出现空白栏目。第二,对于格式或样式没有硬性要求的文书,其结构要素根据约定俗成的程式化要求和实际需要来确定,可分为必备要素和选择要素。文书的标题和发文机关、成文日期等通常被视为必备要素,是每一种文书都不可缺少的结构要素;文书号、受文单位、附项等则属于选择要素,不是每一种文书都必须有的。总之,结构要素的确定,要根据程式化(包括有明文规范和约定俗成两种情况)和文书制作的实际需要而确定。必要的项目不能残缺,否则会给内容表达和文书办理制造障碍;不必要的项目也不能硬凑,片面追求结构要素完整只会使文书结构臃肿,从而影响文书办理实际效果。

2. 层次分明

文书的结构不仅应当要素齐全完整,而且应当层次分明。按照事先设计好的思路把要写的内容分成不同的部分,然后依照一定顺序分别写出来,就形成了文书的不同层次。每一个层次集中讲一个话题,内容要相对独立;各个层次之间分工明确,不杂、不乱、不重复。

3. 前后关系清楚

层次之间既要明确分工,彼此相对独立;又要前后衔接,彼此相互照应。层次之间的关系清楚是制作者思路清晰的外在表现,每一层次之间要呈现出严谨的内在逻辑关系和清晰的外在表达关系,逻辑关系与表达关系要达到和谐统一。一般而言,层次之间呈现总分关系、正补关系、承接关系、递进关系、转接关系、并列关系等。

总分关系,即前一部分是总说,后面的部分是分说;或者前面的是分说,后面的是总说。正补关系,即前面的内容是主体,后面的内容是对主体内容的补充和说明。承接关系,即后一部分接着前面的内容继续阐述。递进关系,即相连的几个部分就同一个话题逐层深入,或按时间事件的先后纵向展开,或依照观点见解层层剥笋。转接关系,即后一部分话锋出现转折,转向另外的内容,如前面叙述事实,后面则转向阐述理由。并列关系,即前后内容围绕一个话题从不同的方面横向展开。

第三节　监狱执法文书的语言和表达方式

一、监狱执法文书的语言

(一)语言要规范、平实

1. 规范

(1)规范使用监狱执法的专业词语。作为监狱执法的文字工具,监狱执法文书承载着大量的有关刑罚执行、监管改造、教育改造以及公共关系等执法管理领域的具体业务,由此必然产生大批的专业词语。这些词语在监狱执法文书当中的使用,既是实际业务的需要,也是监狱执法文书语言行业特点的体现。正确使用专业词语,既方便制作和处理,也可以使文书的语言表达严谨、简洁和庄重。

(2)规范使用书面语言和口头语言。监狱执法文书构成复杂:既有法律文书,又有教育文书,还有公关文书和党政公文等。书面语言与口头语言选用,必须根据每一种文书的实际情况来确定。有的文书必须使用规范的书面语言,切忌口语化;有的文书则偏向于口头语言,其使用也有规范性的要求。不管是书面语言还是口头语言,除非为如实记录特定情形,使用时都必须排斥"黑话""隐语"。

(3)遵守语言文字一般使用规范。监狱执法文书中要规范使用数字、层次序号、计量单位、标点符号等项目。

2. 语言平实

(1)语言要实在。不管是监狱的专用文书还是通用文书,都是为了解决监狱执法过程中出现的各种现实问题;问题是实实在在的,解决问题所使用文书的语言也必须是实实在在的。要做到这一点,就必须杜绝假话、不用空话、少用套话。

(2)语言要平直。监狱执法文书是处理监狱执法实务的工具,要求提笔入题、直陈其事、直论其理。这一点与文学作品有着明显区别,文学作品讲究"文似看山不喜平","小径通幽","蜿蜒曲折"。在文学作品中用直笔往往被看作是失败的,但在公务文书中则是必要的。这是因为公务文书是用来处理公务的,文书的阅文者往往就是公务活动的处理者,他不是为了欣赏而是为了办事而看文书的。如何节约阅文者的时间,节省阅文者的精力,让阅文者能在最短的时间里抓住文书的制作意图和核心见解,是制作者必须考虑的基本问题。为此,文书必须使用平直的语言,不设置悬念,不隐藏真实意图和见解,并且把关键的内容如核心见解和制作意图放在显著的位置和关键的地方,不让别人去猜测、揣摩。

(3)语言要朴素。监狱执法文书的语言要朴实无华,深入浅出,通俗易懂。语言越朴素自然,就越容易使人明白,也就越容易达到明确表述的目的。朴素的语言其实是一种美,是一种较高境界的美。苏轼说:"凡文字,少小时须令气象峥嵘,采色绚烂,渐老渐熟,乃造平淡;其实不是平淡,绚烂之极也。"我国现代的一些语言大师,如毛泽东、鲁迅、朱自清、老舍、赵树理等,都是以朴素自然的文字见长,他们的文章往往于"平淡之中见神奇"。

要做到语言平实,就得先把所写的内容老老实实地写出来,求其明白、通顺,这是基础。然后在明白、通顺的基础上,再求生动。如果反过来,先追求词句华美,滥用比喻、形容,竭力夸张、铺陈,写出来的文书一定不像样子。老舍先生的一段话可以作为公务文书制作的座右铭:"如果你真正明白了你所要写的东西,你就可以不用那些无聊的修辞与形容。"

监狱执法文书的语言平实,还体现在对于夸张、比喻、形容等积极修辞手法的有选择的排斥上。对于涉及人和事的处理问题时,文书要排斥积极修辞手法,不用比喻、形容、夸张等手法。在某些宣传文书中,根据需要适当地使用一些积极修辞手法是可以的,但必须恰如其分,否则就会弄巧成拙。

(二)语言要准确、得体

监狱执法文书的语言必须准确,用语要与真实情况相符,使阅文者明白无误。

1. 准确

(1)用语务求阅文者理解无误。监狱执法文书是用来在制作者与阅文者之间沟通和交流的:文书的语言承载着制作者发送出去的信息,信息由阅文者接受,阅文者读出来的信息应当符合制作者的原意。也就是说,制作者与阅文者之间互动要符合信息对称的原则。如果阅文者不能领会制作者的原意,必然会出现信息的不对称。造成信息不对称的原因如下:一是用语含混不清,以致阅文者根本就不知道制作者在说什么,当然也就理解不了制作者的真实意图;二是用语存有歧义,致使阅文者理解偏差。针对前一种情况,制作者要先梳理思绪,明确意图,选择确切的语句,做到词达本意、词意相符。针对后一种情况,要遵守解释单一性的原则,在发文前制作者应当认真核对,查找并修改可能会产生歧义的地方。

根据信息对称的原则,文书中如果有阅文者可能理解不了或可能产生误解的地方,就要加以必要的解释和说明。这要根据阅文者的情况而定,如果阅文者能够理解的不用解释说明。在估计到阅文者有可能对文书的某些专用语言不太了解,可能影响信息准确理解时,有必要采用注释形式在文书中加以简要说明。

(2)用语要与真实情况相一致。语言的准确,不仅要力求使阅文者明白无误,而且要与客观事实相一致。文书中用于反映客观事实的语言,长到通篇的叙述,短到一句话甚至一个词、一个字,都要符合客观的真实情况,都要认真核对。应当注意,文书中有一种语言移植现象,有些文书的素材取自于其他的文书材料,可以说,一篇文书的某些语言可能是从别的文书中转化过来的,遇到这种情况就必须符合原意,防止断章取义、移花接木。

(3)注意"准确"与"精确"的区别。"准确"指严格符合事实、标准或真实情况,是一个定性的要求,要么准确要么不准确,二者必居其一。"精确"指细密,这里的精,是细的意思,与粗相对。精确既有定性的含义(反映在"确"字上,确为真),但更重要的是程度的要求,反映的是语言描述的细密程度。文书的语言要准确,是说语言要严格符合事实、标准和真实情况。所有的文书用语都必须准确,但不能要求所有的文书用语都必须"精确"。在这个问题上要注意以下几点:

第一,不是所有的语言都具有精确的特性。"夫精粗者,期于有形者也;无形者,数之所不能分也;不可围者,数之所不能穷也。"(《庄子·秋水》)这句话的意思是,所谓精细与粗大,仅限于有形的东西;至于没有形体的事物,是不能用计算数量的办法来加以剖解的;而不可限定范围的东西,更不是用数量能够精确计算的。在现实生活和工作中,如人的思想、感情、意识、动机这些是无形的,不可以用精确的语言表达,所谓"举双手赞成""怀着万分激动的心情",虽有数据,但都是比喻的说法,不是量化的精确的说法。种种事实说明,人们使用的语言实际上分为可以量化和不可以量化两类。精确语言只适用于可以量化的部分,而不可以量化的部分是不能或不需要使用精确语言的。在科学日趋完善的过程中，人们总希望把所有的事物用精确的语言描述出来，但事实证明这条路是行不通的，在人文学科领域和日常生活工作中，人们经常使用一些“模糊性”语言传递准确的信息。下面看一段公安部就2001年3月6日河北石家庄特大爆炸案发布的通缉令中的记述：

“靳如超，身高1.75米左右，体态较瘦，长方脸，肤色较黑，留短发，前额较宽，操河北口音，耳偏聋，语言表达有障碍，与人交流常用书写文字方式进行。”

这一段关于犯罪嫌疑人体貌特征的记述，可以说无一处精确语言，就是身高也用了“左右”一词，但非常准确，能给人留下深刻印象。这一通缉令对在发现和缉捕靳如超的过程中发挥了重要的作用。记述体貌特征为的是让社会公众把特定对象从人群中识别出来，使用模糊性语言，往往比精确性语言更有效。

第二，在可以量化的语言中，精确不能成为一成不变的要求。说话要看场合：有的时候必须用精确的语言，有的时候则不能用或者最好不用精确的语言。比如，一所监狱的押犯人数，向上级做汇总报表时必须精确，向上级领导面陈工作时一般说个约数就可以了。该精确的精确，该粗略的粗略。有的人错把用语精确当作普遍性的要求，不分场合，凡涉及数字必求精确，一大堆详细的数据往往让人听起来反倒糊涂。当然，在必须使用精确语言的地方，如现场勘验检查笔录中关于现场痕迹的记述，不能用“大概”“大约”等粗略模糊的语言。

第三，在必须使用精确语言的地方，要掌握好语言的精确程度。现场勘验检查笔录中关于现场痕迹的记述必须使用精确的语言，如长度、宽度。但精确是相对的，长度有米、厘米、毫米，到哪一层算是精确，要根据有关的规定和实际需要而定。对于时间也是这样，要根据需要精确到年、月、日、时、分、秒。

在监狱执法文书中什么时候什么地方使用精确语言，什么时候什么地方使用粗略语言，要完全根据法律的要求、实际需要和工作的进展情况而定。一般来说，涉及对事件定性的关键量化语言，必须精确。如年龄是否年满14岁，关系到是否承担刑事责任时，必须精确，一天也不能差。但如果不牵扯法律责任，只是叙述人的经历时，用概数则是可以的，像说某人十三四岁时开始流浪，甚至说少年时就开始流浪，也是可以的。涉案钱款的金额也是如此，对于行为定性或处理程度有关键作用的，必须说精确；其他的情况下，则不必如此要求。即使是一些关键的量化情节，其精确程度也要根据工作实际进展来定。例如，在监狱侦查办案过程中，一些必须搞清楚的数据，并不是一开始就能搞清楚的，往往要经历一个调查验证的过程。不能要求从立案文书开始，所有的文书都必须是精确的语言。把准确误解为精确，进而发展到凡遇数据都必须精确，这一认识上的误区导致一些办案人员采用挪移手法,把鉴定结论、现场勘验检查笔录的内容,硬塞进讯问笔录等文书中,结果失真失准。

2. 得体

语言得体,指文书的语言表述恰当,是文书外部关系和内部关系协调和谐在语言使用上的体现和要求。语言要外和,即语言所体现的制作者与阅文者的关系协调和谐,并与语言特定环境相契合;语言要内和,即语言的使用同制作者的制作目的、意图和情感相协调,文书全篇语言风格一致,并且符合特定语体的要求。要做到上述“两和”则应当注意“六看”。

(1)看阅文对象。文书是制作者用来与特定的阅文对象交流沟通的,制作者语言的使用必须要看阅文对象。毛泽东多次强调,“如果真想做宣传,就要看对象,就要想一想自己的文章、演说、谈话、写字是给什么人看、给什么人听的,否则就等于下决心不要人看,不要人听”,“射箭要看靶子,弹琴要看听众,写文章做演说倒可以不看读者不看听众么?”“做宣传工作的人,对于自己的宣传对象没有调查,没有研究,没有分析,乱讲一顿,是万万不行的。”

所谓看阅文对象,具体表现是:第一,明了自己与阅文对象的关系,是下对上,是上对下,还是平级或没有隶属关系的工作关系。要根据双方关系选择和调整语言,使语言所显现的关系与实际的关系相符,如“申报”“呈请”“呈报”“请示”等词,用于下级对上级制发的文书中,说“监狱向省监狱管理局申报省级现代化文明监狱”“监区向监狱呈报拟减刑罪犯材料”都是对的。但说“监狱向人民法院呈报减刑材料”“监狱向人民检察院呈请对罪犯暂予监外执行”则是错误的;因为监狱与人民法院、人民检察院之间没有上下级关系,属于互不隶属的工作关系。前一句可以用“监狱向人民法院提交减刑材料”,后一句则完全错误,不仅监狱与人民检察院不是上下级关系,不能用“呈请”一词;而且人民检察院不是暂予监外执行的批准机关,而是监督机关。第二,考虑阅文对象的理解程度。每一份文书的特定阅文对象的思想水平、认知能力、社会环境、心理状况都可能存在差异,文书中使用的语言要综合考虑这些因素,选择最妥帖的语句,达到最佳的表达效果。例如,围绕罪犯减刑问题制作提请减刑建议书时,阅文对象是人民法院的办案人员,因此无须讲解法定的减刑条件;否则,语言就不得体,不仅没有必要,还可能因此带来是在教训对方的负面印象。但在对新入监罪犯进行前途教育的讲话稿中,则可以把减刑条件讲解清楚;讲解时既要严谨,又要通俗易懂,以便罪犯理解和把握。

(2)看语言环境。语言的使用与监狱实务一样,都处于某个特定的环境之下,语言所处的环境通常叫作语境。语境对文书语言有引导和制约作用,文书的用语必须与语境相协调。特别是作为关押罪犯场所的监狱,这种特殊环境使很多语言使用要慎重,使用不当可能带来不好的效果。如对于即将刑满释放人员进行教育谈话,就不使用"欢迎再来";监狱公共关系文书如邀请函,也不使用"欢迎进入监狱"等容易让人联想到被判刑、进监狱等意思的词语。

(3)看制作目的。文书制作要根据目的的差异选择调整语言。无论书面语言还是口头语言,形式要服从表达的目的。为此,必须对言语行为进行自我控制,使语言具有明确的目的性。

(4)看法定权限。监狱执法文书的制作既要严格遵守法定程序,又要严格遵守法定权限。监狱是国家的刑罚执行机关,既要充分行使国家的授予的权力,又要严格将自己的执法行为限制在国家授权范围内,文书中的语言要做到不越界、不越权。如对于在监狱服刑罪犯的暂予监外执行,依法由监狱提出建议,由省级监狱管理局审批;而省级监狱管理局批准后,要向人民检察院抄送罪犯暂予监外执行决定,接受人民检察院的监督。

(5)看自己情感。"其言若出吾之口,其意若出吾之心。"监狱执法文书是处理公务的,但行文不应该是冷冰冰的,应当其言出于我口,其情符合我心。刘勰在《文心雕龙·诏策》中说:"眚灾肆赦,则文有春露之滋;明罚敕法,则辞有秋霜之烈。"意思是"原谅错误,宽赦罪过,那赦文就要写得有如春天的朝露一样滋润;明确惩罚,以正法纪,那文诰就要写得有如秋天的寒霜一样肃烈"。[①] 监狱执法文书通常不直接抒发情感,不用抒情手法。但是监狱执法文书是可以带有情感成分的,其情感是通过具有感情色彩和褒贬意味词语的选择来表达的;用词要考究、恰到好处,与自己的真实情感相一致。行文应体现对违法犯罪行为的谴责,对被害人的安抚,对罪犯悔悟自新的期待、肯定和鼓励,对社会各界给予帮助和支持的感谢等。

(6)看语言风格。第一,看文书全篇用语的风格是否一致,从头到尾的风格应当统一。第二,看文书语言是否符合文体通行的语言风格。监狱执法文书中,既有法律文书又有教育文书,既有专用文书又有通用文书,既有管理文书又有公共关系文书,再加上每一种文书的用途也不相同,所以监狱执法文书的语体风格呈现多样化的形态。应当认识到,每一种文书应有的语言风格是客观存在的,是在长期使用中积淀下来的,也是为人们所普遍认可的;制作者要遵循每一体式文书的语言风格,根据实际情况使用得体的语言。

---

① (梁)刘勰著,龙必锟译注:《文心雕龙全译》,贵州人民出版社1992年版,第237-238页。

（三）语言要简洁、连贯

1. 简洁

简洁，即用最少的语言传递最大的信息量，做到文约而事丰。刘勰在《文心雕龙·议对》中说："文以辨洁为能，不以繁缛为巧；事以明核为美，不以环隐为奇。"①之所以强调用语简洁，是因为监狱执法文书秉承为阅文者考虑的理念，力图让阅文者花最短的时间、用最少的精力读懂文书的内容并作出应有的反应。唯有使用简洁的语言才能达到这样的效果，叶圣陶先生说："为节省看公文的人的精力和时间，公文就应该写得简而得要。"②要做到语言简洁，需要注意以下问题：

（1）以主旨需要为取舍。动笔之前先想明白：这篇文书期望得到的效果是什么，究竟要做什么，这样做的原因到底是什么。这些问题想清楚了，文书的主旨就显现出来了。组织语言则紧紧围绕着主旨，不写与主旨无关的话。当然，写初稿时讲究一气呵成，既要遵循事先拟定的提纲，又要在某种程度上信马由缰，任思绪流淌。但初稿写出来以后就必须进行精加工，以"益一字则文赘，损一字则意阙"为追求目标，字斟句酌，删繁就简。鲁迅先生在《答北斗杂志社问》一文中说："写完后至少看两遍，竭力将可有可无的字，句，段删去，毫不可惜。"

（2）善于使用缩略语。缩略语也称略语，一般表现为简称、约定俗成的缩略语和实际工作总结创造的缩略语等几种形态。缩略语是语言追求经济性的表现，用于口头表达可以节约时间，用于书面表达可以压缩篇幅。适当运用缩略语，可以使制作者与阅文者之间的交流更为便捷。例如，每年3月，全国人大和全国政协举行会议期间监狱都要加强安全警戒，有关文书用"两会期间"就使行文简短而清亮。缩略语的作用不可小觑，但缩略语也是一把"双刃剑"：使用得当，可收到省时省力的成效；使用不当，则可能导致信息模糊，甚至南辕北辙。因此，在使用中必须注意以下问题：

第一，要注意消除歧义。歧义是表达的大敌。缩略语是关键词或语素的重新组合，如果缩略的结果与其他词语字形重合或同音谐音，则可能产生始料不及的负面效应。

第二，要使用规范化简称。简称是一些专用名词的缩略形式，在使用时要根据有关规范处理，如司法部《监狱教育改造工作规定》中把危险型罪犯简称为危险犯，顽固类型的罪犯简称为顽固犯。如果在文书中使用工作单位的名称，一般要求第

---

① （梁）刘勰著，龙必锟译注：《文心雕龙全译》，贵州人民出版社1992年版，第295页。

② 叶圣陶：《公文写得含糊草率的现象应当改变》，载《新华半月刊》1957年第15期。

一次出现时用全称,以后可以使用简称。为了叙述方便,文书中要对某些特定的说法使用简称的时候,要用文字说明。

第三,使用缩略语要看场合和阅文范围。约定俗成的缩略语可以直接使用,不用特别解释,如"颁行"(颁布并施行)、"妥否"(是否妥当)等。属于监狱工作领域内部使用的带有行业色彩的缩略语,则要看文书的阅文范围和阅文对象。如果阅文范围限于监狱工作领域之内,可以不加解释;如果阅文范围超出这个领域,估计阅文对象可能不了解其确切含义时,则必须用附注等形式加以解释。自己单位在工作中总结创造的缩略语,如"三个必须""四个严守"等,如不加以解释,别人不可能知晓其确切含义。在一些监狱执法文书中,经常出现使用自创缩略语却不加解释的情况,以致阅文者不得其意,形成交流中的障碍。

(3)善于借鉴古语词。公务文书强调平实朴素,但并不一概排斥古语词。对于至今仍有生命力的古语词,完全可以根据实际需要恰当地引入文书中,以使语言简洁明快。例如,2011年《中共中央、国务院关于加快水利改革发展的决定》中提出:"水是生命之源、生产之要、生态之基。"这三个"之"字句式,极其简练地揭示出水利改革发展的重要性。又如,"遂将其扭送至某派出所"和"张某系刑满释放人员",其中的"遂"和"系"均属于文言词的运用。选择适当的古语词运用于公文,不会出现理解上的障碍,只会使语言简洁精练。当然,恰当选用古语词,并不意味着通篇都要用文言。

(4)注意语言洁净。监狱工作涉及的罪犯大都陋习多、恶习深,往往习惯说一些污言秽语。整天与这些人打交道的监狱人民警察,身兼行刑和改造罪犯的重任,要矫正罪犯的陋习恶习,就要注意罪犯的平时用语,力戒污言秽语,促其养成使用文明礼貌用语的习惯。监狱人民警察则要率先垂范,在平时的工作中使用洁净的语言,工作文书中更要注意语言的洁净,除了在讯问笔录等特定文书根据需要不得不如实记录罪犯侮辱他人的言论以外,必须完全排除污言秽语,保持文书语言的干净纯洁。

(5)处理好简与明的关系。简练是以明确为前提的,要做到约而完备,简而不疏。如果简而不当,就会影响表达的明确和完备,造成表意不清的结果。例如:"我监狱推行了处遇,对罪犯设置不同级别,使其得到不同待遇。"从这句话真实含义看,实际讲的是"分级处遇"措施,将其简化为"处遇"则属简而失当。另外,通篇文书要以主旨表达需要,还要处理好详与略的关系,当详则详,当略则略。

2. 连贯

所谓"连贯",即用语前后贯通、语意畅达,注意句与句之间的组合与衔接,做到话题统一、句序合理、衔接自然。

(1)话题统一。为使文书语言通顺流畅,叙事说理要保持话题的前后统一。话题往往就是主语。在一段连续表述中,主语最好能保持一致。除非特别需要,不要轻易改变。试看以下两段表述:

司法部授予王艳全国司法行政系统二级英雄模范称号

王艳,女,汉族,1968年10月出生,大专文化,现任四川省成都病犯监狱第二监区主任科员(护师)。"5·12"地震发生时,王艳正在该监狱七楼病犯第二监区值班,面对天摇地动的险情,她首先想到的是监舍里的病犯,立即冲向监舍大门。当发现部分病犯已聚集在铁门前冲击、摇动铁门,要求离开监区逃生的险情后,王艳主动配合监管民警抓紧时间将病犯转移至七楼平台。当62名病犯聚集在摇晃不定的七楼平台惊慌沮丧时,王艳大声喊道:"我是女人,我都不怕,你们怕啥?"稳住了病犯的情绪。当一名有心脏病的罪犯瘫倒在地后,王艳又不顾一切,再次冲向摇摆的值班室进行急救。在得到向地面分散撤离的命令后,王艳积极协助输送罪犯撤离,自己最后一批离开平台……

这一段记写王艳警官在四川"5·12"地震中突出事迹,她的镇静果敢特别是向62名惊慌沮丧的病犯喊出的那一句话,平实无华却又令人震撼。整段中所有的句子,主语是同一人(王艳),从始至终,分毫不乱,读起来连贯流畅,充分显示了制作者深厚的文字功底。如此看来,事件的起因、发展、结果,其实都是制作的要素而不是叙事的线索,时间的先后也只是叙述的次序而不是线索。真正的线索是把这些要素和每一个时间段串联起来的那根线,即叙事角度和主语的选择。选择一个叙事角度,确定一个主语,并将其贯穿始终,这是保持话题统一的关键。

脱逃罪犯李某和被抓获

李某和因犯抢劫罪,1998年、2001年两次被判入狱。2008年1月刑满释放后,李某和再次犯抢劫罪,被法院判处有期徒刑6年,2009年2月被送到监狱服刑。2011年1月31日上午11时55分,李某和劳动时称身体不适,随后他被带到监狱卫生室看病。返回途中在监狱门口办理进门手续时,他看到监狱生产区通道有一扇开着的门,便趁狱警不备迅速冲出门外,戴着手铐钻进监狱旁边的甘蔗地里逃脱……

这个实例记述了罪犯李某和脱逃的过程,整个一个自然段其实只有一个主语,同样让人读起来感到连贯流畅。

有一些文书，虽然也是严格按照时间的先后、事件的发展过程写的，但让人读起来并不感到流畅，甚至有时感到混乱；原因之一就在于只注意了叙述的顺序，而没有找到一条叙述的线索，缺乏一以贯之的主语，随意变化叙述角度。看下面这个实例：

"凶手情绪慢慢缓和下来，趁其不备，黄某某用力夺下钢管，控制住凶手，迅速拨打120急救电话和110报警。"

这个实例虽然只有一句话，却出现了两个主语"凶手"和"黄某某"，显得不怎么顺当。如果把两个主语变成一个主语，顺序再略作调整，就会更流畅一些。如下：

"当凶手情绪慢慢缓和下来，黄某某趁其不备，用力夺下钢管，控制住凶手，并迅速拨打120急救电话和110报警。"

应当说明的是，保持主语一致只是达成语言连贯的一种方法而非唯一方法，更非硬性的标准。语义连贯的根本点在于前后内容的内在联系。

(2)句序合理。句子与句子之间要按照一个特定的合理顺序排列，其标准大致有时间顺序、空间顺序、程序顺序和事理顺序等。

以时间先后为序安排句子的顺序比较常见，也比较好掌握，但空间说明的难度就比较大一些。监狱执法文书中有时需要对一些特定空间进行说明，如现场勘验检查笔录需要对狱内案件发案现场进行空间说明。案发现场通常是指作案人实施犯罪活动所涉及的地点和场所，往往地域范围大，布局和构造复杂，涉及地面、围墙、树木、屋顶、地下、房间内的墙壁等空间概念。要把这些同时存在于一个空间的许多物体用文字全面、准确地放映出来，给阅文者身历其境的印象，就必须有一定的说明顺序。空间的说明顺序一般是：

第一，明确说明的观察点或立足点，即选好一个起点，按顺时针或逆时针方向依次说明。如记述现场的方位和周围环境：

"现场位于某监狱第四办公楼。该楼坐北朝南，北靠监狱围墙，东邻第二监区接见楼，南向监区自新路，西接第二监区监舍。"

第二，介绍现场内的布局和构造，以勘查线路为序。

第三，介绍现场内的重要物件，先主后次、先大后小、先上后下。

空间说明严格依照一定的顺序，就会给人以繁而不乱、井然有序的印象。

根据执法程序安排语句的先后，也是一种顺序。例如，叙述狱内犯罪案件的处理过程，可以按接案—立案—破案—结案的程序进展来安排。

按照句子之间的事理顺序安排次序，可以遵循由一般到特殊、由总到分、由主到次、由实到虚等事理的内在逻辑顺序来处理。

(3)衔接自然。一篇监狱执法文书是由若干个部分和层次构成的一个整体;任何一个部分和层次在文书中都不是孤立存在的,而是彼此联系、相互衔接的。衔接得法,可以使思路更加清晰和连贯。衔接包括意接和文接:意接不用特定的语句提示,文接则用特定的语句提示。监狱执法文书中两种办法都使用,但用得更多的是文接,即使用特定的结构用语。结构用语是表示各部分层次之间联系和衔接的语句,一般采用程式化的表述方法。结构用语的使用分为两种情况:一是文书统一格式中自带的,不可随意使用其他的语句来代替;二是文书格式中没有硬性规定,但根据上下文的需要而使用的。以监狱的提请假释建议书为例,在记述罪犯确有悔改表现的具体事实之后,要用"综上所述"等转入对罪犯具体事实的分析,以便得出罪犯确有悔改表现的结论。这种过渡语的使用没有特别严格的要求,但也要采用在长期制作实践中约定俗成的程式化表述。

文书前后内容衔接紧密自然,还需要巧妙使用意思有联系的词语或句子。所谓意思有联系的词语或句子,包括序数词、表示时间或空间的一组词、表示比较的词、同一词语、同义词语、代词替代、同义句子等。恰当使用这类词语或句子,可以使语言前后贯通,语意自然顺畅。看下面两句话:

"这些服刑人员在技术人员指导下开始学习编织,他们以前没有干过这种活,有的还没有见过。"

"服刑人员在技术人员指导下开始学习编织,这种活他们以前没有干过,有的还没有见过。"

表面上看,第一句话两层意思用的是同一个主语,但显然不如第二句表达的顺畅,原因就在于后者用"这种活",代指"编织",抓住了两种意思的联系点,语意自然顺畅。

二、监狱执法文书的表达方式

(一)语言表达方式概述

表达方式是表述特定内容所使用的语言方法、手段,是一种文章构成的形式要素。表达方式随语言表达的产生发展而逐步形成。人们普遍认为,语言的表达方式有叙述、描写、抒情、议论和说明。

(二)监狱执法文书表达方式的特点及要求

监狱执法文书表达方式在使用中呈现限制性、综合性和简约性的特点。

1. 限制性。监狱是国家的刑事执法部门;监狱执法文书处理的大多是监狱在刑事执法过程中特定的人和事,涉及监狱服刑罪犯和其他公民的切身利益。监狱执法的严肃性和客观性要求相应的文书必须选择与之相适应的语言表达方式。除个别情形外，监狱执法文书不采用描写和抒情这两种表达方式。也就是说，监狱执法文书一般只限于叙述、说明和议论这三种表达方式。

2. 综合性。监狱执法文书在使用叙述、说明和议论时，根据文种和内容的不同，往往各有侧重。有的重在叙述，如监狱对外所发的“消息”；有的重在说明，如监狱侦查部门的“现场勘验检查笔录”；也有的重在说理（议论），如监狱的“对罪犯刑事判决提请处理意见书”。但是，监狱执法文书往往不单独使用某一表达方式，不是单纯的记叙文、说明文或议论文，而是在有所侧重的前提下综合使用两种或三种表达方式。例如：在“消息”中往往对有关情况加以说明，并且叙议结合；以说明勘验检查成果为主的“现场勘验检查笔录”，也要叙述勘察检查组织的执法过程；侧重于阐述监狱处理意见的“对罪犯刑事判决提请处理意见书”，则还要对罪犯服刑情况加以说明，对涉及的事实或情节加以简要叙述。综合使用叙述、说明和议论，是监狱执法文书表达方式的突出特点。

3. 简约性。人们使用的每一种表达方式，都包含着众多繁复的具体方法。监狱执法文书虽不排斥繁复，却以简约为追求，惯用“直笔”，直陈其事、直录其情、直说其理。

研究与思考

1. 简述监狱执法文书主旨的含义、作用和要求。
2. 简述监狱执法文书材料的含义、种类和要求。
3. 简述监狱执法文书思路和结构的关系和要求。
4. 简述监狱执法文书的语言要求和表达方式的特点。

第三章　监狱执法文书制作要领

要点提示

1. 监狱执法文书带有明显的程式化特征，按外观形式大体分为表格式文书、填空式文书、实录式文书和拟制式文书。从文书学的角度来看，外观形式相同或相近的文书，其内在要求也有共通之处，有规律可循。揭示并把握这些规律，可以使监狱执法文书的学习收到事半功倍的效果。

2. 表格式文书具有明确直观、简明扼要、制作难度低、时间花费少和便于阅读理解等优点；因此在监狱工作中广泛使用，是程式化、标准化程度较高的一类文书。这类文书可分为呈批表、登记表、鉴定表等。其制作要领为：明确意图，选对文种；填齐项目，用笔简练；表态明确，严守规范。

3. 填空式文书用途也颇为广泛，大多用于监狱向特定对象告知某些执法事项，可分为决定书、通知书和证明书三种类型。填空式文书常采用一纸多联的形式，由正本、副本、回执和存根等联组成。其制作要求是行文简要，内容完整，用好联单。

4. 实录式文书用于如实记录特定工作活动进程及结果，分为笔录、会议记录、谈话记录和行动记录等类型。实录式文书以真实、客观反映活动过程为制作意图，不准夹杂记录人的主观判断，要求客观、准确，语句通顺、清楚，并规范履行生效手续。

5. 拟制式文书又称拟稿式文书，从头至尾需要制作者谋篇布局，制作难度相对较高。拟制式文书讲究写作方法和技巧。

第一节　表格式文书的制作

一、表格式文书的含义和种类

表格式文书，是指以事先印制的表格为规范文本，使用时只需在空格处填入相应内容的监狱执法文书。

表格式文书有时也称表格，是程式化、标准化程度较高的一类文书，具有明确直观、简明扼要、制作难度低、时间花费少和便于阅读理解等优点，因此在监狱工作中被广泛使用。

根据不同的标准可以将表格式监狱执法文书分为不同的类型。

（一）按用途可以分为登记类、鉴定类、呈批类和证明类表格

登记类表格用于登记有关情况，如罪犯入监登记表、罪犯脱逃登记表等；鉴定类表格用于记录对罪犯相关事项进行鉴定的情况，如罪犯病残鉴定表、罪犯出监鉴定表等；呈批类表格用于呈请上级领导审批有关事项，如罪犯禁闭审批表、使用戒具审批表等；证明类表格用作开展某项活动的凭证，如罪犯物品保管收据等。

（二）按成文过程可分为一次性填充和逐级填充表格

一次性填充表格由填表人一次完成，多见于登记性的表格，如重要罪犯登记表、外籍犯或我国港澳台地区罪犯登记表等；逐级填充表格则用于须逐级签署、审批后才能生效的事项，如罪犯减刑（假释）审核表、罪犯改造积极分子审批表等。

（三）按规范化程度可分为统一制式和非统一制式的表格

统一制式的表格指按全国监狱系统统一要求印制的表格。2002 年司法部监狱管理局颁发的《监狱执法文书格式（试行）》规定了 48 种常用执法文书的格式，其中表格式文书占到一半以上。近年来司法部及司法部监狱管理局针对一些执法领域或执法活动又陆续推出了若干表格式执法文书的格式，如人民警察特殊慰问金审批表等。非统一制式的表格，是各地监狱依据法律、法规和规章以及上级的有关规定，结合本单位工作的实际而使用的表格式文书。目前这类文书尚无统一的文书名称和格式要求，但都有一定的制作依据和实际需要，因而被广泛使用。例如，江苏省监狱管理局在开展罪犯改造质量评估的活动中自行设计和使用了大量的表格文书，这些文书已成为这一意义非凡的改革探索举措不可或缺的重要内容。

二、表格式文书的基本结构

表格式文书由标题、眉栏、腹栏和尾栏组成。

（一）标题

标题是所有表格式文书的必备项目，用来表明文书制作和使用的意图或用途。例如，罪犯入监登记表，制作和使用的意图是如实记录收监执行罪犯的有关情况，用作对罪犯执行刑罚和实施改造的基本资料。

（二）眉栏

眉栏属于表头项目，通常有单位和编号等。大多数表格式文书设有“单位”一

栏,根据实际情况填写罪犯所在的监区、分监区,有时则需要填写该文书的制作单位。

"编号",依文书格式的具体要求而定,有的要求填写罪犯编号,有的要求填写文书制发和管理的文号。

(三)腹栏

腹栏又称表腹,是表格式文书的主体部分,大致可分为基本情况栏目、记实栏目和意见栏目。基本情况栏目,一般要求写有关人员的姓名、性别、出生日期、家庭住址、主要社会关系等。记实栏目,须记述有关事实,如"奖励依据""罪犯服刑改造表现""侦查简况"等。这类栏目根据有关人员的叙述和已有材料整理,填写时要注意使用记叙或说明方式,一般不用议论方式。意见栏目,包括基层押犯单位的处理建议、职能部门的审核意见和监狱领导批示等。需要说明的是,并非所有的表格都具备上述三项内容,具体项目依表格的特定用途而定。

(四)尾栏

尾栏又称表尾,一般有填表人、填表时间和使用说明等项目。其中,"使用说明"用来提示这一文书的用途和填写要求。

三、表格式文书的制作要求

(一)明确意图,选对文种

制作表格式文书,要根据特定制作意图,选对文种。文种具体表现为文书的名称,代表着某一种文书的适用条件及范围。例如,重要罪犯登记表所说的"重要罪犯",被明确界定为"原副厅局级(现职)以上的党政领导干部;原全国人大代表、政协委员,省、自治区、直辖市人大代表、政协委员……"只有针对符合上述条件的罪犯,才需要填写这一表格。

(二)填齐项目,用笔简练

填写项目要齐全,不能有遗漏。统一格式表格的任何一个设计项目都是有用的,填写时不能有遗漏。有的项目确实没有可填写内容时,除个别栏目外,要在空格内画斜线或是注明"无"字样。另外,每一栏目设计时都充分考虑了填写内容的需要,预留了一定的空间,填写时必须考虑在特定的有限空间里把内容表述清楚,因此文笔要简练。

(三)表态明确,严守规范

有些表格式文书需要填写意见,表明态度。特别是呈批类文书,如罪犯禁闭审批表、罪犯奖励审批表等,都需要填写"监区意见""主管科室意见""监狱意见"等。这些栏目必须依照权限将意见表述清楚:既不能违反程序、超越权限,又不能似是而非、模棱两可。

四、常见栏目的填写

(一)姓名和别名

监狱执法文书中许多时候需要填写罪犯、罪犯亲属、监狱人民警察的姓名。因监狱执法文书大多涉及罪犯的处理,下面主要谈罪犯的"姓名"和"别名"的填写。收监时,对罪犯的姓名应认真核对,以人民法院的执行通知书、刑事判决书或裁定书所记载的罪犯姓名为准,同时可以查对罪犯的居民身份证。如果人民法院执行通知书与刑事判决书或裁定书使用的姓名不一致,或者罪犯居民身份证的名字与人民法院文书的名字不一致,则要依据《监狱法》第16条的规定,要求交付执行的人民法院作出更正。收监后,罪犯姓名的使用要保持一致性,不得随意改动,也不能用同音字代替。如果发现罪犯使用的是假姓名或者冒用他人姓名,则需要提请人民法院处理。如果在同一所监狱遇到不同罪犯重名的现象,就需要监狱职能部门用适当的方法加以区分。一般可用姓名后面加注的办法,附注宜用家庭住址所在的县市;有时也可以用所在的监区或分监区,但所在监区或分监区可能会随时调整,因而用于姓名的附注稳定性较差。

对于外国籍罪犯,应当按人民法院执行通知书使用的汉语译名,同时在汉语译名后注明罪犯使用的本国文字名字。

有的文书还需要填写"别名"栏。别名有常用名、代名、笔名、乳名、绰号之分,重点写清与原判案件、执行刑罚、罪犯教育和心理矫治有密切关联的别名。

(二)出生日期和年龄

出生日期和年龄是监狱执法文书中的重要项目。罪犯的年龄在监狱执法工作中往往具有特殊意义。第一,罪犯的年龄涉及对罪犯的监管方式。入监时不满18周岁的罪犯,要由未成年犯管教所执行刑罚。在未成年犯管教所服刑的罪犯,当其年满18周岁时,剩余刑期在两年以上的,要送成年犯监狱继续执行刑罚。第二,罪犯的年龄涉及罪犯服刑期间的待遇。对于不满16周岁的罪犯,不安排从事生产劳动。对于未满18周岁的罪犯,要由其父母或法律规定的其他人或组织充当其监护人,未成年犯管教所应当允许监护人会见未成年犯。对于年老的罪犯,一般不再安排生产劳动。年老且多病的罪犯符合保外就医条件的,可以暂予监外执行。第三,罪犯年龄涉及罪犯服刑期间犯罪的处理问题。对于狱内又犯罪的处理,罪犯年龄也是重要的考虑因素。已满16周岁的人犯罪,应当负刑事责任。已满14周岁不满16周岁的人,犯故意杀人、故意伤害致人重伤或者死亡、强奸、抢劫、贩卖毒品、放火、爆炸、投放危险物质罪的,应当负刑事责任。已满 14 周岁不满 18 周岁的人犯罪,应当从轻或者减轻处罚。已满 12 周岁不满 14 周岁的人,犯故意杀人、故意伤害罪,致人死亡或者以特别残忍手段致人重伤造成严重残疾,情节恶劣,经最高人民检察院核准追诉的,应当负刑事责任。第四,罪犯的年龄是安排教育内容和方式的重要参考依据。

有鉴于此,罪犯的出生日期和年龄应当认真、准确填写。填写时注意以下问题:第一,一般情况下要以人民法院的判决书认定的出生日期为准。如果发现判决书与罪犯的居民身份证等有效证件的记载不一致,应当提请作出生效判决的人民法院予以核实;属于判决书有误的,由人民法院作出更正。第二,年龄要记实足年龄,即周岁。第三,在叙述罪犯犯罪事实时,需要写明罪犯作案时年龄的,可写明"时年××岁"。

(三)籍贯、出生地、户籍所在地和家庭住址

籍贯,是人们常说的"祖居""老家"等。一个人的籍贯,一般填写其祖父的出生地。

出生地,填写罪犯本人出生时的所在地。这里要注意出生地与籍贯的区别。很多人的籍贯和出生地不在一处,如出生地为北京市,而籍贯为辽宁省鞍山市。填写出生地和籍贯还要注意:如果属于直辖市的,可填写直辖市的名称,如北京市等;其他情况则填写省和自治区的名称加上设区的市名称或县级行政区域的名称,如河北省石家庄市、内蒙古自治区准格尔旗等。

户籍是指登记居民住户的册籍。所谓册籍,通俗的叫法就是"居民户口簿"。居民户口簿是证明公民身份状况和家庭成员间相互关系的法定证件,是国家以户为单位管理常住人口,进行户口调查、核对的主要依据。根据以往的规定,在监狱服刑的罪犯,要注销户口,待假释或刑满释放后,凭假释证明书或释放证明书到原户籍所在地公安派出所办理户口登记手续。根据公安部三十项便民利民措施的规定,自 2003 年 8 月 7 日起,取消了被判处徒刑的罪犯注销户口的规定,意即被判刑的罪犯不注销户口。之前因判刑已被注销户口的,在假释或刑满释放后,仍按原来的规定办理户籍登记手续。现在监狱执法文书中,对新入监的徒刑罪犯,"原户籍所在地",应改为罪犯"户籍所在地",填写罪犯居民户口簿上登记的住址。

家庭住址是指罪犯家庭的经常居住地。家庭住址与户籍所在地有时并不一致,要根据实际情况填写。在罪犯服刑期间,罪犯家庭经常居住地也有可能发生变化,遇到这种情况时,新制作的文书要写变动后的家庭住址,并注明情况。家庭住址栏目应当写得具体、准确,不准使用简写或缩写。家住农村的要填写住某省(自治

区、直辖市)某县(旗)某乡某村某组,家住城镇的填某省(自治区、直辖市)某市(镇)某路(街道)以及门牌号。对地名有变动的,应以现用地名为准。

(四)工作单位、职业和职务

在监狱执法文书中,工作单位、职业和职务大致有两种情况:一是罪犯的原工作单位、原职业和原职务;二是指罪犯家庭成员和主要社会关系的工作单位和职业。工作单位要填写全称,不能使用简称,更不能随意缩写。对于无固定工作单位的,填写“无”。职业是指个人在社会所从事的作为主要生活来源的工作。暂时没有工作的填写“待业”;已离休或退休的,填写“离休干部”或“退休人员”;妇女没有工作,操持家务的填写“家庭妇女”;从事个体经营的,注明从事何种职业。职务,是指在工作单位中根据职位规定所担任的工作。对于同时具有多项职务的,通常填写一项主要职务。

(五)意见

意见栏目大致分为处理要求、审查结论和处理决定等。以罪犯禁闭审批表为例,按照规定对罪犯使用禁闭,要由监区提出建议,经主管科室审查,报主管监狱长批准。“监区意见”一栏,可以填写为“根据罪犯某某违纪(或其他)情况,特申请关押禁闭 15 天”等,由监区长签名并注明日期。“主管科室意见”要填写审查意见,可以填写为“经审查,罪犯某某严重违纪(或其他)事实存在,符合法律规定的禁闭条件,建议关押禁闭 15 天。”或者写为“经审查,罪犯的行为不属于严重违纪,不符合禁闭条件。”由科室负责人签名并注明日期。“监狱意见”则可以写为“决定对罪犯关押禁闭 15 天,自即日起执行。”或者写为“鉴于罪犯某某行为不符合法定条件,决定不使用禁闭。”由主管副监狱长签名并注明日期。

在实际操作中,经常出现一遇到意见栏目,就不加区别地一律填写为“同意”或“不同意”。严格来讲,这种做法是不妥的。例如,在罪犯禁闭审批表中,不仅“监区意见”不宜写为“同意”,“主管科室意见”也不宜写成“同意”。因为主管科室是监狱的职能部门,其职责是针对基层单位的要求,对是否符合使用条件、证据是否确实充分等事项进行审查。职能部门没有批准或不批准的权限,因此应当填写审查结论。不仅如此,“监狱意见”也不宜只写“同意”,其理由是:首先,这样的表态指向不明,分不清到底是同意监区的意见还是同意主管科室的意见;其次,监狱的意见属于执行的依据,执行措施往往涉及使用期限和使用的起始时间,只写“同意”,会让执行部门无法执行。另外,监狱如果不同意实施某项措施,应当简要说明理由,让申请单位知晓不被批准的原因。

特别提示,监狱执法文书中,涉及处理要求和处理结果的数字,一般使用汉字。

第二节 填空式文书的制作

一、填空式文书的含义和种类

填空式文书，即按照统一设计的格式，用空白形式留出可供选择项目的一类文书。填空式文书大多采用联单型。例如，罪犯申诉材料转递函，分正本、回执和存根三联。正本发给人民检察院或人民法院等机关；回执随正本一同发送，由接收材料的单位填写后寄给发函单位；存根联填写好后由发函单位留存。

填空式文书常用于向特定对象告知某些执法事项，大致分为决定书、通知书和证明书三种类型。决定书是将监狱或监狱管理机关作出的决定事项告知特定的人员或单位的文书，如暂予监外执行决定书、暂予监外执行期间不计入执行刑期决定书等；通知书是监狱根据有关规定向特定人员或单位告知有关情况的文书，如罪犯入监通知书、罪犯奖励通知书、罪犯处罚通知书等；证明书是向有关单位和个人出具的凭证性文书，如罪犯离监探亲证明书、假释证明书、释放证明书等。

二、填空式文书的基本结构

填空式文书分为正本、副本、回执和存根等联，各联的内容结构根据不同需要而确定。

（一）正本

填空式文书的正本包括首部、正文和尾部。

首部有标题、文书号。标题即文书的名称，一般是统一格式的“用途 + 文种”的形式，如“暂予监外执行决定书”“罪犯入监通知书”“假释证明书”，标题中不出现具体的适用对象即罪犯的姓名。文书号标在标题的右下方，监狱执法文书中有统一标注方式。如“（2011）冀保狱通字第 12 号”，第一部分是发文年度号，在括号内用阿拉伯数字写完整的公元纪年的年号；第二部分是发文机关代字和文种区别代字，“冀保狱通字”代表河北省保定监狱的名称和通知书这一文种；第三部分是发文顺序号，要用阿拉伯数字，注意不要出现虚位，不要写成“第 012 号”。“（2011）冀保狱通字第 12 号”，表明是 2011 年河北省保定监狱发出的第 12 号通知书。

正文有受文者、主体和结束语三部分。一般情况下，通知书有特定的受文者，要在开头部分写受文单位的名称或受文个人的姓名，证明书和决定书一般没有此项内容。主体是决定、通知或证明的事项，填充好的文书主体是表述连续、完整的一段话，简要说明原因、依据，决定、通知或证明的事项。如一份罪犯入监通知书的主体写为："王某某因犯抢劫罪，经人民法院判处无期徒刑，于2008年7月4日送某某省某某监狱服刑。"结束语须另起一段，分别写"特此通知"和"特此证明"。一般决定书不用单独的结束语。

尾部有发文机关名称和公章、成文日期、附项和使用说明等部分。文书在尾部要按要求写发文机关名称并加盖公章，写明成文日期。必要时可以在尾部加附项，即附加说明的事项，在填空式文书中可不用"附"或"附项"字样标注。如罪犯离监探亲证明书中，就要求注明探亲对象的姓名、与罪犯的关系和家庭住址。在正本的尾部还可以加注使用说明。如释放证明书的正本注有"此页由被释放人保存"。

（二）副本

当一份填空式文书有多种用途，需要发给两个或两个以上对象，除可以用一式数份形式外，还可以制作一份或多份副本。副本与正本的内容基本相同，有时根据需要可以与正本略有区别，副本的格式与正本也基本相同。

（三）回执

有的通知书要求有回执，单设一回执联，与正本一起发给受文者；受文者收到后，按要求填写好回执联，然后寄回发文机关。

（四）存根

存根的结构不同于正本和副本。存根的目的是留存备查，因此填写的事项多于正本的事项。一般要求写填发人、批准人或审核人，有的文书（如假释证明书和释放证明书）还要求受文者（如被假释罪犯、刑满释放人员）在存根上表明已收到文书正本和副本的文字声明，由本人签字并注明收到的时间。另外，存根采用的是分项开列的形式，不同于正本的文字完整表述方式。

三、填空式文书的制作要求

（一）行文简要

采用决定书、通知书或证明书等形式制发的文书，内容单一，篇幅短小，填写方便。告知内容一般都比较简单，行文要简明扼要。这种文书的正文有时只一两句话。例如，罪犯离监探亲证明书正本的主体表述为：

"罪犯向某光，男，47岁，因服刑期间遵守监规纪律，积极劳动，表现良好，根据《中华人民共和国监狱法》第五十七条之规定，经监狱决定临时离监探亲，时间自2011年2月1日9时至2011年2月5日16时止。"

除正文外，"附项"和"注释"的内容也要简单明了。

（二）内容完整

填空式文书虽然在内容上具有简要性，但在表述上却要非常完整。如上例文书的正文虽然简短，却是一句完整的话，把原因、依据和决定的内容都表述出来了。

另外，存根栏目往往有批准人、审核人项目，要求由其本人签字。

（三）用好联单

填空式文书的正本、副本、回执或存根等联，要按照其特定用途处理；特别是有多个联单的文书，更需要仔细核实，用对用准。如罪犯死亡通知书多达五联，其中三联要分别送达罪犯家属（或原所在单位）、原判人民法院和驻监检察机构，另有存根和罪犯家属填写的回执，这五联都不能用错。有时同一文书要求印制数份，分别送不同的单位或个人。例如，暂予监外执行决定书，一式六份，除了决定机关存档一份，要按要求分别送执行机关、服刑监狱、原判人民法院、执行地人民检察院和负责监狱检察的人民检察院各一份。

第三节　实录式文书的制作

一、实录式文书的含义和种类

实录式文书，是用于如实记录特定工作活动进程及结果的监狱执法文书。

实录式文书在监狱工作中的应用颇为广泛，根据不同的标准分为不同的类型。

（一）根据记录内容的不同可分为话语类记录和行动类记录

话语类记录，是以记录讯问、询问、发言、谈话内容为主的实录式文书，有讯问笔录、询问笔录、会议记录和谈话记录等。行动类记录，是以记录监狱执法部门依法开展某项特定的执法行动为内容的实录式文书，常用于监狱执法检查和犯罪侦查活动，有专项执法检查笔录、安全检查笔录、现场勘验检查笔录、搜查笔录、辨认笔录、侦查实验笔录等。

（二）根据用途和要求的不同可分为笔录、会议记录等类型

笔录，是指在执法过程中当场制作，用于记录某一执法活动的进程和结果的文书。笔录旨在反映特定的执法过程，固化各种证据材料，在一定程度上体现着执法质量的高低。因此，做好笔录是监狱人民警察的一项基本功；近年来各地监狱的岗位练兵活动，都把制作笔录列为专业技能的重要项目。会议记录，是在监狱举行各种工作会议时，用于记录会议进展和结果的文书。例如，根据司法部的统一要求，在提请减刑、假释工作中，分监区、监区和监狱提请减刑假释评审委员会要分别召开

各种专题会议，所有会议都必须形成完整而有效的会议记录。会议记录是分析、研究、处理有关问题的参照依据，是编写纪要和会议简报的基础，也是重要的档案资料。

在监狱教育改造工作中还有一种有特定含义的“个别谈话记录”，是监狱人民警察在对罪犯进行个别教育过程中制作的，用于记录与罪犯谈话内容的文书。

二、实录式文书的基本结构

（一）首部

实录式文书的首部包括标题和记录头。标题一般用“×××笔录（记录）”形式，如“现场勘验检查笔录”“××监区长办公会会议记录”等。

记录头包括时间、地点、参加或参与人员及其他情况。例如，讯问笔录的笔录头包括讯问开始和结束的时间，讯问的地点，讯问人的姓名、单位和职务，被讯问人的姓名等内容。又如，会议记录的记录头要写清开会时间和会议地点，主持人、出席人、缺席人、列席人和记录人的姓名，必要时要写明上述人员的职务。属于专题会议的，应当写明会议的议题。

行动类实录文书的记录头要写明行动开始和终止的时间，开展行动的地点，参加人的姓名、单位和职务，开展行动的依据或缘由。法律要求有见证人的，要写明见证人的情况。最后写明行动的目的。例如，一份人身检查笔录的开头部分如下：

“时间：2009年5月23日9时45分至23日10时20分

地点：监狱医院第三病房

侦查员：张强、李靖，监狱侦查科侦查员

被检查人：罪犯王某立，男，34岁，监狱第二监区第三分监区服刑人员

见证人：孙某先，南山集团工人

检查目的：确定罪犯王某立身上是否有枪击伤痕”

（二）过程记录

过程记录是实录式文书的主体部分，记载某项特定活动的实际进程。

话语类实录文书的主体，依次记录讯问、询问、发言、谈话的内容。在询问笔录和讯问笔录等问话性的笔录中，这一部分用“问”和“答”的形式，无须显示问话人和答话人的姓名。会议记录则要写发言人的姓名，不能只写姓不写名，也不宜使用姓加职务的方法。

在现场勘验检查笔录、搜查笔录、侦查实验笔录和辨认笔录等行动笔录中，这一部分则要记录行动的过程及结果，记录的顺序要与勘验检查、搜查、实验和辨认

等行动的实际操作过程相一致。

（三）尾部

实录式文书的尾部，主要是笔录（记录）生效标志项目。

讯问笔录和询问笔录等问话性笔录的尾部，有被讯问人和被询问人的核对意见和签名，讯问人和询问人的签名，记录人的签名和日期。

会议记录的结尾处，一般要写上"休会"或"散会"字样，注明会议结束的时间，同时由主持人和记录人签名，有的还要求全体与会人员签名。

三、实录式文书的制作要求

（一）客观、准确

1. 不准夹杂记录人的主观判断

实录式文书的主旨，只有实录性的制作意图，而没有见解成分。也就是说，这类文书的制作意图是对所开展的特定活动的实际情况加以客观记录，不允许记录人夹杂任何自己主观的东西，不能显示记录人自己的见解、观点和看法。话语类的实录文书，要客观地记录对话、谈话和发言的内容；行动类的实录文书，要客观地记录行动的进展情况。任何主观判断的内容不能写进此类文书当中，下面看一份现场勘验检查笔录的片段：

"现场草木丛中有两种当日留下的脚印，一种是皮鞋印迹，为报案人发现案情时所留；一种是旅游鞋印迹，为犯罪嫌疑人所留。犯罪嫌疑人向山下逃离，并在水库北岸洗过血迹。犯罪嫌疑人顺着水库堤坝逃走，在水库下方的公路边脚印消失……"

这一段，充斥着记录人对案情主观推断的内容，这样制作笔录是不符合要求的。

2. 区别不同情况，用好口语和书面语

话语类的实录式文书，是客观地记录人们此时此地的说话内容，在谈话中大都使用口头语言。因此，记录时要保持口语的风格，讲究原貌原意，关键之处则要求原汁原味，记录时切忌用书面语言替代口语。例如，一份讯问笔录出现这样一句话：

"问：现将犯罪嫌疑人之权利与义务告知书转达予你。"

"现将×××送达（转达）予你"是典型书面语，常见于党政机关公文，在人与人面对面的交流过程中使用就显得不伦不类。又如，在一份讯问笔录中，只上过两年小学的被讯问人答出"9月6日15时许，我携一刀具行至某某大街……"事后证明这个回答远远超出其本人的表达水平，也属于书面语在对话笔录中的滥用。但是，行动类的实录式文书，则必须使用规范的书面语，除直接引述报案人、知情人的话以外，不应随意使用口头语言。例如，一份现场勘验检查笔录写道，勘查发现"死者后脑勺有一块乌青伤痕"，就属于误用口头语。

3. 消除记录中的语言歧义

任何一种文书都可能出现用语歧义的问题，这一问题在实录式文书特别是话语类记录文书中表现尤为突出，这是因为在"说""听""记"三道环节都容易产生各种歧义。第一，"说"本身存在歧义。例如："这个人谁都不认识。"这句话是完整的句子，没有语病，说者心里是明白的，可是听起来是让人糊涂的，因为可以理解为"谁都不认识这个人"，也可以理解为"这个人不认识任何人"。对于这样的句子，就应当作出适当调整，使其变成单义句，比如说"谁都不认识这个人"或"这个人不认识任何人"，这样就不会产生歧义了。第二，"听"的过程产生歧义。汉语中有相当多的同音词，声、韵、调完全相同，但词义不同。用于书面时，这些同音词字体有别，很容易区分清楚，但在说话的现场，由于只闻其"声"，不见其"字"，听起来容易同音相混，产生歧义。如"他的肺部正常"，被听成"肺不正常"或"肺部正常"都有可能。又如，"治病"与"致病"也容易听混。第三，"记"的过程出现歧义。人们说话中的间歇停顿有区别意义的作用。同样一句话，说话时在不同的地方间歇停顿，表达的意思就有所不同。如果记录过程不注意间歇停顿，也会造成歧义，例如："我相信他肯定是错了。"这句话如果在"我相信"后面停顿，则是"他肯定是错了"；如果在"我相信他"后面停顿，则我"肯定是错了"。面对此种情况，记录人听懂了说话人真实意思，就要正确使用标点符号表明停顿。另外，说话时的轻重音，同样具有区别意义的作用。同样一句话，轻重音用在不同的地方，表达的语意也就有区别。例如："你的工具坏了，我给你修好了。"如果把"好"字重读，就是"已经修好了"的意思；如果"好"字不重读，就可以理解成"你放心，我一定给你修"的意思。因此，在"记"的过程中要注意听清轻重音，并通过适当的调整来消除歧义。

总之，实录式文书制作中要时时关注消除语言歧义问题，记录完毕在核对时更要特别注意。

（二）通顺、清楚

1. 语句要通顺、清楚

口头表达的语言往往是临时组织起来的，即便思维敏捷、口齿伶俐的人，也难以达到出口成章的境界，所以口头表达出现一些语病是在所难免的。另外，口头语言存在很多没有实质意义或利用价值的"杂质"。实录式文书是一种应用文体，不是有言必录的速记材料，要符合文书语言通顺、表述清楚的要求。为此，记录时须对口头语言进行必要的整理。整理的方法有删除、省略、增补、改动等。

删除,就是删去口头语言中存在的各种杂质。这些杂质主要指与基本意思无关的口头禅,如“嗯、啊、这个、那个”等。

省略,主要是把词义重复或没有必要写进的语句成分省略掉。比如:

“问:说一说你的姓名?

答:我叫王某武。

问:你是哪年哪月哪日出生的?

答:我出生在1976年,5月份,26号。

问:说一说你出生在什么地方?

答:我出生的地方是某省某市。”

通过省略,上面的话可简化为:

“问:你的姓名?

答:王某武。

问:出生日期?

答:1976年5月26日。

问:出生地?

答:某省某市。”

增补,不是把自己的意思强加到原始记录之中,而是根据具体情况和特定环境增加一些必要的标点符号或句子成分,以求句式完整、通顺、清楚。人们说话时,每个语段之间、每个意思之间,不可能带上标点符号。因此,整理时需要根据说话的语气、语意,在适当的地方增补标点符号。另外,口头表达的语言,其句子成分有很多是不完备的,或是省略了必要的成分,或是残缺某些成分。这是因为,在特定环境、特定场合所表达的口头语言,省略一些句子成分,在场的人也能听得懂;说话人临时组织语言,思维速度赶不上表达速度,难免丢三落四、上句不接下句,于是会出现句子成分残缺的问题。针对这些情况,记录人要对原始记录增补必要的句子成分,以求思路连贯,内容完整,表述清楚。

改动,不是说记录人可以改动言语的真实意思,而是改正、调整一些不恰当的因素,主要涉及方言土语的处理。《中华人民共和国国家通用语言文字法》第9条规定:“国家机关以普通话和规范汉字为公务用语用字。法律另有规定的除外。”根据该法第16条第1项的规定,国家机关的工作人员执行公务时确需使用方言的,可以使用方言。监狱工作使用的实录式文书,属于国家刑罚执行机关的公务文书,应当以普通话为公务用语,所有的会议记录和行动类实录文书应当使用普通话,不得夹杂方言土语。讯问笔录和询问笔录等问答式文书也应当以普通话为主，但当确需使用方言时，可以使用方言。在不改变方言土语真实意思的前提下，可将方言土语准确、规范地改写，即利用现代汉语词汇表达不常用的方言词汇。例如，安徽某地方言“我在车里等了他一哈”，这里的“一哈”是指“一会儿”，就可以记为“我在车里等了他一会儿”。一旦内容涉及行为定性或处理结果的关键情节，就需要尽可能地保留这些方言土语，然后用普通话对方言土语加以注释。例如，在湖北某地，“配偶”在当地方言里是“伙计”，狱内犯罪嫌疑人供述说“我出去后把钱交给了我伙计”，就应该记为“我出去后把钱给了我的伙计（妻子）”。

2. 书写工整，页面整洁

实录式文书的记录人要具备扎实的文字功底，书写工整、流利，保持页面整洁。

在监狱工作中形成的实录式文书都要作为重要材料存档备查；一份书写工整、页面整洁的记录能使人一目了然，易于阅读、理解和使用。页面破损、字迹潦草的记录不仅让人难以辨认，带来阅读上的困难，还容易产生歧义和曲解。为保持页面整洁，记录人员应杜绝随意涂抹，确需修改的地方则运用规范的校对符号修改。

3. 逐步推行电子记录

采用电脑录入方式制作实录式文书是一种发展趋势，电子记录的优势非常明显：第一，电子记录字迹清晰、工整，笔录格式相对固定，纸质规格整齐统一，便于阅看；第二，便于对记录内容及时作出更正、修改与补充；第三，记录速度明显增快，从而有效提高效率、节省时间。用电脑制作记录应注意两点：一是电脑制作出来的记录，不能把有关人员的签字打印出来，必须当场由当事人核对、签字，否则该记录会失去证据意义或凭据作用；二是电脑记录应防止出现因使用电脑而可能造成的泄密现象。

（三）规范、有效

任何一种实录式文书的制作，都要严格遵守法律程序，履行法定的生效手续。监狱侦查过程中的各种笔录在这方面的要求最为严格。一方面，侦查文书中的笔录，是特定侦查活动的适时记录，必须当场制作，既不能事后补做，也不能事后删改。以现场勘验检查笔录为例，犯罪现场受外界环境因素影响，时刻处于变化中，因此现场勘验检查要求突出一个“快”字，笔录的制作与现场的勘验检查必须同步进行。另一方面，笔录制作必须履行相应的生效手续，如侦查人员、当事人须按要求在笔录上签名。法律要求必须有见证人的侦查活动，笔录中也必须有见证人签名等。

第四节　拟制式文书的制作

一、拟制式文书的含义和种类

拟制式文书，又称拟稿式文书，是指通篇需要自行组织文字直接表述的监狱执法文书。

拟制式文书要求制作人员将相关内容用文字的形式从头到尾写下来，是制作难度最大的一类文书。但是，拟制式文书也有程式化的要求，其写作要素基本上是确定的。

拟制式文书按照制作要求可分为定式文书和自由式文书。定式文书，是指有规定样式的文书，这种文书标题是固定化的表述，文书中要写哪些项目，这些项目在什么位置写都有一定的要求。定式拟稿文书的种类很多，多见于监狱刑务文书和侦查文书，如提请减刑建议书、提请假释建议书、监狱起诉意见书、补充侦查报告书、要求复议意见书等。自由式文书，是除了定式文书以外，采用一般文章形式出现的文书。

二、拟制式文书的基本结构

（一）定式文书的基本结构

1. 首部

首部是定式拟稿文书的开头部分，其内容要素一般包括文书名称、文书编号和罪犯的基本情况。

文书名称，一般由制作文书机关名称、案件性质和文书种类三项要素组成，有时也可以省略案件性质。例如，"中远监狱起诉意见书"。书写制作机关名称必须使用全称或规范化简称，不能随意简化，用全称的要与尾部使用的机关印章名称相一致。

文书编号，主要包括年度、制作机关文书性质代字、顺序号三项内容。监狱的文书编号样式基本上是固定的，为"（　）字第号"。括号内表示发文年度。用阿拉伯数字标全，如"2011"。文书编号通常应置于文书名称下一行右端。

罪犯的基本情况，这一项要素因文书种类不同而由不同的内容构成。

2. 主体

主体是定式拟稿文书的核心部分，具体包括事实、证据、理由和处理结果或要求等项内容。

(1)事实、证据。这既是处理案件和适用法律的客观依据,也是定案的基础。不同的文书,事实、证据的内容及其结构形式也不尽相同。事实与证据的结构安排,尚无统一的模式,要因案而异。主要有三种方式:第一种,一事一证,分项举证,逐项论定;第二种,边叙事边举证,夹叙夹证,事证结合,据事而断;第三种,先叙事后举证,集中举证,前后衔接,相互照应,清楚明了。

(2)理由。在正文结构上,理由部分上接事实,下连处理结果,处于承上启下的纽带地位。其要求是:立足于事实,据实说理;着眼于法律,依法论理。只有这样,才能从事实和法律两方面为后面的处理奠定坚实的基础。

(3)处理结果或要求。这是制作者依据已经查明的事实、证据和有关的法律规定,对案件所作出的处理决定、对某一法律事项所作的结论,为全文之归宿。不同的拟制类文书,其处理结果的表述形式各有不同。例如,一份监狱提请批准逮捕书的结论为:

"上述事实证明,犯罪嫌疑人李某川的行为已触犯《中华人民共和国刑法》第三百一十五条,涉嫌破坏监管秩序罪,根据《中华人民共和国刑事诉讼法》第二百九十条第三款、第七十九条、第八十五条之规定,特提请批准逮捕。"

3. 尾部

尾部是定式拟稿文书的结束部分;其特点是程式严格,用语简短、固定。通常包括以下部分:致送机关、机关负责人印章、发文机关印章、成文日期和附项等。

(二)自由式文书的基本结构

自由式文书的外部形态大体有以下几种类型。

1. 篇段合一式

正文全部内容包容在一个完整的自然段内,即一个段落就是一篇完整的文书。这种形式常用于内容单一的自由式文书。

2. 分段式

(1)两段式。这是内容简单、篇幅简短的自由式文书的常用形式。如把篇段合一式中的结语部分单列一段,则可成为两段式。如果把三段式中的结语部分省略,写作目的或缘由、行文事项各为一段,也可以成为两段式。

(2)三段式。这是短篇自由式文书比较常见的外部结构形式,即正文分为写作目的或缘由、事项、结语三个层次。

(3)多段式。这种形式用于内容稍多、篇幅稍长的自由式文书。一般是开头概述情况,说明缘由、目的或依据;主体部分内容稍多分别写为若干段;结尾单独成段或省略结尾段。如果是内容多、篇幅长的应用文书,一般不宜采用多段式,而宜采用分部式。

3. 分部式

分部式结构形式，通常把文书分成几个大部分，每个部分就是一个层次。为使眉目清楚，每个部分可用小标题或者序号列出，也可用序号加小标题的形式。小标题或者概括该部分中心意思，或者提示该部分内容范围。这种结构形式容量较大，眉目清楚，头绪分明，适用于内容较多、篇幅较长的文书。

三、拟制式文书的要求

要写好拟制式文书，需要过好立意、取材、谋篇、成文和审定五道关口。

（一）立意

对于制作者而言，拟制式文书是受命而作。在接受制作文书的任务时，制作者要准确理解单位领导的意图和基本观点，从而归纳概括提炼出文书的主旨。立意是文书制作的第一道工序和关口，能否顺利过关，取决于制作意图是否符合党的政策和国家的法律，是否契合上级机关的要求和本单位的实际。在立意方面，要符合党的理论路线方针政策和国家法律法规，完整准确体现发文机关意图，并同现行有关公文相衔接。做到一切从实际出发，分析问题实事求是，所提政策措施和办法切实可行。这关系到文书的政治生命。在实际工作中，个别单位发出的“奇葩公文”，基本上都存在立意不合法不合规的严重问题。

（二）取材

文书的立意明确后，制作者要对支撑主旨的材料进行收集、挑选、审查，然后根据真实、新鲜、典型的标准确定写进文书的各项材料。

（三）谋篇

《李笠翁曲话》中说“袖手于前，始能疾书于后”。用在文书的写作中，这句话点出了落笔成文前的“谋篇”的重要性。在主旨和材料齐备后，最为紧要的是“谋篇”，就像工匠建造房屋一样，“基址初平，间架未立，先筹何处建厅，何方开户，栋需何木，梁用何材，必俟成局了然，始可挥斤运斧”。谋篇要具体做什么？刘勰在《文心雕龙·附会》中指出，谋篇布局要“总文理，统首尾，定与夺，合涯际，弥纶一篇”。“总文理”指综合文章义理以确定主旨，“统首尾”指文章首尾完整、前后贯通，“定与夺”指决定内容的取舍增删，“合涯际”指章节之间巧妙过渡密合无间，“弥纶一篇”指按一定的层次结构把内容组织成统一的整体。

（四）成文

谋篇关一过，就到了落笔成文阶段。“疾书于后”，是说成文的过程突出一个“疾”

字。一般而言,较好的写作状态是信马由缰、一气呵成。初稿告成后,只要有时间,不妨放一放,然后进行修改。好的文章是改出来的,这一点也适用于公务文书领域。

(五)审定

拟制式文书的最后一道关口是审定。以党政机关公文为例,审定包括审核、审议、审批签发和复核或复审等。

1. 审核。公文文稿签发前,应当由发文机关办公厅(室)进行审核。审核的重点是:行文理由是否充分,行文依据是否准确。内容是否符合党的理论路线方针政策和国家法律法规;是否完整准确体现发文机关意图;是否同现行有关公文相衔接;所提政策措施和办法是否切实可行。涉及有关地区或者部门职权范围内的事项是否经过充分协商并达成一致意见。文种是否正确,格式是否规范;人名、地名、时间、数字、段落顺序、引文等是否准确;文字、数字、计量单位和标点符号等用法是否规范。其他内容是否符合公文起草的有关要求。

2. 审议。需要发文机关审议的重要公文文稿,审议前由发文机关办公厅(室)进行初核。经审核不宜发文的公文文稿,应当退回起草单位并说明理由;符合发文条件但内容须作进一步研究和修改的,由起草单位修改后重新报送。

3. 审批签发。公文应当经本机关负责人审批签发。重要公文和上行文由机关主要负责人签发。党委、政府的办公厅(室)根据党委、政府授权制发的公文,由授权机关主要负责人签发或者按照有关规定签发。签发人签发公文,应当签署意见、姓名和完整日期;圈阅或者签名的,视为同意。联合发文由所有联署机关的负责人会签。

4. 复核或复审。已经发文机关负责人签批的公文,印发前应当对公文的审批手续、内容、文种、格式等进行复核;须作实质性修改的,应当报原签批人复审。

研究与思考

1. 简述表格式文书的基本结构和制作要求。
2. 简述填空式文书的基本结构和制作要求。
3. 简述实录式文书的基本结构和制作要求。
4. 简述拟制式文书的基本结构和制作要求。

第二编　专用文书

第四章　刑罚执行文书

要点提示

1. 刑罚执行文书是监狱在对罪犯收监、适用暂予监外执行、提请减刑、提请假释、对罪犯申诉控告检举的处理、释放等刑务管理活动中形成的执法文书的总称。

2. 收监文书是指监狱按照法定程序将罪犯收押进监区之过程中形成的文书，主要包括收监决定书、身体检查表、入监登记表和罪犯入监通知书等文书。

3. 暂予监外执行文书是指监狱依法办理罪犯暂予监外执行事务而形成的文书，主要包括罪犯身体状况鉴定文书、暂予监外执行审批实施文书、暂予监外执行期间法律事务文书等文书。

4. 提请减刑文书是指监狱依法办理罪犯减刑事务而形成的文书，主要包括罪犯减刑审核表、罪犯综合表现材料、提请减刑建议书等文书。

5. 提请假释文书是指监狱依法办理罪犯假释事务而形成的文书，主要包括罪犯假释审核表、罪犯综合表现材料、假释评审文书、提请假释建议书等文书。

6. 申诉处理文书是指监狱依法处理罪犯申诉、控告、检举等事务而形成的文书，主要包括罪犯材料转递函、对罪犯刑事判决提请处理建议书等文书。

7. 出监文书是指监狱依法处理罪犯出监事务而形成的文书，主要有罪犯出监鉴定表、假释证明书、释放证明书和刑满释放人员通知书等文书。

第一节　收 监 文 书

一、收监文书概述

监狱对罪犯执行刑罚始于收监，即根据《刑事诉讼法》第 264 条的规定，对被判处死刑缓期 2 年执行、无期徒刑、有期徒刑的罪犯，由公安机关依法将该罪犯送交监狱执行刑罚。对于依法应当收押在监狱执行刑罚的罪犯，监狱在履行审查法律文件、检查罪犯身体、检查罪犯人身和物品、登记罪犯相关情况、通知罪犯家属等职责的过程中，需要制作入监登记表、罪犯物品保管收据、罪犯入监通知书、不予收监决定书、暂不收监决定书等文书。

二、收监检查登记文书

（一）罪犯入监登记表

对于人民法院交付执行的罪犯，监狱审查后决定收监执行时，要制作“罪犯入监登记表”（详见例4－1）以记录其基本情况，其主要内容项目分为眉栏、腹栏和尾栏。

1. 眉栏。有单位、编号和入监日期。“单位”一栏填写监狱名称，“编号”按照监狱狱政信息管理系统拟定的编号填写，“入监日期”用阿拉伯数字填写。

2. 腹栏。这一部分项目较多，可分为四种类型：一是罪犯自然现状，包括姓名、性别等常规项目；二是罪犯履历，包括个人简历、曾受过何种惩处两项内容；三是罪刑简况，包括判决机关、判决日期、罪名、刑种、刑期和主要犯罪事实等项目；四是与罪犯关系密切的人员，包括家庭成员、主要社会关系和同案犯三项。

3. 尾栏。含一项文书的使用说明，即注明此表一式两份。

“罪犯入监登记表”制作时要注意以下问题：一是准确理解每一栏目的确切含义和要求。如“曾受过何种惩处”一栏指罪犯因此次犯罪被判刑之前是否受到行政拘留以上的惩处，即通常所说的刑事前科与行政劣迹。二是填写必须准确可靠。罪犯入监登记表中每一栏目内容的填写首先依据的是人民法院的刑事判决书、执行通知书和结案登记表，其次是人民检察院的起诉书（副本），最后是询问罪犯本人或其他知情人。特别是罪犯的姓名，必须严格按判决书如实填写，绝不能用别字来替代，更不能用错字。三是注意掌握摘录的技巧。本表的内容多属摘录而成，特别是“主要犯罪事实”一栏，必须以刑事判决书认定的犯罪时间、地点、手段、情节、后果等内容为蓝本进行摘录。

本文书示例见例4－1。

例 4 – 1

罪犯入监登记表

单位:××监狱　　　　编号:×××××　　　　入监日期:2021 年 9 月 2 日

<table>
<tr><td>姓名</td><td>陈×河</td><td>别名</td><td colspan="2">无</td><td>性别</td><td>男</td><td rowspan="4">一寸
免冠
照片</td></tr>
<tr><td>民族</td><td>汉族</td><td>出生日期</td><td colspan="2">1994 年 2 月 27 日</td><td>文化程度</td><td>初中</td></tr>
<tr><td>捕前职业</td><td>无业</td><td colspan="2">原政治面貌</td><td>群众</td><td>特长</td><td>无</td></tr>
<tr><td>身份证号码</td><td colspan="4">××××××××××××××××××</td><td>口音</td><td>云南</td></tr>
<tr><td>籍贯
(国籍)</td><td colspan="2">贵州省××市</td><td colspan="2">原户籍
所在地</td><td colspan="3">贵州省×市</td></tr>
<tr><td>家庭住址</td><td colspan="5">贵州省××市××区××镇××村</td><td>婚姻
状况</td><td>已婚</td></tr>
<tr><td>拘留日期</td><td colspan="2">2020 年 6 月 9 日</td><td>逮捕机关</td><td>黑龙江省××市人民检察院</td><td>逮捕
日期</td><td colspan="2">2020 年 7 月 3 日</td></tr>
<tr><td>判决书号</td><td colspan="2">(2021)×刑初字第 118 号</td><td>判决
机关</td><td>黑龙江省××市人民法院</td><td>判决
日期</td><td colspan="2">2021 年 7 月 23 日</td></tr>
<tr><td>罪名</td><td colspan="3">贩卖毒品罪</td><td>刑种</td><td colspan="3">有期徒刑</td></tr>
<tr><td>刑期</td><td>15 年</td><td>刑期
起止</td><td colspan="2">自 2020 年 6 月 9 日起至 2035 年 6 月 8 日止</td><td>附加刑</td><td colspan="2">剥夺政治权利 3 年,没收财产 100000 元</td></tr>
<tr><td>曾受何种
惩处</td><td colspan="7">2017 年 4 月 18 日因殴打他人被行政拘留 10 天</td></tr>
<tr><td rowspan="8">本人简历</td><td>起时</td><td>止时</td><td colspan="4">所在单位</td><td>职务
(职业)</td></tr>
<tr><td>2000.9</td><td>2006.7</td><td colspan="4">贵州省××市××区××镇××村</td><td>学生</td></tr>
<tr><td>2006.7</td><td>2009.7</td><td colspan="4">贵州省××市××区××镇第一中学</td><td>学生</td></tr>
<tr><td>2009.7</td><td>2012.7</td><td colspan="4">贵州省××市××区第三中学</td><td>学生</td></tr>
<tr><td>2012.7</td><td>2015.7</td><td colspan="4">贵州省贵阳市×××技工学校</td><td>学生</td></tr>
<tr><td>2015.7</td><td>2017.6</td><td colspan="4">贵州省贵阳市××工厂</td><td>安保人员</td></tr>
<tr><td>2017.6</td><td>至捕</td><td colspan="4">无业</td><td></td></tr>
<tr><td></td><td></td><td colspan="4"></td><td></td></tr>
</table>

续表

<table>
<tr><td>主要犯罪事实</td><td colspan="8">2020 年 1 月初至 1 月 12 日，陈某河伙同肖某（已判刑）从贵州省××市窜至黑龙江省××市，以每克 500 元的价格，卖给黑龙江籍人员毛某 5 克冰毒；在黑龙江籍人员孟某成（已判刑）的帮助下，以每克 500 元的价格，先后卖给××市白某玉 20 克冰毒，鸡西市孟某 25 克冰毒；在肖某的帮助下，以每克 600 元的价格卖给密山市王某宇（已判刑）7 克冰毒，累计贩卖毒品 57 克；在侦查机关抓获肖某时，陈某河随身携带未卖出去的冰毒 11.75 克被依法扣押。被告人陈某河于 2020 年 6 月 9 日被贵州省×市××分局××派出所在该区内抓获。</td></tr>
<tr><td rowspan="9">家庭成员及主要社会关系</td><td>关系</td><td>姓名</td><td>出生日期</td><td>政治面貌</td><td>单位（职业）</td><td>住址</td><td colspan="2">电话</td></tr>
<tr><td>父</td><td>陈×</td><td>1971.7</td><td>群众</td><td>农民</td><td>×省×县×镇×村</td><td colspan="2">×××××××××××</td></tr>
<tr><td>母</td><td>李×</td><td>1972.9</td><td>群众</td><td>农民</td><td>×省×县×镇×村</td><td colspan="2">×××××××××××</td></tr>
<tr><td>妻</td><td>王×香</td><td>1995.4</td><td>群众</td><td>农民</td><td>×省×县×镇×村</td><td colspan="2">×××××××××××</td></tr>
<tr><td>妹</td><td>陈×</td><td>1996.7</td><td>群众</td><td>农民</td><td>×省×县×镇×村</td><td colspan="2">×××××××××××</td></tr>
<tr><td></td><td></td><td></td><td></td><td></td><td></td><td colspan="2"></td></tr>
<tr><td></td><td></td><td></td><td></td><td></td><td></td><td colspan="2"></td></tr>
<tr><td></td><td></td><td></td><td></td><td></td><td></td><td colspan="2"></td></tr>
<tr><td></td><td></td><td></td><td></td><td></td><td></td><td colspan="2"></td></tr>
<tr><td rowspan="5">同案犯</td><td>姓名</td><td>性别</td><td>出生日期</td><td>捕前职业</td><td>罪名</td><td>刑期</td><td colspan="2">家庭住址</td></tr>
<tr><td>肖×</td><td>男</td><td>1991 年 3 月 1 日</td><td>无业</td><td>贩卖毒品罪</td><td>无期徒刑</td><td colspan="2">×省×县×镇×村</td></tr>
<tr><td></td><td></td><td></td><td></td><td></td><td></td><td colspan="2"></td></tr>
<tr><td></td><td></td><td></td><td></td><td></td><td></td><td colspan="2"></td></tr>
<tr><td></td><td></td><td></td><td></td><td></td><td></td><td colspan="2"></td></tr>
</table>

说明：此表一式两份。

（二）重要罪犯登记表

根据司法部规定，下列罪犯属“重要罪犯”：（1）原副厅局级（现职）以上的党政领导干部；（2）原全国人大代表、政协委员，省、自治区、直辖市人大代表、政协委员；（3）原省级以上民主党派组织的负责人；（4）省、部级以上党政领导干部的直系亲属;(5)科技、艺术、体育、卫生、宗教界等有重要影响的知名人士;(6)根据领导批示,中央及各省、自治区、直辖市政法部门直接承办案件中的罪犯;(7)鼓吹民族分裂主义,参与骚乱的罪犯,利用宗教犯罪的头面人物;(8)中央级报刊曾予报道,在国内外有重大影响的案件中的罪犯等。为了及时、准确地掌握监狱收押这些重要罪犯的情况,加强对其管理和改造,监狱依法收押这些罪犯时要专门填写重要罪犯登记表。

重要罪犯登记表的栏目主要取自人民法院交付执行时的判决书等文种,与罪犯入监登记表相比,项目简化了一些,但增加了"原工作单位"和"职务"。另外,这一文书设计了"身体状况"一栏,可根据"罪犯收监身体检查表"填写。最后应注明填表人、审核人和填表日期。

各监狱对重要罪犯收监后,应在3日内将填写完整、准确的重要罪犯登记表并附人民法院判决书复印件,报省(自治区、直辖市)监狱管理局,然后由该监狱管理局上报司法部监狱管理局。

(三)外籍犯或我国港澳台地区罪犯登记表

为加强对外国籍(含无国籍)罪犯和我国港澳台地区罪犯的管理,监狱应当对收押的外籍犯或我国港澳台地区罪犯采用专门的外籍犯或港澳台地区罪犯登记表。其主要内容包括:填报单位、罪犯编号,姓名(中文、原文)、性别、出生日期、文化程度、国籍、捕前住址,身份证号码、护照号、护照有效期,原工作单位、职务,审判机关、判决书号、判决时间、罪名、刑种、附加刑、刑期、刑期起止,关押地点、入监日期,家庭主要成员、主要犯罪事实、健康状况等。同时,在表的下方要注明审核人、填表人和填报日期。

外籍犯或我国港澳台地区罪犯登记表的填写要求和注意事项,与重要罪犯登记表大体相同,其中"姓名(原文)"应与护照一致。

(四)罪犯收监身体检查表

监狱在收押新犯过程中,依据《监狱法》应当对罪犯的身体健康状况、体貌特征等情况进行检查,填写罪犯收监身体检查表记录其入监时的初始情况。

罪犯收监身体检查表的主要内容有:罪犯基本情况、体貌特征、既往病史、检查项目、主检医师意见和医院意见。其中,罪犯的体貌特征主要包括:头部特征、发须特征、脸部特征、四肢特征和其他特征。既往病史栏主要登记罪犯既往病史的病名和患病时间。检查项目主要有:一般状态、血压、内科、外科、五官科、皮肤科、妇科、X线、化验及其他项目。检查、记录完毕后主检医师要签字,由医院加盖章,并注明检查的具体日期。

罪犯身体检查表由监狱从事医务工作的人民警察填写，内容要全面、准确、真实，各项体貌特征的描述切忌夸大、缩小或遗漏。此外，要注意保持罪犯身体检查表和罪犯照相等影像资料的一致性。

（五）罪犯物品保管收据

对新入监罪犯带来的非生活必需品，监狱收押他们时要详细登记并开具罪犯物品保管收据，其主要内容有：编号、保管日期，品名、规格型号、计量单位、数量和新旧程度等。以上内容应如实填写，并由保管人和罪犯本人签名，以免丢失或挪用。

罪犯物品保管收据一式三份，一份由罪犯本人保存，一份由罪犯所在监区或分监区保存，一份由狱政管理部门保存。对于以上物品，罪犯有正当用途或者释放（假释）时凭物品保管收据取回相应物品。

三、收监和不予收监通知文书

（一）罪犯入监通知书

对公安机关送来的拟入监罪犯，监狱在依法审查并决定收监的，自收押之日起5日内应当向罪犯家属发入监通知书。这种文书在制作时需要注意在各联之间竖排的骑缝文书号中的数字，包括发文年度号和发文顺序号，要使用中文大写。

罪犯入监通知书是监狱依法寄发给罪犯家属使其获得罪犯入监信息的知照性文书，是保障罪犯家属的知情权、通信权和探视权的法定形式之一。罪犯入监通知书分正本、回执和存根三联：

（1）通知书正本的内容主要是告知罪犯家属罪犯的罪名、判处刑罚情况、关押情况以及服刑所在地的具体地址和通信信箱。其主要项目有：标题、发文字号、称谓、正文、监狱的详细地址、探监时的乘车路线、与罪犯的通信信箱、邮政编码和咨询电话等，最后注明发文日期，加盖监狱公章。

（2）罪犯入监通知书的回执联与入监通知书正本一起寄送罪犯家属，罪犯家属收到通知后应在回执联上签字或者盖章，将其寄回监狱。

（3）罪犯入监通知书的存根联由监狱留存。

（二）不予收监通知书

根据《刑事诉讼法》《监狱法》的相关规定，对于已经生效的刑事裁判和应当由监狱执行刑罚的罪犯，交付执行的人民法院应当将人民检察院的起诉书副本、人民法院的判决书、执行通知书、结案登记表同时送达监狱。监狱没有收到上述文件的，不得收监；上述文件不齐全或者记载有误的，作出生效判决的人民法院应当及时补充齐全或者作出更正；对其中可能导致错误收监的，不予收监。收押时监狱应当按照以上规定,对人民法院交付执行的法定文件进行检查。对于尚未发生法律效力、缺少法定文件或因记载有误可能导致错误收监的,监狱应作出不予收监的决定,并制作罪犯不予收监通知书,将决定通知给交付执行的人民法院和送交罪犯的公安机关。

罪犯不予收监通知书有三联。其中两联分别送达人民法院和公安机关,主要项目有罪犯的情况、不予收监的理由和法律依据等。另一联为存根,记录项目与其他两联基本相同,但须由填发人和送押人共同签字。

第二节　暂予监外执行文书

一、暂予监外执行文书的概念

暂予监外执行文书,是人民法院、公安机关、监狱管理部门在为符合法定条件的罪犯办理暂予监外执行和处理相关事务时所制作的各种文书。

暂予监外执行是指对于被判处监禁刑的罪犯,因患有严重疾病需要保外就医,或者怀孕、哺乳自己的婴儿,或者生活不能自理适用暂予监外执行不致危害社会的,而暂时采用不予关押但对其实行严格监督管理方式执行原判刑罚,是一种刑罚执行方式和场所的变更措施。对暂予监外执行的罪犯实施社区矫正。暂予监外执行的适用有以下三种情况:一是由人民法院决定的,适用于罪犯被交付执行前;二是由公安机关决定的,适用于余刑在3个月以下,在看守所留所服刑的罪犯;三是由监狱管理机关决定的,适用于在监狱服刑的罪犯。这里讲的暂予监外执行文书,指的是第三种,即监狱和省级以上监狱管理机关办理罪犯暂予监外执行时依法制作的各种文书。

根据《刑事诉讼法》的规定并结合刑罚执行工作实际需要,最高人民法院、最高人民检察院、公安部、司法部、国家卫生计生委联合发布了《暂予监外执行规定》,自2014年12月1日起施行。司法部监狱管理局随后制定了《暂予监外执行执法文书》,其内容紧密结合《暂予监外执行规定》执法工作环节,涵盖病情诊断、妊娠检查、生活不能自理鉴别、调查评估委托、保证人资格审查、保证人承诺、暂予监外执行审批决定、暂予监外执行告知、罪犯移交证明、档案转递、收监执行、暂予监外执行期间不计入刑期建议等工作管理节点。暂予监外执行文书可分为三类,即前期准备文书、审批决定文书和实施文书。

二、暂予监外执行前期准备文书

（一）罪犯病情诊断书

罪犯病情诊断书，是省级人民政府指定的医院出具的证明拟保外就医罪犯身体疾病伤残情况且具有法律效力的医学鉴定材料。

这一文书由监狱委托的省级人民政府指定医院制作，目的是对因患有严重疾病拟暂予监外执行的罪犯进行医学鉴定。其主要项目是罪犯的基本情况、既往病史、病情情况、病情诊断等，病情诊断必须由两名以上具有副高以上专业技术职称的医师签名，由主管业务院长审核签名，加盖公章，然后提交委托鉴定单位。

（二）罪犯妊娠检查书

罪犯妊娠检查书，是省级人民政府指定的医院出具的证明罪犯妊娠情况且具有法律效力的医学鉴定材料。

这一文书由监狱委托省级人民政府指定的医院制作，目的是对因怀孕拟暂予监外执行的监禁刑罪犯进行医学鉴定。其主要项目有罪犯的基本情况、既往病史、妊娠检查情况和妊娠检查意见等。其他要求与罪犯病情诊断书基本相同。

（三）罪犯生活不能自理鉴别书

罪犯生活不能自理鉴别书，是监狱对因生活不能自理拟暂予监外执行罪犯的身体情况进行现场考察和鉴别的法律文书。

这一文书的主要项目有罪犯的基本情况、既往病史、生活不能自理的主要表现、现场考察情况和鉴别意见。生活不能自理鉴别应由监狱组织有医疗专业人员参加的鉴别小组进行，参与鉴别的人员应当签名，由监狱长审核签名，并加盖公章。

（四）拟暂予监外执行罪犯调查评估委托函

拟暂予监外执行罪犯调查评估委托函，是监狱在办理罪犯暂予监外执行前，对需要委托罪犯居住地县级司法行政机关核实居住地、调查罪犯对所居住社区影响时使用的法律文书。

根据《中华人民共和国社区矫正法实施办法》第13条的规定，监狱对拟批准暂予监外执行的罪犯，需要委托执行地县级社区矫正机构核实其出监后居所情况，并调查其对所居住社区的影响。根据公文行文规则，监狱应当制作拟暂予监外执行罪犯调查评估委托函，商请对方开展调查和评估。

在这个文书中，监狱必须要写明发文字号、罪犯的基本情况、暂予监外执行的原因、需要调查和评估的事项、函复的期限等内容。

本文书示例见例4-2。

例 4－2

拟暂予监外执行罪犯调查评估委托函

(2021)清狱函字第 65 号

××县司法局：

现在清水监狱服刑的罪犯曹某桦，原居住地在你辖区。该犯现因糖尿病并发酮症酸中毒，符合罪犯暂予监外执行的相关规定，拟对其办理暂予监外执行。根据《中华人民共和国社区矫正法实施办法》第十三条规定，现委托你局（机构）核实该罪犯出监后居所情况，并调查该罪犯对所居住社区的影响。请在收到此函后十个工作日内将调查评估情况函复监狱。

拟暂予监外执行罪犯曹某桦，别名无、性别男、民族汉族、出生日期 1978 年 3 月 4 日、罪名过失致人死亡罪、原判刑期 6 年、附加刑无、减刑 5 个月、现刑期止日 2023 年 4 月 2 日、户籍地：××省××市××县××镇××村××号，居住地：××省××市××县××镇××村××号。（系患严重疾病）

保证人王某，关系夫妻，居住地：××省××市××县××镇××村××号，电话：198××××××××。

函复地址：××省××市××县××镇××监狱刑罚执行科

邮编：041000

联系人：钟成

联系电话：××××××××

附：判决书、裁定书、减刑裁定书复印件及罪犯服刑期间表现情况材料。（略）

（监狱公章）

20××年××月××日

（五）保证人资格审查表

保证人资格审查表，是监狱在对罪犯拟办理罪犯保外就医时，对保证人基本情况和担保资格的调查、审核所用的文书。保证人须符合保证人的资格及条件。保证人须提供自己的身份证明及所在街道、社区、乡镇村（居）民委员会或派出所出具的与被保证人的关系证明等相关材料，提交监狱审核确认。

（六）暂予监外执行保证书

暂予监外执行保证书，是监狱对拟暂予监外执行罪犯的保证人明确须履行义务承担法律责任的书面告知和协议。

在罪犯暂予监外执行期间,保证人应当履行法律法规规定的保证义务,并签订暂予监外执行保证书,保证人必须在保证书上签名捺印。这一文书含正本和副本共五联。第一联为正本,留存监狱;其他四联分别送社区矫正机构、送驻监检察机构、交保证人和交罪犯本人。

三、暂予监外执行审批决定文书

(一)暂予监外执行审批表

暂予监外执行审批表,是监狱用于对罪犯申报暂予监外执行的书面审批文书。

根据《暂予监外执行规定》的规定,监狱应当对罪犯是否提请暂予监外执行进行审议;经审议决定罪犯提请暂予监外执行的,由申报单位填写暂予监外执行审批表,连同有关诊断、检查、鉴别材料、担保材料等,提请省级以上监狱管理机关批准。已经委托进行核实、调查的,还应当附县级司法行政机关出具的调查评估意见书。监狱审议暂予监外执行前,应当将相关材料抄送人民检察院。

暂予监外执行审批表包括罪犯的基本情况、出监后居住地、主要犯罪事实、改造表现,病情诊断、妊娠检查或生活不能自理鉴别情况,保证人情况,综合评估意见,监区意见、监狱刑罚执行科意见、监狱意见、监狱管理局意见。

(二)暂予监外执行决定书

暂予监外执行决定书,是有权限批准罪犯暂予监外执行的机关制作的批准罪犯暂予监外执行的法律文书。

根据有关规定,批准机关自收到监狱提请暂予监外执行材料之日起 15 个工作日内作出决定,并在 5 个工作日内将暂予监外执行决定书送达监狱,同时抄送同级人民检察院、原判人民法院、罪犯居住地县级司法行政机关、罪犯本人。决定书主要内容包括:罪犯罪名、刑期、病情、服刑监狱等基本情况,批准该罪犯暂予监外执行的依据及时间等。

此文书一式六份,申报单位留存两份,同级人民检察院、原判人民法院、罪犯居住地县级司法行政机关和罪犯本人各留存一份。

(三)不予批准暂予监外执行决定书

不予批准暂予监外执行决定书,是有权限批准罪犯暂予监外执行的机关制作的不予批准罪犯暂予监外执行的法律文书。

此文书一式三份,申报单位留存两份,罪犯本人留存一份。其他要求与暂予监外执行决定书基本相同。

四、暂予监外执行实施文书

（一）暂予监外执行告知书

暂予监外执行告知书，是监狱对决定暂予监外执行罪犯在离开监狱之前，书面告知其在暂予监外执行期间应当遵守的法律和有关监督管理规定的文书。

监狱对于决定暂予监外执行的罪犯，应当进行出监教育，并制作暂予监外执行告知书。其主要内容是告知罪犯在暂予监外执行期间应当遵守暂予监外执行和社区矫正管理的相关规定，服从管理，接受监督，并告知违反规定应当承担的法律责任。告知书要加盖监狱公章，罪犯应当在告知书上签字（捺印）。此文书一式三份，罪犯服刑监狱、罪犯本人、接收罪犯进行监督管理的社区矫正机构各留存一份。

（二）暂予监外执行罪犯移交证明书

暂予监外执行罪犯移交证明书，是监狱在罪犯暂予监外执行被批准后，向接受并履行监督管理职责的县级司法行政机关发出的书面通知。

对决定暂予监外执行的罪犯，由监狱移交县级司法行政机关实施社区矫正。监狱和县级司法行政机关要共同签署暂予监外执行罪犯移交证明书。此文书一式三份，移交单位、接收单位、驻监检察室各留存一份。

（三）暂予监外执行罪犯档案转递函

暂予监外执行罪犯档案转递函，是批准罪犯暂予监外执行的省级以上监狱管理机关向不同省份的省级监狱管理机关发出的，书面告知暂予监外执行罪犯的基本情况及移交事项的法律文书。

罪犯服刑地与居住地不在同一省份须回原居住地暂予监外执行的，服刑地所在的省级以上监狱管理机关应当制作罪犯档案转递函，书面通知罪犯居住地的省级监狱管理机关。

（四）暂予监外执行收监决定书

暂予监外执行收监决定书，是由被批准暂予监外执行罪犯接受社区矫正所在地的省级监狱管理局根据社区矫正执行机关的建议而决定对该罪犯收监后制作的、将该暂予监外执行罪犯予以收监执行刑罚的法律文书。根据《中华人民共和国社区矫正法实施办法》第49条的规定，暂予监外执行的罪犯在社区矫正期间有“不符合暂予监外执行条件的”“未经社区矫正机构批准擅自离开居住的市、县，经警告拒不改正，或者拒不报告行踪，脱离监管的”等八种情形之一的，由执行地县级社区矫正机构向执行地的省级监狱管理机关提出收监执行建议。对于这类收监执行建议，经暂予监外执行罪犯所在社区矫正机关所在地省级监狱管理机关审查后认为符合收监条件的，作出收监执行决定书。此文书一式七份，罪犯原监管单位留存两份，罪犯居住地县级司法行政机关、同级人民检察院、公安机关、原判人民法院、罪犯本人各留存一份。

（五）暂予监外执行期间不计入刑期建议书

暂予监外执行期间不计入刑期建议书，是监狱用于向所在地中级人民法院提请将罪犯暂予监外执行的全部或部分期间不计入刑期的执法文书。

根据《刑事诉讼法》第268条第3款的规定，不符合暂予监外执行条件的罪犯通过贿赂等非法手段被暂予监外执行的，在监外执行的期间不计入执行刑期。罪犯在暂予监外执行期间脱逃的，脱逃的期间不计入执行刑期。出现上述情形，社区矫正机构应当在收监执行建议书中说明情况，并附有关证明材料。批准机关进行审核后，应当及时通知监狱向所在地的中级人民法院提出不计入执行刑期的建议书。监狱应在建议书中详细、真实填写罪犯基本情况、存在不计入刑期的法定情形以及不计入刑期的具体日期。人民法院应当自收到建议书之日起一个月以内依法对罪犯的刑期重新计算作出裁定。

第三节　提请减刑假释文书

一、提请减刑假释文书概述

根据我国《刑法》《刑事诉讼法》的相关规定，被判处管制、拘役、有期徒刑、无期徒刑的犯罪分子，如果在执行期间认真遵守监规，接受教育改造，确有悔改表现的，或者有立功表现的，可以减刑；有重大立功表现之一的，应当减刑；在罪犯应当依法予以减刑时，由执行机关提出建议书，报请人民法院审核裁定。根据相关法律法规和规章制度的规定，结合监狱办理罪犯减刑工作的实践，监狱提请罪犯减刑、假释的法律文书主要有：提名对罪犯减刑（假释）意见表、罪犯综合表现材料、监区（或分监区）警察集体评议记录、罪犯减刑（假释）审核表、罪犯减刑（假释）评估审批表、罪犯减刑（假释）案件审查表、监狱提请减刑建议书、监狱提请假释建议书等。

二、减刑假释专题会议记录

（一）提名对罪犯减刑（假释）意见表

提名对罪犯减刑（假释）意见表，是监狱对罪犯提请减刑、假释的程序启动文书，主要包括罪犯的姓名、罪名、刑期及变动等基本情况，罪犯首次减刑起始时间或再次间隔时间、本次减刑实际执行刑期、减刑考核期内获奖情况、确有悔改表现情况,以及提名警察、案件承办人、主管副监区长的意见等内容。

(二)监区(或分监区)警察集体评议记录

根据办理罪犯减刑假释的规定,对拟呈报减刑的罪犯,其所在监区(或分监区)应召开全体警察会议,按照法律规定的条件并结合罪犯改造表现进行集体评议,然后再提出建议。评议情况应当有书面记录,由与会人员签名。这个评议记录属于非统一制式文书,一般宜采用会议记录形式,分为首部、主体和尾部三部分。首部包括会议标题、时间、地点、议题、主持人和参加人等项目;主体是会议发言记录,包括发言人、发言内容,会议作出的结论等;尾部由与会人员和记录人签名,必要时可以附加说明。

(三)监区长办公会审核记录

对监区或分监区经集体评议后报送的提请减刑假释情况要召开监区长办公会审核,然后制作书面记录,并与会人员签名。监区长办公会审核记录的制作要求与监区(或分监区)警察集体评议记录相同。

对于经分监区的集体评议,并经监区长办公会审核通过的拟提请减刑假释罪犯,监区要将有关材料报送监狱刑罚执行(狱政管理)部门审查。直属或分监区或者未设分监区的监区,则应当在全体警察会议评议后,将拟提请减刑假释罪犯的材料直接报送监狱刑罚执行(狱政管理)部门审查。

(四)监狱提请减刑假释评审委员会评审记录

对于监区拟提请减刑假释罪犯的材料,监狱刑罚执行部门审查后,呈报“监狱提请减刑假释评审委员会”对监区提出的减刑假释建议进行评审,写出评审记录和报告。其中评审记录要由评审委员会委员签名;在完成公示程序后,还要报请监狱长办公会审批,由监狱长办公会审议决定。

如果被减刑、假释罪犯是依法应当报请省级监狱管理局审批的情形,在监狱长办公会审议决定后监狱要及时上报监狱管理局刑罚执行部门,由其审查后要提请监狱管理局提请减刑假释评审委员会评审并形成记录,然后再报局长办公会审批并形成记录。

三、拟提请减刑假释情况公示文书

(一)拟提请减刑假释情况公示

依据提请减刑假释的相关规定,监狱提请减刑假释评审委员会经评审后,应当拟提请减刑假释情况公示,及时将拟提请减刑、假释的罪犯名单以及减刑、假释意见在监狱内公示,以便将评审通过的拟减刑假释罪犯的有关情况在监狱范围内向人民警察和服刑人员告知并征询意见。

本文书示例见例 4－3。

例 4－3

公　示

经监狱提请减刑假释评审委员会评审,确定王某等 32 名服刑人员为拟提请减刑对象,现公示如下:

王某,男,1985 年 6 月生,第八监区,拟提请减刑有期徒刑六个月;

伍某,男,1979 年 11 月生,第三监区,拟提请减刑有期徒刑六个月;

……

公示期为 2020 年 12 月 7 日至 12 月 15 日。如对上述拟提请减刑情况有异议,请在公示期内以书面或口头形式向监狱提请减刑假释评审委员会反映,也可向监狱监察室反映。

接待时间:每天 8:30—12:00,14:00—16:30

刑罚执行科联系人:章强,电话:×××××××;

监狱监察室联系人:李楠,电话:×××××××。

清水监狱提请减刑假释评审委员会

2020 年 12 月 6 日

(二)公示异议复核决定书

在拟提请减刑假释情况公示期间,如有警察或罪犯提出异议,监狱提请减刑假释评审委员会应当进行复核,并制作公示异议复核决定书告知复核结果,以维护执法公正、保障罪犯合法权益。当前,监狱公示异议复核决定书还没有统一格式,实际工作中是借鉴其他机关类似执法文书的三联填空样式:第一联为正本,即主要填写复核的缘起、过程及结果;第二联为回执,包括确认收到复核决定书的签字和日期等内容;第三联为存根,包括提出异议人的基本情况、异议内容,复议的决定时间、决定机构、决定内容,填发人、填发日期等。

(三)罪犯减刑审核表

根据《监狱提请减刑假释工作程序规定》的规定,对罪犯提请减刑应当制作罪犯减刑审核表,分别由监区(或分监区)、监狱刑罚执行部门、监狱填写有关栏目。对死刑缓期 2 年执行和无期徒刑罪犯的减刑,还要将罪犯减刑审核表等材料报送省、自治区、直辖市监狱管理局审核并取得相关意见。

罪犯减刑审核表是监狱提请给予罪犯减刑的重要执法文书。制作时不仅要求完整、如实记载拟提请减刑罪犯的基本情况、改造表现、各级监管单位及职能部门的意见，还应当注意以下事项：一是准确填写眉栏和腹栏的相关内容。如对于罪犯的改造表现，对于第一次提请减刑建议的，应当总结入监服刑以来的悔过、立功或重大立功表现；对于已经减过刑的，侧重于上次减刑以后的表现。二是意见栏目要体现程序要素。罪犯减刑审核表的意见栏目很多，每一条意见都必须是按照《监狱法》和《监狱提请减刑假释工作程序规定》的程序合法形成，即所有的意见栏目必须写明来源，简要介绍“运用怎样的形式（如会议）展开怎样的工作（如评议、评审等）形成了什么意见”，切忌只用简单的“同意”一词。三是表态要素要齐全。该表的意见栏目多，均须表明见解和态度。其中“监狱意见”是制作提请减刑建议书的直接依据，宜写明对罪犯提请减刑的缘由，对罪犯的改造表现给出定性结论，是悔改还是立功要分清楚，既有悔改又有立功的则要分开写，对于重大立功的也要明确定性，最后写清具体减刑建议。

本文书示例见例4－4。

例4－4

罪犯减刑审核表

单位：清风岗监狱四监区三分监区　　　　罪犯编号：2147001769

姓名	牛某	别名	无	性别	男	文化程度	高中
籍贯	山东省某县	民族	满族	出生日期		1988年7月6日	
家庭住址	山东省某县秀水镇西白水村342号						
罪名	运输毒品罪	刑种	有期徒刑	原判刑期		6年	
刑期起止	2016年9月2日至2022年9月1日		附加刑	剥夺政治权利1年，罚金人民币9000元			
刑期变动	无						
犯罪事实	2016年9月2日14时许，牛某在北京市大兴区西庄村出租房内，以人民币3000元的价格向毕某波出售毒品。毕某波当场给付该犯毒资人民币500元，剩余毒资准备以后再给付。毕某波买到毒品后将毒品放在其朋友李某丹所在的北京市大兴区西庄村38元自助饭店内。2016年9月3日13时许，民警在北京市大兴区西庄村38元自助饭店内检查，在饭店抽屉内起获毕某波购买的毒品。经鉴定，上述毒品检出甲基苯丙胺，净重8.20克。						

续表

改造表现	牛某在服刑期间,能够认罪悔罪,服从判决,如在《认罪悔罪书》写道:"我坚决服从北京市第一中级人民法院的判决,我认为判决是公平,公正的,过程是公开透明的。证据是充分的,判决结果体现了法律的权威。我认罪悔罪,我没有余罪、漏罪,也不知道其他人是否有余罪漏罪。" 牛某能够遵守监规纪律,接受教育改造,按《监狱服刑人员行为规范》要求自己,如实向民警汇报思想改造情况。如2019年5月6日以书面形式向民警汇报改造思想。 该犯能够参加监狱组织的思想、文化、职业技术教育,学习态度端正,并能在考试中取得较好成绩。如该犯在2019年5月共参加教育90.5课时,扫黑除恶考试取得100分。 牛某能够积极参加劳动,努力完成劳动任务。如该犯在2019年5月20日参加监狱组织的鱼笼加工整形劳动中,该犯劳动级别为A类,定额400个,该犯基本完成了劳动任务。 牛某被判处罚金人民币9000元,已执行完毕。 牛某在服刑期间未利用个人影响力和社会关系等不正当手段获得减刑、假释机会。 2017年5月经监狱评审获得监狱嘉奖奖励,2017年6月25日经折算为1个表扬奖励,2017年9月经监狱评审获得表扬奖励,2018年2月经监狱评审获得表扬奖励,2018年9月经监狱评审获得表扬奖励,2019年4月经监狱评审获得表扬奖励。
分监区意见	该犯符合减刑条件,提议减刑6个月。 分监区长:×××(签名) 2019年7月1日
监区意见	同意分监区意见,提议减刑6个月。 监区长:×××(签名) 2019年7月11日
科室意见	同意监区意见,提议减刑6个月。 刑罚执行科长:×××(签名) 2019年7月21日
监狱意见	同意提议减刑6个月。 监狱长:×××(签名) 2019年7月28日
备注	1. 该犯考核期内9次扣分,减刑幅度缩减3个月。 2. 该犯户籍所在地派出所:山东省某县秀水镇派出所。 3. 该犯所处罚金人民币9000元已经执行完毕。

四、提请减刑建议书

(一)概述

根据《刑事诉讼法》第273条第2款和《监狱法》第30条、第31条的规定,对监狱服刑罪犯的减刑,由监狱制作提请减刑建议书,并向人民法院提出建议,再由人民法院裁定。

监狱制作提请减刑建议书的意图是因罪犯服刑改造期间确有悔改、立功或重大立功表现而提出减刑的具体意见,是其依法行使减刑建议权的具体体现,也是人民法院启动罪犯减刑案件审理程序的标志性文书。

(二)内容结构

提请减刑建议书采用通用格式,由首部、正文和尾部构成,主要内容如下。

1. 首部。该文书的首部由"标题+文书号"组成,其标题即"提请减刑建议书";文书号由年号、机关代字和文书顺序号组成。

2. 正文。该文书的正文主要包括"罪犯基本情况""事实结论""具体事实""减刑的法律依据""减刑建议"组成。

(1)罪犯基本情况。主要包括姓名、性别、出生日期等自然情况,以及其所犯罪名、刑期、收监日期等本次被判处刑罚和入监服刑的情况。如果罪犯在服刑期间刑种、刑期或者服刑场所发生过变动,要在此处写明具体变动情况。

(2)事实结论。事实结论是监狱依据法定的减刑条件对罪犯的服刑改造表现所作出的认定结论,表述为:"该犯在近期确有××表现。"在表达这部分内容时必须要针对不同的减刑对象准确表达。一是对有期徒刑罪犯建议减刑的,事实结论应分别写为:确有悔改表现,确有立功表现,确有重大立功表现,确有悔改并有立功表现,确有悔改并有重大立功表现。之所以要区分上述不同的情况,是因为涉及罪犯的减刑结果。二是对无期徒刑罪犯建议减刑的,事实结论分别写为:确有悔改表现、确有立功表现、确有重大立功表现。三是对判处死刑缓期2年执行罪犯建议减刑的,事实结论必须写明该犯在考察期间没有故意犯罪。

(3)具体事实。即对罪犯是因为确有悔改表现而提请减刑,或是因为有立功表现而提请减刑之具体表现的叙述。

首先,对认定确有悔改表现的,可分为四个部分横向展开:第一,认罪悔罪表现。主要体现在罪犯对刑事判决(含裁定,下同)内容的认可和对其效力的服从等方面。对于提出刑事申诉的罪犯,要如实说明其申诉的理由,并着重介绍罪犯对判决效力的服从和对其服刑罪犯身份的认同情况。第二,认真遵守法律法规及监规,接受教育改造表现。此部分内容可以从罪犯是否有违纪行为的角度介绍,也可以记述罪犯因严格遵守监规、接受教育改造而受到奖励和表彰的情况。第三,积极参加思想、文化、职业技术教育的表现。此部分内容可用参加课程学习的到课率、成绩排名来印证,也可用个人学习成绩的前后变化以及心得体会来佐证。第四,积极参加劳动、努力完成劳动任务的表现。这部分内容可从劳动态度、劳动绩效、劳动习惯养成、劳动技能提升等方面入手,用考核积分等材料说明。

其次,对认定确有立功或重大立功表现的,可用时间顺序法,介绍立功或重大立功具体事实的经过及结果,写清罪犯有利于国家和社会的突出事迹或对国家和社会的重大贡献。叙述时一定要按照法律规定的立功或重大立功情形来组织材料。

最后,在具体事实叙述结束时,应当用"综上所述"转入对具体事实作出的综合性分析和评价。这一部分是由具体事实到达事实结论的桥梁,是建议减刑的理由,其基本写法是由事而理、由理而断,要求高度概括、语言精练。

(4)减刑的法律依据。即是指要写明对罪犯给予减刑是依据哪部法律的哪些条款:对于有期徒刑和无期徒刑罪犯,需要引用《监狱法》第30条、《刑法》第78条第1款和第79条、《刑事诉讼法》第273条第2款;对于死刑缓期2年执行的罪犯,需要引用《监狱法》第31条、《刑法》第50条和《刑事诉讼法》第261条第2款。

(5)减刑建议。减刑的具体建议,要根据减刑审核表中的最终意见写。对于有期徒刑罪犯,写为建议"减刑×年或×个月有期徒刑"等;对于无期徒刑罪犯,写为建议"减刑为有期徒刑××年"等;对于死刑缓期2年执行罪犯,应写为建议"减刑为无期徒刑"或"减刑为有期徒刑××年"等。

3. 尾部。包括致送机关、落款、成文日期、公章和附件。附件要写清附送罪犯服刑改造档案的卷数、册数及页数。

(三)制作要求

提请减刑建议书是办理罪犯减刑特别重要的执法文书,制作完成后要加盖监狱公章后连同其他材料一起送达人民法院,并抄送人民检察院。故此,在制作和使用该文书的过程中要注意如下事项。

1. 叙述事实应做到言必有据。提请减刑建议书虽然不具有证据的性质和功效,但对于文书所叙述的罪犯积极表现的事实,必须建立在查证属实的具体证据材料的基础上。换言之,文书中不仅不能写进没有证据材料支撑的"事实",而且对于那些具体事实的叙述还应当显现证据材料来源。

2. 阐释表现应做到虚实结合。能否准确、深入地阐释罪犯的认罪悔罪表现,是制作提请减刑建议书的一大难点。因此，对这一部分宜采用虚实结合的方法来写作。但虚不等同于空——思想认识可以看成虚的东西，但并不是没有内容可写：可以从罪犯的各种自述材料或评审鉴定表等文书中的罪犯自我评价中去选材，也可以采用前后对比法，记述罪犯对判决结果的态度变化轨迹。

3. 展现个性应做到各具特色。罪犯的性别年龄、身高体重及性格特征等自然情况千差万别，犯罪原因、改造重点和改造表现等服刑情况必然是多种多样。因此在撰写"提请减刑建议书"时，一定要把重点放在用典型的材料、合理的结构和准确的语言来揭示罪犯服刑期间具体的改造表现上，全面、准确地展现被提请减刑罪犯的个性与特色，切忌复制、粘贴其他罪犯的服刑改造材料。

本文书示例见例 4－5 和例 4－6。

例 4－5

提请减刑建议书

(2018)高狱减字第 33 号

罪犯王某柱，男，1973 年 6 月 23 日出生，汉族，原户籍所在地××省××县××乡××村，因故意杀人罪经××市中级人民法院于 2011 年 11 月 28 日以(2011)×刑初字第 32 号刑事判决书判处死刑缓期二年执行，附加剥夺政治权利终身，于 2012 年 5 月 14 日送我狱服刑改造。服刑期间执行刑期变动情况：2014 年 8 月 8 日经××省高级人民法院裁定减为无期徒刑，附加剥夺政治权利终身。2018 年 7 月 8 日经××省高级人民法院裁定减为有期徒刑二十年，附加剥夺政治权利十年。执行刑期自 2018 年 7 月 8 日起至 2038 年 7 月 7 日止。

该犯近期确有悔改表现，具体事实如下：

该犯入狱初期对所犯罪行认识不足，认为量刑过重，思想压力大，表现沉闷，并曾产生过自暴自弃思想。经主管民警、监区领导多次个别教育后，该犯逐渐认识到"自己的犯罪行为给受害人和自己的家庭以及社会带来了极大的危害，自身罪孽深重，只有积极改造，才能洗刷罪恶，报答监狱人民警察的挽救之恩"(摘自该犯的思想汇报)。从此该犯放下了思想包袱，改造表现比较积极稳定。

该犯服从管教，认真学习《监狱服刑人员行为规范》，近期没有违反监规纪律的行为。2019 年 10 月间，押犯牛某进与高某维因琐事发生争执并扭打在一起，该犯主动上前制止，而后及时向管教人员汇报。

该犯能够按照监狱的要求参加政治、文化和技术学习，认真听课并做笔记，按时完成各项作业，在今年组织的政治、文化和技术课的考试中，该犯取得平均 87 分的较好成绩。

该犯在劳动中积极肯干，保质保量完成任务，在担任施工员期间，能够积极协助管理人员组织生产事宜。该犯先后向本监区新入监的罪犯李某雄、张某和赵某业等三人传授生产操作技能，起到了带头改造的作用。该犯还利用工余时间，修旧利废，为监狱节约资金2000余元。

综上所述，该犯认罪悔罪，遵守监规，积极参加政治、文化和技术学习，积极参加劳动，完成生产任务，确有悔改表现。

为此，根据《中华人民共和国监狱法》第三十条、《中华人民共和国刑法》第七十八条第一款、《中华人民共和国刑事诉讼法》第二百六十一条第二款的规定，建议对罪犯王某柱予以减刑一年有期徒刑。特提请裁定。

此致

××市中级人民法院

（公章）

2021年3月10日

附：罪犯王某柱卷宗材料共1卷1册45页。（略）

例4－6

提请减刑建议书

（2016）×监减字第××号

罪犯李某楠，男，1975年5月25日出生，山东省某市芝罘区人，汉族，中专文化，农民。因犯寻衅滋事罪于2003年10月21日被山东省某市芝罘区人民法院判处有期徒刑八个月；因犯故意毁坏财物罪于2008年7月4日被山东省某市芝罘区人民法院判处有期徒刑六个月；因犯贩卖毒品罪于2011年3月21日被山东省某市中级人民法院判处无期徒刑，剥夺政治权利终身，并处没收财产人民币十万元。本人不服，提起上诉，山东省高级人民法院于2011年8月4日作出（2011）鲁刑一终字第93号刑事裁定书予以驳回上诉，维持原判，刑期自2011年8月4日起。于2011年12月16日从山东省潍坊监狱调我监狱执行刑罚。

该犯在近期确有悔改并有重大立功表现，具体事实如下：

该犯在服刑期间认真反省自己的罪过，认罪悔罪；遵守监规，无违纪记录；积极参加学习，成绩良好；积极参加劳动，完成生产任务。该犯悔改表现突出，截至提请时，获得考核分140分，兑现记功奖励三次，表扬奖励一次。

该犯在监狱开展的坦白检举活动期间，于2012年2月25日向监狱侦查科递交举报信，举报一起社会人员雇凶杀人案件。监狱侦查科在做好保密工作的同时，于2012年3月7日将检举信转递山东省某市公安局刑警支队。2012年4月24日，山东省某市公安局莱山分局刑侦大队两名干警来我监狱提审罪犯李某楠。根据该犯提供的线索，于2012年7月20日将警方自2000年3月开始追逃的犯罪嫌疑人抓捕归案，并根据该犯罪嫌疑人的交代，将幕后雇凶指使人抓捕归案，至此沉寂12年之久的命案得以告破。山东省高级人民法院刑事附带民事判决书以故意杀人罪判处被告人王某某死刑，剥夺政治权利终身；以故意杀人罪判处被告人孙某某死刑，缓期2年执行，剥夺政治权利终身。最高人民法院已经核准了山东省高级人民法院对被告人王某某、孙某某的刑事判决。

罪犯李某楠检举他人重大犯罪活动证据材料有：(1)山东省某市公安局莱山分局出具的被检举人的讯问笔录、被检举人有关处理情况的复函；(2)某市公安局关于核实罪犯李某楠检举他人重大犯罪被检举人有关处理情况的复函；(3)山东省某市人民检察院出具的被检举人有关处理情况的复函；(4)山东省某市中级人民法院提供的被检举人的拘留证、逮捕证、刑事案件立案报告表、呈请案件侦查终结报告书、起诉意见书、山东省某市莱山区人民检察院批准逮捕决定书、山东省某市公安局莱山区分局提请批准逮捕书；(5)枣庄市人民检察院就罪犯李某楠检举行为认定结论出具的函件等。

综上所述，罪犯李某楠在服刑期间认罪悔罪，遵守监规，接受教育改造，积极参加劳动，确有悔改表现；罪犯李某楠检举他人重大犯罪活动证据链互相印证，证据确实充分。由此认定该罪犯确有悔改和重大立功表现。我监狱于2016年9月19日提出对该犯的减刑建议，现已报山东省监狱管理局审核同意。

为此，根据《中华人民共和国刑法》第七十八条第一款、《中华人民共和国刑事诉讼法》第二百七十三条第二款的规定，建议对罪犯李某楠予以减刑为有期徒刑十五年三个月。特提请裁定。

此致

山东省高级人民法院

（公章）

2016年10月10日

附：罪犯李某楠卷宗材料共1卷1册89页。（略）

五、提请假释建议书

《提请假释建议书》是监狱依照法定程序，对符合条件的罪犯向人民法院提出假释建议时所制作的文书。

提请假释建议书和提请减刑建议书在文书格式、内容、制作意图、制作要点上有许多相似之处。但是，必须指出，提请假释建议书事实依据部分的写法与减刑建议书不同。提请假释建议书中的事实结论的写法有两种：一是确有悔改表现，没有再犯罪危险；二是具有国家国防、外交等方面的特殊需要等特殊情况。

本文书示例见例4－7。

例4－7

提请假释建议书

(2018)黔某狱刑字第3号

罪犯于某，男，1973年5月19日出生，水族，小学文化，原户籍所在地贵州省某县。因犯盗窃爆炸物罪，于2002年6月11日经贵州省某州中级人民法院判处无期徒刑，剥夺政治权利终身；赔偿附带民事原告人经济损失6700元。2003年1月30日被送入贵州省某新犯收押分流中心服刑，2003年3月20日分流至贵州省某监狱服刑，2008年1月10日调贵州省某监狱服刑。

该犯在服刑期间，于2005年10月25日经贵州省高级人民法院以(2005)黔刑执字第656号刑事裁定减为有期徒刑十九年，剥夺政治权利减为八年(刑期自2005年10月25日起至2024年10月24日止)，2011年7月4日经贵州省某州中级人民法院以(2011)黔南刑执字第2828号刑事裁定减去有期徒刑二年，剥夺政治权利八年不变；2013年9月6日经贵州省某州中级人民法院以(2013)黔南刑执字第4250号刑事裁定，减去有期徒刑一年零一个月，剥夺政治权利八年不变；2015年7月6日经贵州省某州中级人民法院以(2015)黔南刑执字第1800号刑事裁定，减去有期徒刑一年，剥夺政治权利八年不变(刑期至2020年9月24日止)。

该犯近期确有悔改表现，具体事实如下：

一、认罪悔罪情况。罪犯于某能服从法院判决，通过多年的改造和学习，能正确认识到自己的犯罪行为给社会和亲人造成的危害。在获得减刑后，表示仍然要安心服刑，积极改造。

二、遵守监规纪律情况。该犯日常监管中，严格遵守服刑人员基本规范、生活规范和文明礼貌规范，尊重管教民警，服从民警的管理，遵守监规纪律，努力矫正陋习。

自上次减刑后未发生违纪现象。

三、接受教育情况。认真参加“三课”教育学习，各科考试成绩合格，积极写稿投稿，弘扬积极向上的改造风气，且多篇稿件被监狱《新风报》刊载，突出的是，其中一篇文章《只有自己才能救自己》还被《贵州监狱工作报》选登，曾获评2016年度优秀写稿员。

四、参加劳动情况。该犯患麻风疾病以来，从未因患病和刑期长而悲观或消极改造，能做到端正改造态度，积极配合治疗，病情好转后积极参与力所能及的劳动。该犯在劳动方面，态度端正，认真完成任务，从事值星员、监室长、联号组长等岗位，曾获评“劳动之星”。

另经调查，该犯家中有妻子，有固定住房和收入来源，家庭关系和睦，家属表示积极接收并对其进行监督，社区同意对其适用社区矫正，且该服刑人员经《再犯罪风险评估量表》评估属于低风险。

综上所述，该犯在服刑期间，认罪悔罪，遵守监规纪律，积极参加学习，完成劳动任务，确有悔改表现；其原判刑期无期徒刑，现已执行刑期十四年零十一个月，上次减刑后间隔期已达二年零六个月，符合假释执行刑期条件；结合其犯罪性质、家庭和社区反应等方面的全面考量，我们认为，该罪犯符合假释条件。

为此，依照《中华人民共和国刑法》第八十一条、第八十二条、第八十三条，《中华人民共和国刑事诉讼法》第二百七十三条第二款及《中华人民共和国监狱法》第三十条之规定，建议对罪犯于某予以假释。特提请裁定。

此致

××市中级人民法院

（公章）

2018年3月11日

附：罪犯于某卷宗材料共1卷1册45页。（略）

第四节 申诉控告检举处理文书

一、申诉控告检举处理文书概述

依据我国法律规定，罪犯是触犯刑法而正在服刑和改造的特殊公民，依法仍享有宪法赋予的申诉、控告和检举的基本权利。为保障这些权利的实现，监狱需要制作罪犯材料转递函、对罪犯刑事判决提请处理意见书等文书来依法处理相关事宜。

二、罪犯材料转递函

根据《监狱法》第21条、第22条和第23条的规定，对罪犯提出的申诉控告、转递函是监狱依法将这些材料转递给相关司法机关时所制作的文书，可分为申诉材料转递函、控告材料转递函、检举材料转递函。

罪犯材料转递函分为正本、回执和存根三部分，其中正本包括标题、发文字号、致送机关、正文、成文日期和公章。标题中要写明罪犯姓名、材料类别和文种名称，如“罪犯冉某申诉材料转递函”。致送机关写人民检察院、人民法院或公安机关的名称，按罪犯递交材料中注明的发往机关填写。正文写清罪犯的姓名、材料的类别及材料的卷数和页数。回执由接收材料的单位在接到材料转递函后填写，并寄回发函单位。存根由监狱留存，具体内容有罪犯的姓名、材料类型、材料的卷数和页数、材料内容摘要、转递监狱的名称、填发时间、承办人及回复时间。

三、对罪犯刑事判决提请处理意见书

（一）概述

在执行刑罚中，对于罪犯依法提交给监狱的申诉材料，如果监狱无法确定涉及该名罪犯的判决是否有错误，即按照《监狱法》第23条的规定将申诉材料及时转递相关司法机关处理；如果认为判决有错误，监狱应当制作对罪犯刑事判决提请处理意见书，提请人民检察院或者人民法院处理。

就判决中可能存在的错误，由监狱提请处理是有效地纠正判决错误的比较好的办法：一方面监狱有条件及时发现服刑人员中的冤案线索；另一方面监狱帮助罪犯解决其蒙受的冤屈不仅有利于稳定其服刑和改造情绪以及维护监狱的持续安全稳定，而且还有利于正确执行刑罚、维护社会稳定及持续推进我国的法治建设。

（二）内容结构

对罪犯刑事判决提请处理意见书分正本和存根两部分。其中正本内容旨在据实点明判决中的错误，出具纠正意见，借以维护法律的公正，主要内容有：

1. 首部。首部包括标题、发文字号和致送机关，其中致送机关为人民检察院或者人民法院。

2. 判决情况。主要阐述罪犯的生效判决核心内容和判决可能有错误的情况。

3. 提请处理的理由。这部分是该文书的重点内容，在展开阐述和说明之前，应先行说明提请处理的缘由并对判决可能有错误的具体情况加以概括。

4. 提请依据和建议。在阐述清理由之后，写提请处理的法律依据和具体要求。

5. 尾部。注明成文时间并加盖监狱公章。

对罪犯提请处理意见书制作完毕后，正本发往人民检察院或者人民法院，留下存根由监狱保存备查。存根的主要项目包括罪犯的姓名、罪名、刑期、提请理由、转递单位、时间、承办人、回复时间和回复结果。

（三）制作要求

制作对罪犯刑事判决提请处理意见书，应当注意以下两个问题：

1. 写好提请处理理由。根据刑事司法和执法实践，已生效的刑事判决中可能出现的错误主要有刑期计算错误、事实不清、定性不准和量刑不当等。故此，监狱在阐述提请处理的理由时主要是针对判决中出现的错误来展开。比如，在事实认定方面，生效判决在认定犯罪事实方面可能出现的错误有：一是有新的证据证明原判决、裁定认定的事实确有错误；二是据以定罪量刑的证据不确实、不充分或者证明案件事实的主要证据之间存在矛盾。

2. 明确提出处理要求。在指出判决存在的错误、阐明提请处理的理由之后，我们要明确提出处理的具体要求。如发给人民检察院的提请处理意见书，可以写为“提请你院审查立案”等；发给人民法院的提请处理意见书，可以写为“提请你院复查”等。

本文书示例见例 4 – 8。

例 4 – 8

对罪犯刑事判决提请处理意见书

（2015）×监刑字第×号

某市第一人民法院：

罪犯项某经×市人民法院以（2012）东一法刑初字第 265 号判决书，判处有期徒刑 10 年 9 个月，并处罚金人民币 4000 元。在刑罚执行中，我狱发现对罪犯项某判决可能有错误。具体理由是：项某不应被认定为累犯。

现在我监狱服刑的罪犯项某，男，汉族，1991 年 8 月 6 日出生，2009 年 7 月 16 日因抢劫罪被判处有期徒刑 3 年，并处罚金人民币 2000 元。刑满释放后又因抢劫罪，×市人民法院于 2012 年 3 月 21 日作出了（2012）东一法刑初字第 265 号判决书，判处项某有期徒刑 10 年 9 个月，并处罚金人民币 4000 元。

2015年4月间,监区执法人员在审核罪犯档案材料时,注意到(2012)东一法刑初字第265号判决书认定项某为累犯。判决书同时显示,项某于1991年8月6日出生,而第一次抢劫犯罪时间为2009年2月2日,当时不满18周岁。

根据《刑法修正案(八)》第六条的规定,《中华人民共和国刑法》第六十五条第一款修改为:"被判处有期徒刑以上刑罚的犯罪分子,刑罚执行完毕或者赦免以后,在五年以内再犯应当判处有期徒刑以上刑罚之罪的,是累犯,应当从重处罚,但是过失犯罪和不满十八周岁的人犯罪的除外。"《刑法修正案(八)》自2011年5月1日起施行,×市人民法院作出判决的时间是2012年3月21日,此时《刑法修正案(八)》关于累犯的规定已经生效实施。判决将其认定为累犯,可能未考虑到其前罪属未成年人犯罪这一情况。

为进一步查明事实,我监狱派员查阅该犯档案正卷与副卷,针对该犯的出生日期、前罪犯罪时间等关键问题对项某进行询问,制作询问笔录;同时向该犯户籍地重庆市某县公安机关发函核实该犯户籍信息。经多方核实,可以认定该犯在第一次犯罪时不满18周岁,根据《刑法修正案(八)》的规定,该犯累犯情节认定可能存在错误。

为此,根据《中华人民共和国监狱法》第二十四条和《中华人民共和国刑事诉讼法》第二百六十四条的规定,提请你院对项某的判决予以处理,并将处理结果函告我监。

(公章)

2015年5月8日

第五节　出 监 文 书

一、出监文书概述

罪犯刑期届满或依法被人民法院裁定假释,即标志着他们即将离开监狱、成为自由公民并将开始新的生活。根据《监狱法》及相关法律法规的规定,监狱在办理罪犯出监的工作中,主要涉及罪犯出监鉴定表、假释证明书、释放证明书、刑满释放人员通知书等法律文书。

二、罪犯出监鉴定表

(一)概述

罪犯基于刑期届满或被裁定假释等原因需要出监时,监狱依法应当对其服刑期间的表现进行全面鉴定,并填写罪犯出监鉴定表,借此总结该犯在监狱内服刑改造的整个过程及总体改造情况;既便于向有关机关介绍罪犯在监狱内服刑期间的表现,也便于有关机关对出狱人进行监督、考察或帮教。

(二)内容结构

罪犯出监鉴定表主要填写三个方面的内容:一是罪犯的姓名、别名、性别、年龄、民族、籍贯、健康状况、家庭住址、逮捕机关及日期、判决机关及日期、原判刑期、剥夺政治权利年限(起止时间)、刑期变动情况、出监原因、原有文化程度、现有文化程度、有何特长及技术等级、主要犯罪事实等情况;二是填写家庭主要成员及主要社会关系、本人简历、改造表现等情况;三是填写罪犯服刑期间的奖惩情况或分监区意见、监区意见及监狱意见。

(三)填写要求

罪犯出监鉴定表是一份比较重要的法律文书,制作完毕后要加盖监狱公章并统一报省、自治区、直辖市监狱管理局审批,待其批准退回后将其中的一份留监狱归入罪犯档案,另一份可转给出狱人户籍所在地公安机关。故此,监狱在制作本文书时需要注意以下事项:第一,在填写罪犯姓名、刑期等基本情况时,一定要与判决书、入监登记表等服刑过程中形成的其他执法文书的有关内容相一致。刑期变动栏目应分别注明历次加刑、减刑或改判的刑种刑期变动的内容。第二,填写罪犯有何特长及技术等级栏目,填写的依据是罪犯出监时的实际技术能力或有关技术部门正式核准的技术等级;如果出狱人入监前便有技术特长或等级,当然应包括进去。第三,填写主要犯罪事实栏目,包括原判罪行、又犯新罪和发现余罪的罪行,这三方面的罪行均须以人民法院的判决和裁定最终认定的犯罪事实来填写。第四,填写罪犯的“家庭主要成员及主要社会关系”时,应当根据罪犯出监时家庭主要成员的实际情况填写,切不可照抄罪犯收监时的档案材料,因为在罪犯服刑期间家庭成员及主要社会关系可能已经发生变化。第五,在填写罪犯“改造表现”时,应当写明出监的罪犯在认罪悔罪、遵守法律法规及监规、参加学习和劳动等方面的实际表现。第六,在填写“分监区意见”“监区意见”时,应根据出监罪犯在服刑期间的实际情况,写出对罪犯出狱前人身危险性和社会危害性的鉴定意见,并就其出狱后的管理或帮教事宜向社区矫正机构、公安机关、安置帮教部门等单位提出具体建议,切忌将其表述为审批意见。“监狱意见”一栏，则应当写明概括性的结论。

本文书示例见例4－9。

例4－9

罪犯出监鉴定表

监狱：栖霞山监狱　　　　　　　　　　　　罪犯编号：6218902365

<table>
<tr><td>姓名</td><td>唐某仑</td><td>别名</td><td>小四</td><td>性别</td><td>男</td><td>民族</td><td>汉族</td></tr>
<tr><td>出生日期</td><td colspan="3">1987年2月11日</td><td colspan="2">健康状况</td><td colspan="2">良好</td></tr>
<tr><td>家庭住址</td><td colspan="7">江苏省某市某区旺农街道庚午社区北太平小区50号</td></tr>
<tr><td>原户籍所在地</td><td colspan="7">安徽省某市某区前进街道</td></tr>
<tr><td>罪名</td><td>故意伤害罪</td><td>原判法院</td><td colspan="2">江苏省南京市栖霞区人民法院</td><td>判决书号</td><td colspan="2">（2013）×刑初字131号</td></tr>
<tr><td rowspan="2">刑期</td><td>原判刑期</td><td colspan="2">有期徒刑七年</td><td colspan="2">附加刑</td><td colspan="2">无</td></tr>
<tr><td>原判刑期起止</td><td colspan="2">2013年1月5日起至2020年1月4日止</td><td colspan="2">刑期变动情况</td><td colspan="2">2018年12月减刑八个月</td></tr>
<tr><td>出监原因</td><td>刑满释放</td><td rowspan="2">文化程度</td><td colspan="2">原有：大专</td><td rowspan="2">有何技术特长及等级</td><td colspan="2" rowspan="2">钳工初级</td></tr>
<tr><td>出监时间</td><td>2019年5月4日</td><td colspan="2">现有：大专</td></tr>
<tr><td>主要犯罪事实</td><td colspan="7">2010年9月，唐某仑伙同于小某（另案处理）、邢某（另案处理）用事先准备好的折叠刀，在江苏省某市某区旺农街道庚午社区北太平小区将赵某钟刺中身体数刀，经法医检验鉴定，被害人赵某钟腹部伤属重伤二级，右前臂损伤属轻伤二级。</td></tr>
<tr><td>家庭成员及主要社会关系</td><td colspan="7">父亲：唐某，安徽省某市某区前进街道567号，农民，群众。
母亲：赵某，安徽省某市某区前进街道567号，农民，群众。
妻子：梁某，江苏省某市某区旺农街道庚午社区北太平小区50号，国企职工，群众。
儿子：唐某1，江苏省某市某区旺农街道庚午社区北太平小区50号，群众。</td></tr>
<tr><td>本人简历</td><td colspan="7">1993年9月—1999年7月，安徽省某市某区前进小学，学生。
1999年7月—2005年7月，安徽省某市某中学，学生。
2005年7月—2008年7月，安徽省某市某某职业技术学校，学生。
2008年7月至捕，江苏省某市某区某国企职工。</td></tr>
</table>

续表

改造表现	该犯能够认罪悔罪，服从判决，如在《认罪悔罪书》写道："我坚决服从人民法院的判决，我认为判决是公平，公正的，过程是公开透明的。证据是充分的，判决结果体现了法律的权威。我认罪悔罪，我没有余罪、漏罪，也不知道其他人是否有余罪漏罪。" 该犯能够遵守监规纪律，接受教育改造，按《监狱服刑人员行为规范》要求自己，如实向民警汇报思想改造情况。如 2019 年 1 月 5 日以书面形式向民警汇报改造思想。 该犯能够参加监狱组织的思想、文化、职业技术教育，学习态度端正，并能在考试中取得较好成绩。如该犯在 2018 年 5 月共参加教育 90.5 课时，扫黑除恶考试取得 100 分。 该犯能够积极参加劳动，努力完成劳动任务。如该犯在 2018 年 5 月 20 日参加监狱组织的鱼笼加工整形劳动中，该犯劳动级别为 A 类，定额 400 个，该犯基本完成了劳动任务。
服刑期间奖惩情况	该犯 2016 年 9 月、2017 年 2 月、2017 年 9 月和 2018 年 4 月，先后四次经监狱评审获得表扬奖励，并据此于 2018 年 12 月获得减刑八个月。
分监区意见	该犯在服刑期间能够服从判决，认罪悔罪，遵守监规纪律，积极接受各类改造，取得较好成绩，依法获得减刑等奖励。经评估该犯出监后再犯风险比较低、回归社会后的适应能力尚可，现其刑期届满、且无法定不释放情形故应按期释放，同时建议释放后唐犯居住地司法行政等部门依法对其开展安置帮教工作。 分监区长：×××（签名） 2019 年 3 月 1 日
监区意见	经查，分监区所述情况属实，建议释放后唐犯居住地公安、司法等行政部门依法对其开展安置帮教工作。 监区长：×××（签名） 2019 年 3 月 15 日
业务科室意见	经查，监区所述情况属实，建议释放前通知唐犯释放后居住地公安、司法等行政部门依法对其开展安置帮教工作。 科长：×××（签名） 2019 年 3 月 25 日
监狱意见	鉴于唐犯在服刑期间能够认罪服判、确有悔改表现并依法获得减刑，且经评估出监后再犯风险比较低、回归社会后的适应能力尚可，其刑满释放时狱政管理科等业务部门要将出监后再犯风险等材料寄送其释放后居住地的公安、司法等政府部门，以便他们依法对其开展安置帮教工作。 监狱长：×××（签名） 2019 年 4 月 5 日
备注	

三、假释证明书

罪犯被裁定假释后，监狱应当发给其“假释证明书”。该证明书分为正本、副本和存根三联：正本由刑释人员持有并用来办理相关手续，副本及出监鉴定表、判决书一起移送刑释人员户籍所在地的公安机关，存根由监狱保留。

四、释放证明书

《监狱法》第35条规定：“罪犯服刑期满，监狱应当按期释放并发给释放证明书。”由此可见，“释放证明书”是监狱用以证明被释放人已依法被解除监禁、恢复人身自由的法律文书。该文书分为正本、副本和存根三联：正本由刑释人员持有并用来办理相关手续，副本及出监鉴定表、判决书一起移送刑释人员户籍所在地的公安机关，存根由监狱保留。

五、刑满释放人员通知书

为提示公安机关和政府安置帮教部门做好对刑释人员的安置帮教工作，监狱在罪犯刑期届满前要制作刑满释放人员通知书。该通知书共分三联：一联送公安机关；一联送安置帮教工作办公室；一联为存根，由监狱保存。通知书分首部、正文和尾部三部分。其中首部包括通知书名称、发文字号和通知单位名称，尾部由原关押监狱注明通知时间并签章，正文的内容包括罪犯罪行情况、罪刑情况、服刑起止日期、服刑表现、奖罚情况以及帮教建议。在送安置帮教工作办公室的通知书中，还应注明获释人员在监狱是否曾获得相关证书、掌握何种劳动技能，以便有关单位做好帮教工作。

研究与思考

1. 罪犯收监文书主要有哪些？
2. 收押哪些罪犯需要填写重要罪犯登记表？
3. 监狱在办理罪犯暂予监外执行时通常要用到哪些法律文书？
4. 制作拟暂予监外执行罪犯调查评估委托函的法律依据及目的是什么？
5. 监狱在办理罪犯减刑时通常要用到哪些法律文书？
6. 提请减刑建议书的主要内容及写作注意事项有哪些？
7. 制作罪犯出监鉴定表需要注意哪些事项？
8. 刑满释放人员通知书正本内容及寄送对象有哪些？

第五章 狱政管理文书

要点提示

1. 狱政管理文书，是指监狱在处理罪犯日常管理事务中所使用的文书的总称，可分为考核奖惩文书、安全管理文书和罪犯处遇文书。

2. 考核奖惩文书适用于监狱对罪犯服刑改造表现的考查评定和对罪犯实施的行政奖惩事宜。要注意改造积极分子的评选不属于行政奖励措施，而属于教育激励措施。

3. 安全管理文书是监狱为保证监管安全采取有效措施时使用的文书。这类文书包括安全检查记录表、纠正违规通知书、消除隐患通知书、使用戒具审批表、武器使用报告书、武器使用通知书。

4. 罪犯处遇文书是监狱依法处理罪犯服刑期间的待遇问题所使用的各种文书。罪犯处遇，主要有生活卫生、会见通信等内容，分别形成相应的文书。要注意罪犯处遇与分级处遇的关系，罪犯处遇指罪犯服刑期间的各种待遇，而分级处遇则属于处遇管理的一种方式，不要把罪犯的分级处遇简称为“处遇”。

第一节 考核奖惩文书

一、罪犯考核文书

（一）计分考核基础分日记载表

计分考核基础分日记载表，是用于记载罪犯日常考核基础得分情况的文书。

根据《监狱法》第56条的规定，监狱应当建立罪犯的日常考核制度，考核的结果作为对罪犯奖励和处罚的依据。考核的内容是罪犯遵守服刑人员行为规范的情况，根据司法部《监狱服刑人员行为规范》的规定，罪犯行为规范分为基本规范、生活规范、学习规范、劳动规范、文明礼貌规范。罪犯计分考核实行“日记载、周评议、月公布”的制度。罪犯每天遵守基本规范和其他规范的情况要记入计分考核基础分日记载表。

(二)计分考核专项加扣分审批表

计分考核专项加扣分审批表,是记录罪犯计分考核专项加扣分呈请和审批事宜的文书。

计分考核专项加扣分审批表,由分管警察填写,并将加分和扣分的意见报考核评审组织集体审核后,由主管人员依权限专人审批。加分扣分审批单的主要内容是加分扣分的事实依据、所加和所扣的具体分数、考核评审组的审核意见和主管人员的批示。加扣分结果公布后,罪犯对加分扣分不服时,可提出申辩,考核评审组织应认真复查,并及时给予答复。

(三)罪犯评审鉴定表

罪犯评审鉴定表是监狱用于记载罪犯年终评审、鉴定情况的表格式文书。

根据《监狱法》及相关规定,监狱要建立对罪犯的日常考核制度,年终进行一次全面评审。在每年的评审工作中,填写罪犯评审鉴定表是一项重要内容。写好罪犯评审鉴定表,可以使监狱人民警察对所有在押罪犯进行一次深入细致的考查摸底,全面掌握一年来每一个罪犯的改造表现。同时,人民警察通过对本表的分析研究,也可以从中发现、印证罪犯服刑改造的规律和特点,以便更好地总结监管改造中的经验教训,从而改进对罪犯的改造工作。填写此表也为分级处遇、建议减刑和建议假释提供事实依据。

罪犯评审鉴定表包括以下内容。

第一,封面。包括监狱名称、标题、考核年度、罪犯姓名、所在监区。

第二,罪犯基本情况及奖惩情况。包括罪犯姓名、性别、民族、文化程度、出生日期、家庭住址、罪名、刑种、刑期起止日期、刑种刑期变动情况、主要犯罪事实、本年度奖惩情况。

第三,罪犯个人鉴定。该项一般由罪犯本人填写,如罪犯没有书写能力,可由管教人员指定其他罪犯根据鉴定人的口述填写。罪犯个人鉴定应包括以下内容:一是认罪服法表现。包括认罪过程、前后思想变化情况,挖掘犯罪根源,提高认识或出现的反常表现,坦白交代余罪的主要事实;检举揭发同案犯或其他知情案件的情况。二是遵守监规纪律表现。包括遵守或违反监规纪律的主要事实;对他犯违反监规纪律的行为,是否及时报告、检举揭发。三是劳动表现。包括参加生产劳动的态度;完成生产定额、指定任务或参加义务劳动等表现和有关数字统计;提合理化建议,搞技术革新或发明创造,取得科技成果等情况。四是接受思想、文化、技术教育情况。包括原有、现有文化程度比较,考核成绩情况,学习态度、表现等。五是今后努力方向。包括肯定成绩或总结教训,具体指明今后努力改造的侧重点。罪犯在填写个人鉴定之前,主管警察应当引导罪犯端正态度,要求罪犯实事求是地总结,并客观正确地评价自己的改造表现。

第四,意见栏和备注。意见栏包括分监区意见、监区意见、教育改造科意见、监狱意见、批准机关意见。监区、分监区的人民警察在对罪犯直接管理中,对罪犯的服刑改造情况了解深透。填表时要根据平时对罪犯考查掌握的情况,结合年终评审鉴定的情况,全面地、客观地评价罪犯的改造表现,结论要合乎实际情况,分寸得当,用语确切。监狱主管科室和监狱领导则根据个人鉴定和分监区意见,概括地、有重点地写明自己的意见。

本文书示例见例 5 - 1。

例 5 - 1

罪犯评审鉴定表

<table>
<tr><td>姓名</td><td>赵某</td><td>性别</td><td>女</td><td>民族</td><td>汉族</td><td>文化程度</td><td>初中</td></tr>
<tr><td colspan="2">出生日期</td><td colspan="2">1986 年 4 月 6 日</td><td colspan="2">家庭住址</td><td colspan="2">××省××市××县××乡××村</td></tr>
<tr><td>罪名</td><td>诈骗罪、敲诈勒索罪</td><td>刑种</td><td>有期徒刑</td><td>刑期</td><td>6 年</td><td>刑期起止</td><td>自 2018 年 5 月 28 日起
至 2024 年 5 月 27 日止</td></tr>
<tr><td colspan="3">刑种及刑期变动情况</td><td colspan="5">无</td></tr>
<tr><td>主要犯罪事实</td><td colspan="7">2014 年年底赵某与刘某经人介绍定亲,结婚当晚赵某编造谎言叫车离开了刘某家,并将彩礼钱、嫁妆钱等共计 11 万元全部拿走,后不再与刘某联系。
2017 年 11 月赵某通过微信摇一摇认识王某宜,互加好友。相约见面后,赵某将王某宜带到她的出租房内,用手机拍对方的裸照,以王某宜强奸自己为借口向王某宜索要了现金 20 万元。</td></tr>
<tr><td>本年度奖惩情况</td><td colspan="7">受监狱表扬 1 次,物质奖励 1 次。
无违纪受处罚情况。</td></tr>
</table>

续表

个人鉴定	认罪服法情况： 入监改造初期，我认为自己的犯罪，主要原因是父母在我很小的时候离婚，他们又重新组建了家庭，他们谁都不管我，爷爷奶奶也无力使我接受良好的教育。我小学毕业后便在社会上打工，结识了不三不四的人，他们带坏了我。在监狱民警的教育下，我现在开始从自己身上找原因，我逐渐端正了认罪态度。
	遵守监规纪律表现： 入监服刑改造之初，不能服从干警管理，遵规守纪意识、纪律意识、身份意识极差，与互监组成员之间关系紧张。不注意个人卫生，不按规定洗漱，衣物不及时更换，个人内务差。经过管教民警的教育，我开始有了比较大的转变，尊重民警，注意增强守法意识，缓和了与别的成员的关系，个人内务整理达到标准。
	劳动表现： 开始安排在工艺简单的劳动岗位，后来我主动要求学习主道工序，我想要多挣一些劳动报酬，减轻家庭负担。
	接受思想、文化、技术教育情况： 按时参加“三课”学习，提高文化水平，养成良好学习习惯。喜欢唱歌，积极参加监区组织的各项文艺娱乐活动，特别是主动报名参加监区春节联欢晚会，与他犯合唱歌曲，受到监区的物质奖励。
	今后努力方向： 努力反思犯罪根源，转变身份，认真接受改造，争取早日获得减刑。
分监区意见	该犯在本年度思想认识向好的方面转变，现在能够认罪服法，自觉遵守监规，努力完成劳动任务，主动接受教育。 于某(签字) 2020年12月27日
监区意见	同意分监区意见。 杨某(签字) 2020年12月28日
主管部门意见	
监狱意见	

二、罪犯奖励文书

（一）罪犯奖励审批表

罪犯奖励审批表是监狱用于记录对罪犯实施表扬、记功和物质奖励的呈请审批事项的文书。虽然准予离监探亲也是一种行政奖励，但使用另外一个专门的审批表。

罪犯奖励审批表的项目比较多，需要加以说明的有以下项目：

1. 奖励依据。奖励依据是罪犯奖励审批表的重点栏目，要求填写两项内容：一是事实依据，二是法律依据。事实依据在先，法律或法规依据在后，中间可以“为此，……”作为转折用语。

事实依据要叙述罪犯符合行政奖励条件的具体事实。在对罪犯实施表扬、物质奖励和记功时，要根据《监狱法》第 57 条第 1 款的规定组织材料。该条款规定：“罪犯有下列情形之一的，监狱可以给予表扬、物质奖励或者记功：（一）遵守监规纪律，努力学习，积极劳动，有认罪服法表现的；（二）阻止违法犯罪活动的；（三）超额完成生产任务的；（四）节约原材料或者爱护公物，有成绩的；（五）进行技术革新或者传授生产技术，有一定成效的；（六）在防止或者消除灾害事故中作出一定贡献的；（七）对国家和社会有其他贡献的。”

写事实依据，首先要掌握罪犯的改造表现符合《监狱法》第 57 条第 1 款所列各项中的哪一种或哪几种情形，然后以此为主旨组织材料，动笔时开门见山，直截了当地写具体事实，与主旨无关的内容如罪犯的一般性改造表现则不要罗列其中。

写法律依据，可根据不同情况援引《监狱法》第 57 条第 1 款的某一项或某几项。这里需要注意的是：弄清《监狱法》的条款项。实际写作时经常见到把项当款的情况，如将“第 57 条第 1 款第（4）项”误写为“第 57 条第 4 款”。该条只有两款，第 1 款是关于给予罪犯表扬、记功和物质奖励的规定，下分 7 项；第 2 款是关于准予罪犯离监探亲的规定。

2. 分监区、监区意见。应当根据分监区、监区区务会议研究的意见来填写，可以写成：“经××××年××月××日××会议通过，建议对罪犯××给予××奖励。”

3. 狱政科意见。狱政科要填写的是审核意见，不是批准意见，因而不能简单地写成表态式的“同意”或“不同意”。

4. 监狱意见。要写明监狱是否给予罪犯奖励的决定，决定奖励的写明具体内容。

本文书示例见例 5 – 2。

例 5 – 2

罪犯奖励审批表

单位:第二监区　　　　罪犯编号:0806997

姓名	严某	性别	男	出生日期	1994 年 6 月 14 日
民族	汉族	文化程度	初中	罪名	猥亵儿童罪
刑种	有期徒刑	刑期	3 年	刑期起止	自 2018 年 7 月 13 日起 至 2021 年 7 月 12 日止
奖励依据	2020 年春季防止新冠疫情期间,严某服从警察管理,主动参与宣传防疫知识,引导服刑人员遵从防疫规定。严某在监狱举办“防新冠病毒抒爱国情怀”的主题征文中,撰写的“防新冠爱祖国”短文,荣获征文比赛二等奖。根据《中华人民共和国监狱法》第五十七条第一款的规定,建议给予严某物质奖励。				
分监区意见	经 2020 年 4 月 13 日分监区警察集体研究,建议给予严某物质奖励人民币二百元。 ×××(签字) 2020 年 4 月 13 日				
监区意见	经 2020 年 4 月 15 日监区长办公会讨论,建议给予严某物质奖励人民币二百元。 ×××(签字) 2020 年 4 月 15 日				
狱政管理部门意见	经审查,严某的积极表现属实,符合奖励的条件,同意予以人民币二百元奖励。 ×××(签字) 2020 年 4 月 16 日				
监狱意见	同意给予严某物质奖励人民币二百元。 ×××(签字) 2020 年 4 月 18 日				

说明:凡提请对罪犯给予表扬、物质奖励或记功均填写此表。

(二)罪犯奖励通知书

罪犯奖励通知书,是监狱将给予罪犯表扬、物质奖励或记功的决定正式通知受奖励人员的文书。

罪犯奖励通知书分正本和存根两联,正本发给罪犯本人,存根由监狱留存。

正本的主要项目是标题、发文字号、收件人、通知事项、结束语、监狱印章、成文日期。通知事项的表述为固定格式一句话:“你在服刑改造期间,因　　,根据《中华人民共和国监狱法》第 57 条的规定,决定给予奖励。”其中第一个空白处填写罪犯获得奖励的事由,应当高度概括,中间不能加句号或分号。

存根的主要项目是标题、发文字号、罪犯姓名、出生日期、罪名、刑期、奖励原因、奖励种类、通知罪犯本人的时间、经办人签字。

(三)罪犯离监探亲审批表

罪犯离监探亲审批表,是记载给予罪犯离监探亲奖励事项的呈请和审批情况的文书。

根据《监狱法》第 57 条第 2 款以及司法部《罪犯离监探亲和特许离监规定》,对具有《监狱法》第 57 条第 1 款规定的情形之一,同时具备下列条件的罪犯,可以批准其离监探亲:原判有期徒刑以及原判死刑缓期 2 年执行,无期徒刑减为有期徒刑,执行有期徒刑 1/2 以上;宽管级处遇;服刑期间一贯表现好,离监后不致再危害社会;探亲对象的常住地在监狱所在的省(自治区、直辖市)行政区域范围内。批准罪犯离监探亲的程序是:监区根据离监探亲的条件组织罪犯申请或推荐;监区对申请或推荐出的罪犯进行认真审查,对符合条件的,填写罪犯离监探亲审批表,经狱政科审核报主管监狱长批准。

罪犯离监探亲审批表主要内容是:罪犯和罪犯亲属的基本情况,离监探亲事由,监区的审查意见,狱政科的审核意见和监狱意见。

(四)罪犯离监探亲证明书

罪犯离监探亲证明书,是监狱发给获准离监探亲罪犯,用于证明临时离监合法性的文书。

根据司法部《罪犯离监探亲和特许离监规定》第 8 条的规定,罪犯回到探亲地后,必须持罪犯离监探亲证明及时向当地公安派出所报到,主动接受公安机关的监督。罪犯离监探亲期间,必须严格遵守国家法律法规和探亲纪律,不得参与和离监探亲无关的活动。

罪犯离监探亲证明书,有正本和存根两联。正本发给罪犯本人,作为其合法离监的证明文件;存根留存监狱。

正本,有标题、发文字号,证明内容、监狱公章、成文日期,探亲对象姓名、关系、家庭住址。其中,“证明内容”要填写离监的起止时间。

存根,除记录正本所载事项外,还有批准人、填发时间、填发人。

三、罪犯处罚文书

(一)罪犯处罚审批表

罪犯处罚审批表是监狱用于记录对罪犯实施警告、记过处罚的呈请审批事项的文书。

从格式和要求上看,罪犯处罚审批表与罪犯奖励审批表格式相近,重点是写好处罚依据。根据《监狱法》第58条第1款的规定,罪犯有下列破坏监管秩序情形之一的,监狱可以给予警告、记过或者禁闭:聚众哄闹监狱,扰乱正常秩序的;辱骂或者殴打人民警察的;欺压其他罪犯的;偷窃、赌博、打架斗殴、寻衅滋事的;有劳动能力拒不参加劳动或者消极怠工,经教育不改的;以自伤、自残手段逃避劳动的;在生产劳动中故意违反操作规程,或者有意损坏生产工具的;有违反监规纪律的其他行为的。

本文书示例见例5-3。

例5-3

罪犯处罚审批表

单位:第一监区　　　　罪犯编号:0701231

姓名	洪某喜	性别	男	出生日期	1967年3月4日
民族	汉族	文化程度	小学	罪名	故意伤害罪
刑种	有期徒刑	刑期	20年	刑期起止	自2018年11月3日起至2038年11月2日止
处罚依据	2019年5月8日19时20分许,洪某喜在一分监区监舍二楼厕所内私藏、使用电池电线自制点火装置点烟,被民警当场查获。洪某喜在省局开展的"违禁品和违规品"查处阶段不能认清形势、顶风作案,严重扰乱监管秩序。根据《中华人民共和国监狱法》第五十八条第一款的规定,申请对洪某喜记过处分。				
分监区意见	建议给予记过处分。 ×××(签字) 2019年5月8日				
监区意见	经2019年5月10日监区长办公会通过,呈请给予洪某喜记过处分。 ×××(签字) 2019年5月10日				
狱政管理部门意见	经审查,洪某喜违纪事实存在,建议给予记过处分。 ×××(签字) 2019年5月10日				

续表

监狱意见	同意给予洪某喜记过处分。 ×××(签字) 2019 年 5 月 10 日

说明:凡提请对罪犯给予警告、记过的均填写此表。

(二)罪犯处罚通知书

罪犯处罚通知书与罪犯奖励通知书的格式相近,只是通知事项和通知事由不同。该文书分正本和存根两联,正本发给罪犯本人,存根由监狱留存。

(三)罪犯禁闭审批表

罪犯禁闭审批表,是监狱在依法将禁闭室作为处罚、防范或强制措施使用时制作的文书。

监狱对罪犯使用禁闭有以下三种情况:一是作为处罚措施使用禁闭室。禁闭是对严重违反监规纪律的罪犯最为严厉的行政处罚措施,根据《监狱法》第 58 条第 2 款的规定,禁闭处罚的期限为 7 天至 15 天。二是作为防范措施使用禁闭室。在监狱实际工作中,对加戴戒具仍不足以消除现实危险的罪犯,可以关押禁闭加以严密防范,一旦危险消失应立即解除禁闭。三是作为强制措施使用禁闭室。在侦查罪犯在监狱内犯罪案件时,监狱对犯罪嫌疑人可采取隔离审查的强制措施,一般是将其关押于禁闭室。罪犯禁闭审批表有如下主要内容。

眉栏。包括单位和编号。单位填写罪犯所在的监区和分监区,编号填写文书的序列号。

罪犯情况。包括罪犯姓名、性别、出生日期、罪名、刑种、刑期、健康状况等栏目。健康状况一栏,应根据医生现时检查结果填写,也可参照近期的体检结果。此栏的设置有助于保护罪犯的健康,当罪犯身体情况不适宜禁闭时,则不适用禁闭措施,可改为其他变通方式。

申请依据和期限。这是该文书的重点栏目。申请依据一栏,要写明事实依据和法律法规及规章的依据。作为行政处罚措施申请使用禁闭,依照《监狱法》第 58 条的规定来组织材料。禁闭是相当严厉的行政处罚措施,只适用于严重违反监规纪律的情形,所以叙述时必须指明罪犯违规行为的严重性。作为安全防范使用时,要简要记述罪犯有哪一种或哪几种现实危险,并注明加戴戒具仍不足以消除危险的具体情况。作为强制措施使用时,要记述罪犯被确定为狱内刑事案件犯罪嫌疑人的事实依据。申请期限一栏,根据禁闭的使用期限规定和罪犯具体情况填写。

意见。有监区意见、主管科室意见、监狱意见,分别依照权限填写,同意使用禁闭的，注明使用的期限。

附属项目。“罪犯禁闭期间表现”一栏，由执行单位填写。作为处罚措施使用的，重点写明罪犯禁闭期间遵守纪律和悔过情况；作为防范措施使用的，重点写明罪犯禁闭期间其危险行为的变化情况；作为强制措施使用的，重点写明罪犯遵守纪律的情况。“解除禁闭情况”一栏，由执行人填写解除禁闭的具体时间签名。解除禁闭时，还要有批准人签字。

本文书示例见例 5－4。

例 5－4

罪犯禁闭审批表

单位：第五监区　　　　编号：2020003

<table>
<tr><td>姓名</td><td>程某兵</td><td>性别</td><td>男</td><td>出生日期</td><td colspan="3">1981 年 7 月 18 日</td></tr>
<tr><td>罪名</td><td>抢劫罪</td><td>刑种</td><td>有期徒刑</td><td>刑期</td><td>12 年</td><td>健康状况</td><td>良好</td></tr>
<tr><td>申请依据</td><td colspan="7">2020 年 3 月 28 日 9 时许，因分发生产物料问题对罪犯刘某生不满，程某兵大声辱骂刘某生，接着突然用手掐住刘某生颈部。被其他罪犯拉开后，程某兵情绪仍然十分激动，还想继续殴打刘某生。当晚 20 时 16 分，程某兵在监舍二楼走廊又乘人不备打了蹲在地上的刘某生两拳，在被其他罪犯拉开时，还扬言谁阻拦他，他就打谁，情绪非常激动。
罪犯程某兵辱骂殴打他犯，严重违反监规，根据《中华人民共和国监狱法》第五十八条的规定，申请给予其禁闭处分。</td></tr>
<tr><td>申请期限</td><td colspan="7">申请禁闭七天。
×××（签字）
2020 年 3 月 29 日</td></tr>
<tr><td>监区意见</td><td colspan="7">经监区长办公会研究，建议对程某兵禁闭七天。
×××（签字）
2020 年 3 月 29 日</td></tr>
<tr><td>主管科室意见</td><td colspan="7">经审查，程某兵严重违纪事实存在，同意予以禁闭七天处分。
×××（签字）
2020 年 3 月 29 日</td></tr>
<tr><td>监狱意见</td><td colspan="7">同意给予程某兵禁闭七天的处分。自 2020 年 3 月 29 日起至 2020 年 4 月 4 日止。
×××（签字）
2020 年 3 月 29 日</td></tr>
<tr><td>罪犯禁闭期间表现</td><td colspan="7">程某兵在禁闭期间能够自我反省违纪行为，情绪趋于平稳。
×××（签字）
2020 年 4 月 4 日</td></tr>
</table>

续表

解除禁闭情况	对罪犯程某兵于2020年4月4日解除禁闭。 批准人:×××东(签字)　　执行人:×××(签字) 2020年4月4日　　2020年4月4日

第二节　安全管理文书

一、安全检查记录表

(一)概念

安全检查记录表,是监狱组织对警戒监管设施、罪犯活动场所进行安全检查时,用于记录检查活动进展情况的文书。

按安全检查的主体,安全检查可分为监狱(监区)进行的安全检查、监狱上级机关进行的安全检查等。监狱根据工作的具体情况,组织相应的专项检查,经常性的安全检查主要有:监狱设施检查、监狱危险违禁物品检查、劳动工具和生产物资检查等。

(二)内容结构

安全检查记录的制作意图是能够全面、准确地将检查的过程和结果用文字的方式记录下来,以便将检查结果准确地传递给需要整改的部门,同时,也为以后的复查提供原始的参照记录。安全检查记录的主要项目有:

1. 检查组织单位和被检查单位。

2. 检查的时间和地点。

3. 检查类型和检查项目。检查类型包括例行检查和临时检查,初查和复查,自查和互查。检查项目包括监狱设施检查,监狱危险违禁物品检查,劳动工具和生产物资检查等。

4. 检查过程和发现的问题。

5. 处理意见和参加人签名。

(三)制作要求

在检查活动结束后,安全检查记录表要由主持人和参加人签名,作为执法检查资料留存备查。安全检查记录既要准确、无遗漏,又要着力体现每一类型检查的侧重点。

1. 监狱设施及装备检查记录的要点

负责执行检查的监狱人民警察应当按照规定，对监狱的大门、围墙、电网、警戒地带、监控设施等进行细致的检查，并将检查的结果予以准确记录。监狱设施检查记录的重点主要是设施存在的问题、检查结果与规范要求的差距、设施的损毁老化程度。如果发现有人为损坏的痕迹，应当特别标明，最好拍照或录像固定，以备在汇报检查结果时使用。

监狱装备主要有车辆、枪支、警戒具、通讯器材等。检查的目的主要是看设施有无遗失、损坏，是否得到经常性的保养和维护，设施的数量和质量能否保证监狱工作的实际需要等。为了使这方面的检查制度化规范化，检查时应当制作相应的文书。其制作要点与设施检查记录的要点相似。

2. 监狱危险物品和违禁物品检查记录要点

危险违禁物品是监狱安全的重大隐患，其存在本身就是一个安全事件。因此，监狱非常重视危险违禁物品的检查。在检查过程中，检查人员应当制作检查记录。

危险违禁物品检查记录的重点主要是危险违禁物品的种类、数量、与何种监狱安全事件有关联、关联程度如何。记录人员应当将发现危险违禁物品的场所或持有人等记载清楚。如果持有人不明，亦应当作出特殊说明。

3. 劳动工具和生产物资检查记录要点

监狱中的各种劳动工具和生产物资是否妥善保管也是监狱安全检查的重要方面。原因显而易见，在监狱这样严格管制的环境中，一般的物品难以接触，而劳动现场中的工具和物资则相对容易获得，劳动现场历来是罪犯实施犯罪和违反监规纪律的高发区。因此，监狱应当加强劳动现场的工具管理和物资管理，对使用情况要进行经常性的检查并制作检查记录。

劳动工具的检查记录重点主要是劳动工具的数量，尤其是出库数量和入库数量是否相符。如果有损毁的情况，也应当记载在案，并注明毁损工具是否得到妥善处理。如果有工具遗失的情况，检查人员要将遗失工具的品种、数量以及使用人等记载清楚，并要求原使用者说明情况，以备随后的追查。

生产物资的检查记录中，库存数量、出库数、物资的用途、领取物资的审批人、领取人、所领物资是否为有毒或易燃易爆物品等内容是记录的重点。需要强调的是，对于有毒物品的记录中，应当注明：盛装有毒物品的容器是否收回，剩余有毒物品的浓度等级是否和所领取的物品浓度相同，这些都是可能带来安全隐患的事项，需要在检查记录中加以体现。

二、纠正违规通知书

纠正违规通知书,是在监狱安全检查中,发现押犯单位和人员有违反工作规范的行为而通知对方予以纠正时所制作的文书。该文书也适用于监狱其他的执法检查,如执行刑罚、监管、教育改造、生活卫生检查等。

纠正违规通知书的制作意图是让违规部门或者个人明确违规行为的性质及严重程度,从而使其在思想上重视,在行为上谨慎,避免类似违规现象的再次发生。

纠正违规通知书有正本、存根和纠正违规报告书三联。

正本,由发出通知的单位填写,主要项目是:标题、发文字号、主送单位、通知事项、通知要求、落款、成文日期。其中,“通知事项”先填写“经何年何月何日检查,发现你单位监管工作存在某种问题”,再写明不符合何种规定。“通知要求”填写“请你们予以纠正,并将情况于何年何月何日上报”。

存根,由作出通知的单位填写并保存,主要项目是:标题、发文字号、被通知单位、通知时间、批准人、填写人、纠正违规内容。

纠正违规报告书,随纠正违规通知书的正本一起发给被通知单位,由被通知单位填写,制作后再发还原通知单位。主要项目是:标题、原通知单位、引叙及转折语、报告事项、执行负责人签名及落款、成文日期。其中,“引叙及转折语”表述为“某号通知书已于何年何月何日收到,现将纠正违规情况报告如下”,“报告事项”主要写明具体纠正违规的情况。

三、消除隐患通知书

消除隐患通知书,是在监狱安全检查中,发现押犯单位在安全管理中存在不安全的因素或潜在的危险情况,用以通知对方予以纠正时所制作的文书。

消除隐患通知书有正本、存根和消除隐患报告书三联。

正本,由作出通知的单位填写,主要项目是:标题、发文字号、主送单位、通知事项、通知要求、落款、成文日期。其中,通知事项先填写“经何年何月何日检查,发现你单位监管工作存在如下隐患”,再填写检查中发现的具体的不安全因素或潜在的危险情况;通知要求填写“请你们尽快采取措施予以消除,并将结果于何年何月何日上报”。

存根,由发出通知的单位填写并保存,主要项目是:标题、发文字号、被通知单位、通知时间、批准人、填写人、通知的问题及建议。

消除隐患报告书,随消除隐患通知书的正本一起发给被通知单位,由被通知单位填写,制作后再发还原通知单位,主要项目是:标题、原通知单位、引叙及转折语、报告事项、执行负责人签名及落款、成文日期。其中,引叙及转折语表述为“某号通知书已于何年何月何日收到,现将结果报告如下”;报告事项主要写明通知书中所说的隐患是否存在,如确实存在,是否按规定的时间消除,如认为不存在,则简要说明理由。

四、使用戒具审批表

(一)概念

使用戒具审批表,是监狱对罪犯有危险行为需要采取加戴戒具予以防范,履行审批手续时所制作的文书。

使用戒具审批表的制作依据主要是《监狱法》和《人民警察使用警械和武器条例》的规定。根据《监狱法》第45条第1款的规定,监狱遇有下列情况之一的,可以使用戒具:罪犯有脱逃行为的;罪犯有使用暴力行为的;罪犯正在押解途中的;罪犯有其他危险行为需要采取防范措施的。《人民警察使用警械和武器条例》则将警械分为约束性警械和驱逐性、制服性警械。约束性警械与《监狱法》规定的戒具大体相当。该条例第8条第1款规定:“人民警察依法执行下列任务,遇有违法犯罪分子可能脱逃、行凶、自杀、自伤或者有其他危险行为的,可以使用手铐、脚镣、警绳等约束性警械:(一)抓获违法犯罪分子或者犯罪重大嫌疑人的;(二)执行逮捕、拘留、看押、押解、审讯、拘传、强制传唤的;(三)法律、行政法规规定可以使用警械的其他情形。”该条第2款规定:“人民警察依照前款规定使用警械,不得故意造成人身伤害。”

在监狱实际工作中,戒具包括手铐、脚镣和警绳等约束性警械,在监内则不使用警绳,警绳一般在抓获脱逃(含暴动越狱和组织越狱)罪犯等行动中使用。

对罪犯使用戒具,必须经监狱主管领导批准。遇有罪犯行凶制止无效等特殊情况时,应当先加戴戒具,然后补办审批手续。

(二)内容结构

使用戒具审批表的制作意图,是基层监管单位呈请监狱领导批准对罪犯使用戒具的请求,其基本内容包括以下几个方面。

1. 标题和眉栏。标题为“使用戒具审批表”,眉栏有单位和编号。单位填写提出使用戒具申请的分监区名称,实行监狱、监区两级管理,不设立分监区的,填写提出申请的监区名称。编号,填写审批表的序列号。

2. 罪犯基本情况。在罪犯基本情况中,本表特意设置了“健康状况”一栏,为的是审批中切实掌握罪犯的健康情况，避免有病的罪犯因加戴戒具导致病情加剧，体现慎重使用戒具、保护罪犯基本权利的原则。此栏应根据近期的体检结果或医生检查结果，填写罪犯当前的身体健康状况。

3. 申请依据和期限。申请依据包括事实依据和法律依据。事实依据要按照使用戒具的法定条件，对于押解途中使用戒具的，写明押解任务的由来和实施方案，如押解组织和实施人员、目的地和基本线路等；对于罪犯有脱逃、使用暴力或其他危险行为的，则写明罪犯实施危险行为的经过。叙述事实意在说明戒具使用的现实必要性，用笔要简洁明快，重点突出，高度概括。最后，引用《监狱法》第 45 条，作为申请使用戒具的法律依据。申请期限一般为 7 天，最长不超过 15 天。在此范围内，根据罪犯的实际情况确定具体期限。在申请要求上，还要写明是使用手铐还是脚镣，抑或同时使用手铐和脚镣。以上栏目由分监区负责人签名并注明日期。

4. 意见。监区意见栏，填写监区的审核结果和实施建议，由监区负责人签名；主管科室意见栏，填写监狱主管职能部门的审查意见；监狱意见栏，填写监狱的决定，决定对罪犯使用戒具的，写明使用戒具的种类和使用期限，可同时提出实施要求或注意事项；决定不使用戒具的，要简要说明理由。

5. 戒具的使用情况。这是本文书的后续事项，包括两个栏目。罪犯加戴戒具期间的表现一栏，由执行单位填写，主要是罪犯加戴戒具期间危险行为的变化情况。解除戒具情况一栏，填写解除戒具的执行人和时间，并由执行人签名。当提前解除戒具时，还需要由使用戒具的批准人签字。

（三）制作要求

使用戒具审批表一经监狱主管领导签字批准，即成为使用戒具的依据，执行单位和执行人在实施后，将罪犯加戴戒具期间的表现和解除戒具情况填好后，要将此表按要求归档备查。该文书在制作时应当注意如下问题。

1. 戒具使用条件的把握。戒具使用是安全防范措施，不是行政处罚措施。安全防范措施适用于罪犯有危险行为或存在现实危险因素，需要在事前和事中加以防范，以防事态扩大而造成严重后果。行政处罚措施则属于事后处理，是在罪犯破坏正常秩序的后果已经发生，对其违反监规纪律的行为追究责任。两者具有本质的区别。在我国法律规定中，戒具只能作为防范措施使用，不能作为事后的处罚措施使用，否则就变成了事后处罚的“刑具”。因此，在使用戒具审批表中，必须严格把握使用条件，叙述现实中发生的危险行为或危险情形，说明使用戒具的必要性。在表述中切忌出现为“处罚”而使用和把戒具写为“刑具”的情况。

2. 事后补报的处理。在实际工作中，罪犯的危险行为有时是突然发生的，在紧急情况下，为防范和制止罪犯危险行为需要当场使用戒具，这时就不可能做到事前报批。为保证正确使用，克服随意性，也为了更好地接受监督，紧急情况使用戒具后，要在尽可能短的时间里补报审批手续。此种事后补报的情况，填表时要在申请依据中首先说明。叙事的角度和落脚点也相应发生变化，主要记述当时的情况紧急程度，说明使用戒具的必要性，并报告使用戒具的简要过程。在申请期限上，使用戒具的开始时间应当自实际使用的时刻算起。各种意见栏目的填写也要相应变化，要写明经过审核或审查，对使用戒具是否符合法律规定作出判断。

本文书示例见例 5－5。

例 5－5

使用戒具审批表

罪犯编号：1306304

<table>
<tr><td>姓名</td><td>王某青</td><td>性别</td><td>男</td><td>出生日期</td><td colspan="3">1968 年 7 月 14 日</td></tr>
<tr><td>罪名</td><td>抢劫罪</td><td>刑种</td><td>无期徒刑</td><td>刑期</td><td>/</td><td>健康状况</td><td>良好</td></tr>
<tr><td>申请依据</td><td colspan="7">2019 年 5 月 19 日，王某青因之前违规动手殴打其他服刑人员被扣分一事，认为监区处理不公，到民警办公室找民警赵某理论，其间，情绪激动，大声辱骂民警，并抓起办公桌上的烟灰缸袭击民警赵某，被及时制服。随后王某青情绪极其不稳定，流露出自杀自残的想法。</td></tr>
<tr><td>申请期限</td><td colspan="7">为防止王某青继续出现危险行为，申请对其加戴手铐十天。
×××（签字）
2019 年 5 月 19 日</td></tr>
<tr><td>监区意见</td><td colspan="7">建议对王某青加戴手铐十天。
××（签字）
2019 年 5 月 19 日</td></tr>
<tr><td>主管科室意见</td><td colspan="7">经审查，王某青确实存在危险行为，建议加戴手铐十天。
××（签字）
2019 年 5 月 19 日</td></tr>
<tr><td>监狱意见</td><td colspan="7">同意对王某青加戴手铐十天。
×××（签字）
2019 年 5 月 19 日</td></tr>
<tr><td>罪犯加戴戒具期间的表现</td><td colspan="7">王某青在加戴戒具期间，经教育已有向好表现，情绪趋于稳定。</td></tr>
<tr><td>解除戒具情况</td><td colspan="7">对罪犯王某青已于 2019 年 5 月 28 日解除戒具。
批准人：×××（签字） 执行人：×××（签字）
2019 年 5 月 28 日 2019 年 5 月 28 日</td></tr>
</table>

五、武器使用报告书

（一）概念

武器使用报告书，是指监狱人民警察将遇有紧急情形而使用了武器的情况，依照规定向所属机关进行报告的文书。

武器是指监狱人民警察按照规定装备的枪支、弹药等致命性警用武器。根据《监狱法》第46条第1款的规定，人民警察和人民武装警察部队的执勤人员遇有下列情形之一，非使用武器不能制止的，按照国家有关规定，可以使用武器：罪犯聚众骚乱、暴乱的；罪犯脱逃或者拒捕的；罪犯持有凶器或者其他危险物，正在行凶或者破坏，危及他人生命、财产安全的；劫夺罪犯的；罪犯抢夺武器的。该条第2款规定："使用武器的人员，应当按照国家有关规定报告情况。"

《人民警察使用警械和武器条例》第13条规定："人民警察使用武器的，应当将使用武器的情况如实向所属机关书面报告。"在监狱突发事件的安全处置过程中，遇有罪犯聚众骚乱、暴乱等紧急情形，非使用武器不能制止的，可以依法使用武器。使用武器后，要制作武器使用报告书（或称武器使用报告），将使用武器的情况如实向所属机关书面报告。

（二）内容结构

武器使用报告书的制作意图，是将使用武器情况向所属机关报告，以便接受使用武器合法性和正当性审查和监督。为此，其基本内容应当包括以下几个方面：

1. 标题。可用"事由＋文种"的形式，写明使用武器处置的事件名称和报告书字样，例如：

张某明等暴动越狱事件处置中使用武器报告书

2. 武器使用人的基本情况。主要写明姓名、性别、年龄、所属单位和职务以及在此次行动中承担的主要职责。例如：

报告人：李某党，男，34岁，××监狱狱政科副科长，在处置张某明等暴动越狱事件中担任第一行动组副组长。

3. 武器使用的事由。写明处置事件的名称和使用武器概况，然后用"现将情况报告如下"接入下一内容。例如：

"在2008年12月3日抓获张某明等暴动越狱罪犯的行动中，为制止犯罪行为，报告人依法使用武器，成功抓获越狱罪犯一名并致其腿部受伤。现将具体情况报告如下……"

4. 使用武器的具体情况。包括处置行动的简况，使用武器前的周围环境，处置手段及其效果，武器使用决定的形成过程，武器具体型号、使用过程、成效以及后果等。该部分要用叙述的方式，以武器使用人为叙事主体，以其活动为线索，以时间先后为序逐一表述。

5. 说明意图。介绍武器使用具体情况后，可用“综上所述”将使用武器是否合法，程序是否得当，使用是否正当加以简要概括，说明报告情况以供审查的制作意图，最后可表述为：根据《监狱法》第46条第2款的规定，特此报告，请予审查。

6. 尾部。写明致送机关，即人民警察所属机关，由武器使用人签名并注明日期。如果有附件的，可以注明。

（三）制作要求

武器使用报告书制作完毕后，送交人民警察所属机关，不允许抄送其他机关或个人，因属于监狱执法的机密材料，制发人员和接收机关都必须严格保密，不得随意外传。

武器使用报告书在制作过程中需要注意以下问题。

1. 叙说为主。武器使用报告书实质上属于情况报告，重在陈述武器使用的过程和结果，因此要以叙述和说明为主要方式，只是在临近结尾处对使用情况是否合法、程序是否正当提出自己的见解，以资所属机关审查。

2. 格式灵活。目前，武器使用报告书尚无全国统一的格式，以上介绍只具有参考价值。根据实际情况也可以采用党政机关公文的“报告”格式，即在标题下标明主送机关，结语用“特此报告”等。

六、武器使用通知书

武器使用通知书，是监狱将人民警察使用武器情况通知给当地人民检察院、伤亡人员家属或者所在单位时使用的文书。

《人民警察使用警械和武器条例》第12条规定：“人民警察使用武器造成犯罪分子或者无辜人员伤亡的，应当及时抢救受伤人员，保护现场，并立即向当地公安机关或者该人民警察所属机关报告。当地公安机关或者该人民警察所属机关接到报告后，应当及时进行勘验、调查，并及时通知当地人民检察院。当地公安机关或者该人民警察所属机关应当将犯罪分子或者无辜人员的伤亡情况，及时通知其家属或者其所在单位。”

根据上述规定，监狱在接到人民警察使用武器的报告后，要及时通知当地人民检察院，如有犯罪分子或者无辜人员伤亡情况还要及时通知其家属或者所在单位。为此需要制发武器使用通知书。

发往当地人民检察院的武器使用通知书，主要内容是告知使用武器人员的姓名、所属单位和职务，使用武器的时间和地点，使用武器的过程，使用武器的结果，等等。发给伤亡人员家属或所在单位的武器使用通知书，其主要内容是告知使用武器所造成的犯罪分子或无辜人员的伤亡情况。应当注意，二者的内容有所不同。

第三节 罪犯处遇文书

一、罪犯生活卫生管理文书

（一）罪犯身体检查表

罪犯身体检查表，是监狱组织罪犯身体检查时用于记录罪犯健康状况的文书。

为切实保障罪犯的生命健康权，监狱要定期或不定期地对罪犯进行身体检查。身体检查可以分为收监时的体检、常规体检和专项体检。罪犯收监时要接受全面的身体检查。罪犯入监后，监狱要定期组织常规体检。参加劳动特别是从事对健康条件有特殊要求（如炊事劳动）的罪犯则要进行专门的体检。罪犯临近刑满释放或假释前，有条件的监狱也应组织其体检。上述各项体检活动，都要制成罪犯身体检查表。

罪犯身体检查表旨在保障罪犯的身体健康，为合理安排罪犯的劳动项目及处理因罪犯伤病、死亡而发生的纠纷提供依据。这一文书的制作参照“罪犯收监身体检查表”格式处理（详见本书第四章第一节）。

（二）罪犯因病休息证明书

罪犯因病休息证明书，是监狱医院向基层押犯单位建议罪犯因伤病不宜参加劳动或其他集体活动的文书。

参加劳动和接受教育是罪犯的法定义务。但是，若罪犯身体有伤病，经监狱医院证明，可以不参加劳动和集体学习。罪犯因病休息证明书，便是由监狱医院出具的宜安排有伤病罪犯休息的建议性文书。该文书要由监狱医院从事医务工作的人民警察制作，根据诊断结论写明建议休息的天数及起止日期。

（三）罪犯病危通知书

罪犯病危通知书，是监狱将罪犯因伤病而出现死亡危险的情况通知给罪犯家属时所制作的文书。

罪犯在监狱服刑期间，如果因伤病而出现死亡危险，监狱要在依法全力救治的同时，将罪犯病危的情况立即通知给罪犯家属，发出罪犯病危通知书。

罪犯病危通知书有正本和存根两联。

正本，寄发罪犯家属，由标题、发文字号、被通知人姓名、通知事项、监狱地址、结束语、监狱公章和日期组成。其中，被通知人写罪犯家属的姓名，视情况可在姓名之后加“女士”“先生”等字样。通知事项要写明罪犯的姓名和导致病危的原因，因病的写明何种病症，因伤的写明受伤的原因。

存根，由监狱留存，记录通知事项的主要信息。

（四）罪犯死亡通知书

罪犯死亡通知书，是监狱在发生罪犯死亡时，用于向罪犯家属、人民法院和人民检察院告知有关情况的文书。

根据《监狱法》第 55 条的规定，罪犯在服刑期间死亡的，监狱应当立即通知罪犯家属和人民检察院、人民法院。发生罪犯死亡事件时，监狱要立即制作罪犯死亡通知书，通知罪犯家属、交付执行的人民法院和负责监狱检察的人民检察院。这一文书的实际意义在于：第一，保障罪犯家属的知情权和其他权利，并争取罪犯家属支持，以妥善处理后事；第二，便于人民检察院参与对罪犯死亡处理工作，依法履行法律监督职责；第三，便于人民法院掌握导致刑罚执行终结的情况。罪犯于服刑期间死亡在事实上导致刑罚执行的终结。作为交付执行的人民法院，应当及时知晓这一情况。

罪犯死亡通知书有三个送达联，加上回执和存根，共五联。

送达罪犯家属联。此送达联发给罪犯家属，由标题、发文字号、收件人姓名、通知事项、附项、结束语、监狱印章和发文日期组成。其中，通知事项要填写罪犯的姓名，死亡原因和死亡时间。由于该通知书是在罪犯死亡后立即发出的，死亡原因和死亡性质均未经法定程序认定，因此填写死亡原因宜粗不宜细，可写为“因病”或“因伤”，给以后的死因及死亡性质的认定留有余地。死亡时间写到“日、时”。附项填写监狱的详细地址，并且可在地址之后，留下联系人的姓名及电话号码，以便罪犯家属与监狱联系和沟通。在实际工作中，有时遇到死亡罪犯无家属可通知的情况，此时可变通为通知罪犯原工作单位或基层组织，请该单位或组织协助处理死亡罪犯的后事。此种情况应当在存根联加以简要说明。

送达法院联。罪犯死亡时，监狱要将此联送达给人民法院。这一联由标题、发文字号、人民法院名称、通知事项、结束语、监狱印章和发文时间组成。其中，人民法院名称要填写罪犯入监时的交付执行人民法院，即原判人民法院的全称。通知事项与送达罪犯家属联相同，只是无须填写监狱地址。

送达检察院联。此联送达人民检察院，内容与送达法院联相同。人民检察院的名称，填写负责监狱检察的人民检察院的全称。

回执，随送达联一起发给罪犯家属，要求罪犯家属填写后寄回发函单位。回执的主要项目是标题、家属声明、家属签字注明收到通知的具体时间。家属声明采用事先印制格式，即“罪犯死亡通知我已收到”，时间精确到“日、时”。

存根。该联由监狱保存，有标题、发文字号和记录事项。记录事项依次填写罪犯姓名、性别、出生年月日，罪名、刑期、入监时间，死亡时间、死亡原因，罪犯家属姓名，人民法院和人民检察院的名称，通知发出时间、填发人、批准人、填发日期。

（五）罪犯死因鉴定书

罪犯死因鉴定书，是指监狱依法对死亡罪犯作出死亡原因鉴定时所使用的表格式文书。

《监狱法》第55条规定：“……罪犯因病死亡的，由监狱作出医疗鉴定。人民检察院对监狱的医疗鉴定有疑义的，可以重新对死亡原因作出鉴定。罪犯家属有疑义的，可以向人民检察院提出。罪犯非正常死亡的，人民检察院应当立即检验，对死亡原因作出鉴定。”

罪犯的死亡分为正常死亡和非正常死亡。正常死亡也称自然死亡，是服刑罪犯在通常的自然条件下，由于体内自然变化或者疾病而引起的死亡，包括老衰死和疾病死，在监狱执行刑罚的实践中，主要是因病死亡。非正常死亡也称非自然死亡，是指由于机械的、物理的、化学的等外部因素作用于人体所引起的死亡。

依据现行法律规定，罪犯死亡后需要监狱作出医疗鉴定的，是罪犯因病死亡这一种情形，主要是指在监狱系统所设医院或监狱委托的社会上的医院治疗过程中出现因病死亡的情况。对于罪犯非正常死亡的情况，应当由人民检察院组织检验，对死亡原因作出鉴定。因此，关于罪犯死亡的鉴定书，一是监狱作出的医疗鉴定，二是人民检察院作出的死亡鉴定。这里讲的罪犯死因鉴定书属于前者，主要用于记录监狱依法作出的医疗鉴定情况。

罪犯死因鉴定书，由罪犯基本情况、死亡情况记录、意见和附属项目组成。

罪犯死亡情况记录有三个栏目：死亡类型、死亡时间、死亡原因及死亡经过。其中，死亡类型指正常死亡和非正常死亡，依据法律规定监狱无权对罪犯非正常死亡作出鉴定，此表只适用于罪犯正常死亡的情况，因此，此栏目填写为“正常死亡”。非正常死亡的，由人民检察院组织检验。死亡时间，按罪犯医疗记录文件所记载的罪犯实际死亡时间填写。死亡原因及死亡经过，要根据罪犯医疗记录文件记载内容摘录，并由罪犯治疗期间的主管医生签名。

意见栏目，有医院或法医鉴定意见、监狱意见、检察机关意见三个栏目。医院或法医鉴定，填写最后负责罪犯治疗的医院出具的鉴定结论，并加盖医院印章；或者填写监狱委托的具有司法鉴定资格的法医所出具的鉴定结论，由法医签名。监狱意见，填写监狱是否同意上述鉴定结论的意见。检察机关意见，填写检察机关是否同意上述鉴定结论的意见。如果检察机关对上述鉴定结论有异议，则在此栏注明，并说明将依据《监狱法》第55条的规定，将由人民检察院组织重新鉴定的情况。

附属项目，指“尸体、骨灰的处理情况和埋葬、安置地点”一栏。此栏目不属于罪犯死因鉴定的内容，所以称为附属项目。该栏目由负责处理罪犯死亡后事的监狱工作人员根据具体处置情况如实填写。

本文书示例见例5－6。

例5－6

罪犯死因鉴定表

<table>
<tr><td>姓名</td><td>王某秋</td><td>性别</td><td>男</td><td>民族</td><td>汉族</td></tr>
<tr><td>文化程度</td><td>初中</td><td>籍贯</td><td>××省××市</td><td>出生日期</td><td>1978年8月7日</td></tr>
<tr><td>家庭住址</td><td colspan="5">××省××市××路××号</td></tr>
<tr><td>罪名</td><td>抢劫罪</td><td>刑种</td><td>有期徒刑</td><td>刑期
起止</td><td>自2007年8月4日起至
2020年8月3日止</td></tr>
<tr><td>死亡类别</td><td>正常死亡</td><td>死亡时间</td><td colspan="3">2016年1月28日16时28分</td></tr>
<tr><td>死亡原因
及死亡
经过</td><td colspan="5">2016年1月28日11时45分许，罪犯王某秋在监狱内突发出现胸闷不适，随后昏迷不醒。经民警护送至××市人民医院救治。经建立静脉通道，给予胸外心脏按压，人工辅助呼吸，电除颤，呼吸机辅助呼吸，16时28分，经过心肺复苏4.5小时，心电监护仍是直线，无自主呼吸及心跳，告知病人家属，病人已生物学死亡。</td></tr>
<tr><td>医院或
法医鉴定
意见</td><td colspan="5">1. 通过法医系统尸体解剖检验所见，死者左胸部心肺复苏电除颤印痕及右肘窝、右手背各有一注射针痕伴皮肤青紫系医源性损伤（心肺复苏抢救所致）。其余体表及内部器官未发现机械性损伤痕，可排除机械性暴力作用致死；亦未发现中毒征象。
2. 死者喉头未见明显水肿，光镜下喉、肺等器官未见明显嗜酸性粒细胞浸润，故存在过敏性反应的依据不足。
3. 尸体解剖及组织学检验证实，死者口唇及双手十指甲床紫绀；心脏增大，重达500g，远超过正常范围，较多脂肪组织披覆，左冠脉前降支Ⅳ级狭窄，左冠脉旋支Ⅱ级狭窄，右冠脉Ⅲ级狭窄，其中左前降支粥样斑块堵塞管腔超过95%。
根据现有材料，结合案情综合分析，死者王某秋符合心源性猝死。
×××　×××（签字）
2016年1月30日</td></tr>
</table>

续表

监狱意见	对尸体检验结果无异议，责成狱政管理科处理好善后事宜。 ×××（签字） 2016年1月30日
检察机关意见	对王某秋尸体检验过程进行了现场，未发现操作人员有违规行为。 ×××（签字） 2016年1月30日
尸体、骨灰的处理情况和埋葬、安置地点	王某秋的尸体已于2016年2月3日火化，骨灰由其兄王某泽领回。

二、罪犯会见管理文书

（一）罪犯会见亲属登记表

罪犯会见登记表是监狱用于简要记录罪犯会见亲属或监护人有关情况的文书。根据《监狱法》第48条的规定，罪犯在监狱服刑期间，按照规定，可以会见亲属、监护人。监狱对罪犯会见亲属、监护人的活动要进行有效的管理，包括确认探视人身份，安排罪犯与探视人会见的场所与方式，对会见进行监督，检查探视物品等。会见活动的情况要填入会见登记表。该文书目前没有统一的格式，各监狱实际使用的文书一般包括如下内容。

1. 罪犯情况。有姓名、性别、年龄，罪名、刑别、刑期，所在押犯单位等。

2. 探视人情况。有姓名、性别、年龄，身份证明及号码，居住地、单位，与罪犯的关系等。

3. 会见方式及批准人。根据监狱管理机关的规定，罪犯会见亲属、监护人，可按照罪犯改造表现，采取从优、普通和从严三种方式，会见方式由监狱负责人批准。

4. 会见起止时间和会见地点。填写会见开始和结束的具体时间和具体地点。

5. 会见情况。简要记录双方交谈的主要内容，有无违反法律及相关规定的行为，探视物品的检查、处理情况。

该文书由监狱负责罪犯会见活动安排和监督的工作人员填写，会见中发现的问题要及时通报给罪犯所在监区或分监区管教人员。

（二）罪犯特许离监审批表

罪犯特许离监审批表，是指监狱在罪犯的家中发生急难之事、确须本人回去处理且罪犯本人符合一定条件,特许其临时离开监狱回家看望或处理时制作的审批文书。

特许离监适用于剩余刑期10年以下,改造表现较好的罪犯。其条件是罪犯家庭确实发生配偶、直系亲属或监护人病危、死亡或者发生重大变故,确须本人回去处理的;有县级以上医院出具的病危或死亡证明,及当地村民(居民)委员会和公安派出所签署的意见;特许离监的去处在监狱所在的省(自治区、直辖市)行政区域范围内。

特许离监的程序是:由罪犯本人或其亲属提出申请,监区审查同意后,经狱政科审核,报主管监狱长批准。对列为重点管理的罪犯特许离监,须报省(自治区、直辖市)监狱管理局批准。

特许离监审批表,参照本章第一节"二、(三)罪犯离监探亲审批表"制作。

三、罪犯通信管理文书

罪犯通信管理文书,是监狱管理罪犯与外界通信过程中所使用的各种文书。

根据《监狱法》第47条的规定,罪犯在服刑期间可以与他人通信,但是来往信件应当经过监狱检查。监狱发现有碍罪犯改造内容的信件,可以扣留。罪犯写给监狱上级机关和司法机关的信件,不受检查。

罪犯通信管理文书,主要有罪犯信件检查登记表、扣留罪犯信件审批表、罪犯电话通信审批表、罪犯电话通信登记表等。

罪犯信件检查登记表,用于记录监狱对罪犯来往信件依法检查的事项。监狱对罪犯信件的检查,要指定专职的人民警察负责,检查的事项及结果要填入罪犯信件检查登记表。该文书的主要内容是:罪犯通信双方的姓名、地址,收发信件的时间,信件内容摘记以及检查中所发现的对罪犯改造有参考价值的信息。该表不适用于罪犯写给监狱上级机关和司法机关的信件。

扣留罪犯信件审批表,适用于监狱依法扣留有碍罪犯改造内容的信件。该文书主要记载扣留罪犯信件的申请、审批事项。

罪犯电话通信审批表,用于申请、审批罪犯要求与亲属、监护人通电话的事项。罪犯要求与亲属与监护人通电话时,一般要向所在分监区提出申请,经逐级审核后,由监狱主管负责人作出批准与否的决定。

罪犯电话通信登记表,用于记录罪犯获准与亲属、监护人通电话的简要情况。罪犯与亲属、监护人通电话,必须在监狱指定的场所,使用监狱统一配置的通话装置。罪犯通话时,监狱要安排人民警察监听,并做好登记和记录。登记和记录的项目主要有:罪犯的姓名、批准的通话时间、通话双方的关系、监听人、通话主要内容等。

研究与思考

1. 简述罪犯评审鉴定表的主要项目。
2. 简述罪犯奖励审批表的依据和适用对象。
3. 简述罪犯处罚审批表的依据和适用对象。
4. 简述特许离监审批表和离监探亲审批表的区别。
5. 简述戒具使用审批表与罪犯禁闭审批表的区别。
6. 简述罪犯在监狱服刑期间病危或死亡时监狱需要制作的文书。
7. 简述罪犯通信会见管理需要制作的文书。

第六章　监狱侦查文书

要点提示

1. 监狱侦查文书，是指监狱对罪犯在监狱内再次犯罪，依法进行侦查时所使用的法律文书总称。根据《刑事诉讼法》第308条和《监狱法》第60条的规定，罪犯在监狱内犯罪的案件由监狱侦查，监狱对犯罪活动进行侦查终结后，要写明起诉意见书，并连同案件卷宗材料以及证据一并移送人民检察院予以起诉。监狱侦查的每道环节都应形成规范有效的文书。因此，监狱侦查文书具有种类多样、使用规范、制作严格等特征。

2. 根据侦办案件过程，监狱侦查文书包含立案文书、侦破文书、销案文书、侦查终结文书等。在我国刑事诉讼过程中，立案是一个独立的诉讼阶段，与侦查、起诉、审判和执行一道成为刑事诉讼的“五大阶段”。由于狱内的犯罪行为主要集中在监狱刑罚执行、教育改造、狱政管理等过程中，因此狱内犯罪案件与狱外犯罪案件在侦查的过程中存在一定的差别，相应地，法律文书制作环节也有所不同。鉴于监狱侦查始于“立案”阶段，故本章将立案文书列入其中，着重介绍狱内案件立案表的制作。监狱在侦破狱内案件的过程中要使用大量的实录式文书，用于记录对犯罪嫌疑人的讯问、对证人的询问、对被害人的询问、现场勘验检查、侦查实验、人身检查、搜查等专项调查活动的过程和结果，本章着重讨论讯问笔录、询问笔录和现场勘验检查笔录的质量审查标准和制作要点。

第一节　立案销案文书

一、狱内案件立案表

（一）概念

狱内案件立案表，是监狱侦查部门拟对罪犯在狱内犯罪案件进行立案登记审批时制作的文书。狱内案件立案是监狱刑事诉讼的独立程序,是监狱狱内侦查部门发现或接到报案后,经过初步审查决定进行侦查的诉讼活动。在此过程中需要制作狱内案件立案表,根据法律规定,狱内案件立案的条件是:第一,符合刑事案件的立案标准,即有犯罪事实发生须追究刑事责任;第二,符合监狱刑事案件管辖条件,即属于罪犯在监狱内犯罪的案件。狱内案件立案表适用于同时符合上述条件的刑事犯罪案件。发生在监狱内的刑事案件,如果不是服刑罪犯所为,监狱则应当将案件移交有管辖权的其他侦查机关。狱内案件立案表实际上就是狱内案件立案侦查的呈批表,其制作前提一定是有监狱罪犯再犯罪的事实存在,需要追究其刑事责任,并且达到司法部颁布的《狱内刑事案件立案标准》规定的标准。

(二)内容结构

1. 眉栏

眉栏有单位和案件编号。单位填写监狱侦查部门,如监狱的狱侦科,尚未成立狱侦科的填写狱政科或其他履行侦查职能的部门或单位。案件编号按监狱的规定填写。

2. 案件基本情况

案件基本情况包括以下四栏:

(1)案件类别。根据司法部有关规定按危害结果区分类别,分为一般案件、重大案件和特别重大案件三类,在此表中分别填写为"一般"、"重大"或"特别重大"。

(2)案件性质。如实填写案件中犯罪行为的具体表现,如脱逃、盗窃、故意伤害、故意杀人等。

(3)发案时间。填写案件发生的具体时间,如狱内的盗窃案等案件发生时间尚无法准确判定,则可以填写发现时间。填写发现时间的,要注明。

(4)发案地点。填写监狱内发生案件的具体位置。

3. 具体案情及证据材料

具体案情及证据材料包括以下三栏:

(1)发案经过和危害情况。根据已知情况,对案情加以客观记述,填写有证据证明的案件发生经过和危害后果情况。

(2)立案根据。要结合已有证据材料围绕"监狱内犯罪事实已经发生,属于服刑罪犯所为,需要追究刑事责任"这一核心结论加以简明扼要的分析,从中摘抄并整理。要围绕本文书的制作意图和核心见解摘选现场勘查笔录中能直接说明立案理由的内容。现场勘查笔录的一般性内容不宜写进此栏中。

(3)现场勘查情况记述。其是狱内侦查部门经过现场勘查后,编写案发现场发现的真实情况。如案发现场是否留下明显的血迹或痕迹。

4. 侦查计划及措施

侦查计划及措施一栏,要简写侦查人员在现场勘查和调查访问的基础上所形成的初步的侦查计划及措施。

5. 意见栏目

意见栏目包括主管科室意见和监狱意见。主管科室意见,写主管部门的审查意见。经审查符合立案条件的,还要注明属于哪一案件类型和何种性质的案件。对不符合立案条件的,要简要说明理由。监狱意见,填写监狱作出的是否同意立案的决定。对于决定立案的,一般案件只写案件性质,如“同意以盗窃案立案”,重大案件还要写明案件的类别和性质,如“同意以重大盗窃案立案”。如果对侦查计划及措施有所部署和要求,也可注明。对于不同意立案的,要简要说明理由,这一栏由监狱主管领导签名并注明日期。

6. 尾栏

尾栏有填表人和填表日期。

(三)制作要求

1. 准确填写案件性质,不要臆造案名

要根据《刑法》和司法部《狱内刑事案件立案标准》确定的案别来写。按照实际情况分别填写为“盗窃案”“脱逃案”“故意伤害案”“袭警案”等,不能使用“狱内盗窃案”“罪犯脱逃案”等与规定案别不符的提法,也不能填写已经取消的罪名,更不能填写臆造的案别。

2. 围绕立案条件记述案情,不要一味求全。在呈请立案阶段,一般情况下案情能够迅速查明。如特殊情况下案情并不明确,无法确定犯罪嫌疑人的情况下,不必照套犯罪经过记述的“时间、地点、人物、犯罪原因、犯罪手段、犯罪情节、犯罪结果和证据”等一些“要素说”,将目前已掌握的犯罪事实及危害情况表述清楚,满足立案条件即可。

3. 正确表述立案的法律依据

对狱内刑事案件的定性分析,应当引用《刑法》的相应条款。在表述立案条件的依据时,应该先引用《刑事诉讼法》有关立案的相关条款。《刑事诉讼法》关于立案的条款是针对公安机关、人民检察院或人民法院的,并没有直接点明监狱。监狱侦查的适用法律问题,规定在《刑事诉讼法》第308条第4款:“军队保卫部门、中国海警局、监狱办理刑事案件,适用本法的有关规定。”先引这一条款后引其他条款才能顺理成章、严谨完整。另外,监狱立案的来源,既有报案、控告、举报以及其他机关移送,也有监狱侦查部门自己发现等情况。如果来自于报案、控告或举报,则引用《刑事诉讼法》第112条;如果是移送来的,则引用《刑事诉讼法》第110条;如果是监狱侦查部门自行发现的,则引用《刑事诉讼法》第109条。

本文书示例见例6-1。

例6-1

狱内案件立案表

单位:××监狱　　　　　　　　　　　　　　　　　　案件编号:20200010

案件类别	一般案件	发案时间	2020年8月15日9时
案件性质	故意伤害案	发案地点	第五监区劳动现场
发案经过和危害情况	2020年8月15日9时30分左右,第五监区劳动现场值班民警赵刚报案称,其监区罪犯李某杰因劳动分工问题,与罪犯陈某发生争执,李某杰用螺丝刀刺伤陈某。陈某目前已被送至××市第一中心医院,于当日14时20分左右进行脾脏切除手术。		
立案根据	经初步审查,罪犯李某杰无视监狱规定,暴力行凶,使用凶器伤害他犯,涉嫌触犯了《中华人民共和国刑法》第234条规定,涉嫌故意伤害,为进一步查清犯罪事实,根据《中华人民共和国监狱法》第60条、司法部《狱内刑事案件立案标准》第2条规定,准予立案。		
现场勘查情况记述	案发后,我科于2020年8月15日11时许,派侦查员钱中和、孙浩然、张辉赶往案发现场进行勘查,并制作了现场勘查笔录,拍摄了作案现场的照片,并对作案现场进行了绘图,在作案现场提取螺丝刀一把。		
侦查计划及措施	1. 查看监区劳动现场的监控录像。2. 询问当班民警赵刚、田野获取证词,询问服刑人员王某泉、张某海获取证言。3. 询问被害人陈某获取陈述。4. 对被害人进行伤情鉴定。5. 讯问犯罪嫌疑人李某杰获取口供。6. 比对现场勘查情况,对相关证据实施印证。		
主管科室意见	经初步审查,罪犯李某杰在劳动现场暴力行凶,实施使用凶器伤害他犯的行为,涉嫌故意伤害犯罪,建议以故意伤害案立案侦查。 签字:××× 2020年8月16日		
监狱意见	同意监狱侦查科意见,以故意伤害案立案侦查,尽快破案。 签字:××× 2020年8月16日		

填表人:×××　　　　　　　　　　　　　　　　填表时间:2020年8月16日

二、狱内案件销案表

(一)概念

狱内案件销案表,是监狱侦查部门对已立案侦查的案件,经过侦查发现有法定不应追究刑事责任或立案依据不足的情形,呈请监狱领导批准撤销案件时制作的文书。

根据《刑事诉讼法》第163条的规定,在侦查过程中,发现不应对犯罪嫌疑人追究刑事责任的,应当撤销案件。根据《刑事诉讼法》第16条的规定,有下列情形之一的,不追究刑事责任,已经追究的,应当撤销案件,或者不起诉,或者终止审理,或者宣告无罪:情节显著轻微、危害不大,不认为是犯罪的;犯罪已过追诉时效期限的;经特赦令免除刑罚的;依照刑法告诉才处理的犯罪,没有告诉或者撤回告诉的;犯罪嫌疑人、被告人死亡的;其他法律规定免予追究刑事责任的。在监狱侦查活动中,还包括经侦查发现没有犯罪事实或犯罪事实非犯罪嫌疑人所为等情况。

监狱侦查部门对于立案侦查的案件,发现不应对犯罪嫌疑人追究刑事责任时,应当制作狱内案件销案表,提出撤销案件的意见,报请监狱领导审批。

(二)内容结构

狱内案件销案表的制作意图是将拟撤销案件的意见报请监狱领导批准,制作时要以说明撤销案件的理由和根据为中心。

狱内案件销案表采用统一的表格形式,要按要求填好所有栏目。

1. 眉栏和案件基本情况栏目。这些项目与狱内案件结案表相同。

2. 侦查简况。填写要求与狱内案件结案表大体相同,写清案件的来源,报案(控告、举报、自首、转送、交办或自行发现)时间、立案的批准机关、立案时间,立案后的主要侦查行动,随后简要记述符合撤销案件条件的具体事实被发现的过程。

3. 销案根据和主要证据。这是文书的重点项目,需要表述清楚撤销案件的事实和理由。填写时先简要陈述案件侦查结果,写清立案后侦查机关获得的证据情况,接着叙述出现应当撤销案件的具体情形和主要证据,再进行必要的分析,最后得出"此案符合撤销案件条件"的结论。

4. 处理意见。处理意见是根据初步调查形成的明确意见,根据是否符合销案条件,写出明确法律依据和处理意见,报请上级机关批准,处理意见栏目应由承办人签名并注明日期。

5. 主管科室意见。主管科室要填写审查意见和审查结论。例如:"经审查,此案犯罪事实不清楚(或证据不确凿充分,或案件定性不准确,或侦查程序不合法),

符合《刑事诉讼法法》第××条第(×)项的规定,同意撤销某某案。”然后由科室负责人签字并注明日期。

6. 监狱意见。监狱意见由监狱主管领导签署,如“同意撤销某某案。”或“不同意撤销案件,继续侦查。”等。然后由监狱主管领导签名并注明日期。

7. 表尾有填表人的签名和填表日期。

(三)制作要求

狱内案件销案表经监狱主管领导签署意见后,监狱侦查部门要按照监狱主管领导的意见执行。对于批准撤销案件的,将此表作为结束侦查工作的依据存入侦查工作卷。监狱还应当将撤销案件的决定书面通知犯罪嫌疑人。犯罪嫌疑人死亡的,应当将撤销案件的决定通知给犯罪嫌疑人的家属。

该文书格式与“狱内案件结案表”基本相同,二者使用同一表格(参见本章第四节)。

第二节　侦查笔录文书

一、讯问笔录

(一)概念

讯问笔录是监狱侦查部门为了查明案情,依法审讯犯罪嫌疑人时制作的,是反映讯问活动及犯罪嫌疑人供述与辩解的问答式文书。

讯问笔录的作用主要表现为:第一,反映侦查活动。讯问是案件侦查过程中不可缺少的一种重要手段,讯问笔录要如实记录侦查人员讯问犯罪嫌疑人的执法过程。第二,记录犯罪嫌疑人的供述或辩解。讯问笔录的重要作用是如实记录犯罪嫌疑人的供述和辩解。在笔录中,辩解和供述要同等对待,特别注意不要省略或遗漏犯罪嫌疑人的辩解。第三,提供侦查线索。在记录犯罪嫌疑人对案件事实的供述和无罪的辩解时,对其提供的各种与案件有关的线索要予以特别关注,这些线索可以为进一步收集案件的各种证据提供依据。第四,有助于分析研究案情,总结办案经验。通过讯问笔录的制作,有助于侦查人员全面了解案情,制定和调整侦查审讯策略,为进一步判断案件性质,总结办案经验提供依据。

根据《刑事诉讼法》第308条的规定,监狱办理刑事案件适用该法的有关规定,监狱侦查部门讯问犯罪嫌疑人应当依据《刑事诉讼法》第118条和第120条的规定进行。侦查人员在讯问犯罪嫌疑人的时候应当按要求制作讯问笔录,但讯问笔录目前尚未规定统一的格式,制作结构相对宽松。

(二)内容结构

讯问笔录的制作意图是如实反映侦查人员对犯罪嫌疑人进行讯问的整体过程和讯问结果。讯问笔录分首部、正文和尾部三部分。

1. 首部

首部要记录的基本要素相对固定,可以用来表述与案件审讯有关的客观情况,包括标题、讯问时间、讯问地点、办案人员的基本情况、犯罪嫌疑人的基本情况等。

第一,标题。有两种表达方式:一种表达方式为直接表明文书的“主旨 + 文种”,如“讯问笔录”,在其下方标注“第 × 次”。特性是询问笔录的标题的表述方式应简洁通用。另一种表达方式为在标题中明确标注“某某监狱对某某罪犯的讯问笔录”,由“监狱名称 + 涉案犯罪姓名 + 案由 + 文种”组成,分为两行书写,监狱名称单独书写在首行。如“河北省某某监狱对罪犯李某某涉嫌故意伤害案的讯问笔录”,在其下方标注“第 × 次”。

第二,讯问时间。详细填写讯问时的年、月、日,并填写讯问开始的时间和结束的时间,精确到“某某时某某分”。

第三,讯问地点。犯罪嫌疑人被讯问的具体场所,要具体明确。如监狱严管分监区审讯室。

第四,办案人员的基本情况。编写内容包括讯问人的姓名和职务。根据案件审理的要求,讯问犯罪嫌疑人应当至少有两名侦查人员在场,讯问员和记录员要明确分工,与案件无关的人员或有利害关系的人员,不得参与讯问。

第五,犯罪嫌疑人的基本情况。在第一次讯问时要准确记录犯罪嫌疑人的自然情况、简历、主要社会关系、原犯罪事实和正在执行的刑罚等情况。填写犯罪嫌疑人的姓名、性别、民族、出生日期、籍贯、文化程度、家庭住址、原判情况刑期刑种变动情况等内容。上述情况按犯罪嫌疑人回答提问时的陈述记录。这是第一次讯问时必须问和记的内容,不要因先前都有记载而忽略。因为在监狱执法实践中确实存在一种现象,个别罪犯入监登记表中根据人民法院刑事判决书记载的罪犯的姓名、年龄等情况,事后证明是虚假的,是根据当初罪犯自报的内容记下来的。在监狱服刑中罪犯才交代出真实情况。因此,这部分必须讯问和记录,事后还要与罪犯入监登记表核对,如果犯罪嫌疑人的回答与罪犯入监登记表的记载有冲突的地方,以后的讯问中要重新提问并记录,以便在以后的侦查中进一步核实。

2. 正文

正文主要用于记载讯问的具体内容,是审讯过程的具体反应。正文记录由讯问员的问话与犯罪嫌疑人的答话组成，采用“问”与“答”的方式进行记录。

（1）记载犯罪嫌疑人的供述和辩解。犯罪嫌疑人的供述和辩解是讯问笔录要记录的主要内容。一方面是记录犯罪嫌疑人对犯罪事实的供述，记录要做到准确、完整和详略得当，对于犯罪嫌疑人所供述的犯罪内容应当实事求是的记载，用记录原话的方式，将涉及案件定性量刑的关键性情节、细节以及相关证据要素，力求一字不落地记下来，保持犯罪嫌疑人言语的原貌；用记录原意的办法，处理一般性内容。另一方面是记录犯罪嫌疑人的辩解，这是值得高度关注的内容，也是容易被忽视和省略的部分。在讯问中不能将其辩解视同狡辩。即使辩解有明显的漏洞，也要如实记录，尤其是犯罪嫌疑人作无罪辩解时，讯问员不宜动辄打断，要耐心地听其讲完以后再提出问题，记录员也必须把这部分内容记录清楚。

（2）记清犯罪嫌疑人提供的证据线索。在记录犯罪嫌疑人的供述和辩解时，要特别注意犯罪嫌疑人在问答过程中所反映的案件证据线索。讯问笔录只是记录口供的观念已经落伍，犯罪嫌疑人在讯问过程中交代出来的证据线索成为笔录的重要内容。这一部分包括以下几方面：第一，涉案财物的去向。有些案件有赃款赃物或作案工具，讯问时力求查清涉嫌犯罪财物的存放地、保管人、销货款、违法所得的去向。第二，参与犯罪的其他人员情况。对于有其他涉嫌犯罪成员的，要逐一问清记准犯罪嫌疑人交代出来的这些人员基本情况。第三，案情知情人的情况。讯问中，犯罪嫌疑人可能提供一些案件知情人的情况，这也是记录的重点。总之，为体现讯问意图即查清涉案的人、物、事，为下一步的审理提供帮助，要把犯罪嫌疑人交代的证据线索问清楚，记准确。

（3）简要记录犯罪嫌疑人的肢体语言及表情动作。讯问中会遇到一些犯罪嫌疑人用手势、摇头、点头等表达自己的意思。记录员须把这种体态语言“翻译”成普通语言，并注明动作，如“摆手”“摇头”“点头”（在笔录交犯罪嫌疑人核对时，要提醒犯罪嫌疑人对体态语的“翻译”是否为其本意）。另外，记录员还应当用简练的语言，把犯罪嫌疑人一些因心理变化而引发的体态动作记录下来，如“低头”“叹气”“捶胸”“顿足”“哭泣”“冷笑”“扯衣角”“抓头发”“手脚发抖”等。

3. 尾部

尾部的内容是讯问结束后，用来记述侦查员要求被讯问人对笔录内容进行核对确认的过程，确保没有遗漏或差错内容，符合被讯问人真实意思的表述后，履行法律手续所填写的内容。尾部包括犯罪嫌疑人的核对意见、签名、捺印。并由讯问员和记录员签名、签写日期。第一，核对。被询问人对笔录内容认真核对后，在笔录正文内容的最后一行下方写上“以上笔录内容我已看过（或向我宣读过），与我所讲的内容相符(或是我真实意思的表述)”字句。第二,确认。笔录核对无误后,被讯问人签上姓名日期并捺手印。如对笔录内容有异议或有修改、有补充或者有涂改,必须在修改、补充、涂改处签名、捺手印。

(三)制作要求

讯问笔录供侦查人员每次讯问犯罪嫌疑人做记录时使用,立卷归档时讯问笔录归入刑事侦查正卷,一般是归在正卷中的证据材料卷。讯问笔录在制作中要注意以下问题。

1. 把握讯问笔录的制作规则

坚持审记分离的原则。讯问时侦查人员不得少于两人,讯问员和记录员有明确的分工,讯问员与记录员不得由同一人承担。

(1)首次讯问必须告知犯罪嫌疑人的诉讼权利义务。在对犯罪嫌疑人进行第一次讯问时,必须告知犯罪嫌疑人诉讼权利义务,将犯罪嫌疑人诉讼权利义务告知书交犯罪嫌疑人阅读。对于没有阅读能力的,侦查人员要向他宣读。这一环节必须在笔录中有所体现,并如实记录犯罪嫌疑人读后或听后提出的具体要求或看法。

(2)告知侦查人员身份。虽然法律并没有明确规定要告知到什么程度,但基于维护犯罪嫌疑人申请回避权等权利,应将侦查人员的具体身份,如姓名、单位等告知犯罪嫌疑人,不宜只写“我们是某某监狱警察”。

(3)保障犯罪嫌疑人的核对权。根据《刑事诉讼法》第 122 条的规定,犯罪嫌疑人对于讯问笔录依法享有核对权。在讯问结束时,笔录必须交由犯罪嫌疑人核对,核对时如发现不符合答话原意之处,要加以修改。核对无误后,则由犯罪嫌疑人在尾部写明:“以上笔录(记录)我看过,与我说的一样(与我说的相符)”。如果犯罪嫌疑人不识字或者不能阅读,则由记录员读给他听,并征求他对笔录的意见。如果核对无误,则由记录员将这一情况在尾部注明。

(4)严格履行笔录生效手续。笔录经核对后,要履行有关手续以使笔录生效。一是涂改,增删,超出行高列宽,字间距不同,中间空白的地方都要犯罪嫌疑人捺指印。二是在每一页的页号处和笔录尾部,必须由犯罪嫌疑人签名并捺指印。如果犯罪嫌疑人拒绝签名,则由记录员在笔录上注明:犯罪嫌疑人拒绝签名。三是在笔录尾部,讯问员和记录人要亲笔签名。

2. 掌握讯问笔录的质量审查标准

参照有关规定,讯问笔录的质量审查标准如下。

(1)讯问的时间、地点、讯问人的身份等是否符合法律及有关规定,讯问犯罪嫌疑人的侦查人员是否不少于两人,讯问犯罪嫌疑人是否个别进行等。(2)讯问笔录的制作、修改是否符合法律及有关规定，讯问笔录是否注明讯问的起止时间和讯问地点，首次讯问时是否告知犯罪嫌疑人申请回避、聘请律师等诉讼权利，犯罪嫌疑人是否核对确认并签名（盖章）、捺指印，是否有不少于两人的讯问人签名。讯问聋哑人、少数民族人员、外国人时是否提供了通晓聋、哑手势的人员或者翻译人员，讯问未成年犯罪嫌疑人时，是否通知了其法定代理人到场，其法定代理人是否在场。（3）犯罪嫌疑人的供述有无以刑讯逼供等非法手段获取的情形，必要时可以调取犯罪嫌疑人的健康检查记录、笔录。（4）犯罪嫌疑人的供述是否前后一致，有无反复以及出现反复的原因；犯罪嫌疑人的所有供述和辩解是否均已收集入卷；应当入卷的供述和辩解没有入卷的，是否出具了相关说明。（5）犯罪嫌疑人的辩解内容是否符合案情和常理，有无矛盾。（6）犯罪嫌疑人的供述和辩解与同案犯的供述和辩解以及其他证据能否相互印证，有无矛盾。对于上述内容，侦查机关随案移送有录音录像资料的，应当结合相关录音录像资料进行审查。

3. 务必保持讯问笔录的客观性

讯问笔录是实录性文书，其制作意图是如实记录讯问过程和讯问结果，实录性文书是不需要制作人发表见解的，因此没有见解主旨，这是其主旨的重要特点。讯问笔录制作时必须时时处处注意客观性。记录员可以对问答的问题进行必要的梳理，但梳理只能是文字表述层面的，不能掺杂进任何记录员本人的主观判断的东西。讯问笔录制作还要求保持犯罪嫌疑人口述有关内容的语言原貌，不要把口语表述的内容转变为书面语的形式。总之，原话、原意和原貌是讯问笔录必须注意的三个问题，应做到关键内容用原话，一般内容不失原意，整篇文书保持口头语言的原貌。

4. 切实提高记录的速度和质量

讯问笔录，属于一次性成文的实时记录，要求现场完成，时间上具有紧迫性；讯问笔录要求边问边记，记录员事前无法安排内容的先后顺序，只能根据讯问员与犯罪嫌疑人问答顺序记录，布局上具有被动性。这两个特点决定了记录员必须注意运用必要的手段提高记录的速度和质量。当然，笔录的高速度和高质量，主要取决于记录员的流畅的书写速度和良好的书法功底。除此之外，也有一些办法有助于提高笔录的制作速度和质量。

（1）准备。记录员在记录前必须熟悉案情，了解讯问计划。为保证讯问质量，侦查人员在讯问前一定要先列讯问计划（或讯问提纲），对此次笔录要问的内容，要调查解决的问题做到心中有数。记录员要了解掌握这份讯问计划并熟悉案件所涉及的人、物、事，由此明确讯问的目的、要求、步骤、策略和方法，明了此次审讯要查清的犯罪事实,从而在整体上把握记录重点,增强笔录的目的性、条理性和逻辑性。

(2)配合。笔录的质量在很大程度上取决于讯问员和记录员之间的配合。没有讯问员和记录员之间的默契配合,就不可能有较高水平的记录。一般情况下,讯问员要尽量照顾记录员的记录速度。讯问员既可以在一个问题提出并由犯罪嫌疑人回答后,稍事停顿,以便记录员记录;也可以在涉及重大问题时,重复一遍犯罪嫌疑人的答话内容,这样既有利于问清案件的关键环节,又有助于记录员的记录。不过应当注意,出于侦查策略的需要,讯问员有时有意加快讯问速度,“连珠炮”式地连续发问,为的是突破犯罪嫌疑人的思想防线,使其在来不及深入思考的情况下吐露真情。这时,记录员就不要只顾及记录速度去干扰讯问,一时记不下来的内容用其他方法处理。

(3)留白。在记录过程中,遇到跟不上问答速度而又不宜要求放慢速度,或者遇到不会写的字时可以使用留白法,在记录纸上留出适当的空白,稍后再找机会补齐。留白要恰当,不要过窄过宽,尽量留提问的部分,这一部分以后好补。可以先记犯罪嫌疑人的供述,利用审讯的间隙补记讯问员的问话。

(4)整理。问答双方的交流和互动使用的是口头语言,口头语言转换为笔录,必要时要进行整理,即梳理、调整和概括。一是口语化的部分进行即时的整理,调整原来的词语或顺序,使其表达的意思更为明确,同时也可以提高记录速度,如“那个人高高的,瘦瘦的,穿了一件、一件好像是衬衫,蓝色的”可以整理为“那个人又高又瘦,好像穿了一件蓝色的衬衫”。二是对于犯罪嫌疑人口头表达中的语病,应该修改。三是对犯罪隐语、方言,一般是将其转为普通话。但是,当使用的犯罪隐语反映了案件中关键性的情节和细节,并与定性量刑、所负法律责任有关时,应按原话记录,可在所写的犯罪隐语或方言的后面加上注释。这里应当注意,笔录的整理强调的是忠于原意,而不是追求口头语言的书面化,不能用书面语言制作讯问笔录。实践中,有的记录员为了使语句更加流畅、更有文采,往往根据自己的知识结构、语言习惯组织语言,追求笔录的书面化。但是,控辩式庭审对证据的要求越来越高,这种笔录制作方式有可能受到辩方的质疑抵制。正确的方式应该是在制作笔录时,忠实于犯罪嫌疑人的原话和原意,以保持笔录的原始性。

(5)省略。省略是将犯罪嫌疑人口述作答中的语言芜杂成分,如习惯语、重复语等省略掉。如有的人说话过程中夹杂了“这个这个”“那个那个”许多没有意义的成分,在记录时都可省略掉。

5. 注意讯问笔录与亲笔供词的配合使用

在用笔录形式记录犯罪嫌疑人的供述和辩解的同时,还要注意亲笔供词的运用。根据《刑事诉讼法》第122条的规定，犯罪嫌疑人请求自行书写供述的，应当准许，必要的时候，侦查人员也可以要求犯罪嫌疑人亲笔书写供词。监狱执法实践中，亲笔供词的证明力有时要高于讯问笔录，因此要尽可能收集犯罪嫌疑人的亲笔供词，这样既可以增加证据的证明力，又可以减轻侦查人员的工作强度。

本文书示例见例6－2。

例6－2

讯问笔录

（第1次）

讯问时间：2020年8月18日10时30分至2020年8月18日11时30分

讯问地点：第五监区隔离审讯室

讯问人：姓名钱中和，职务监狱侦查科副科长；姓名孙浩然，职务狱侦科科员

记录人：姓名张辉，职务监狱侦查科科员

被讯问人：姓名李某杰，性别男，民族汉族，出生日期1995年5月12日，籍贯××省××县人，文化程度大专，家庭住址××市满城区××乡××村三组，原判情况因盗窃罪被判处有期徒刑5年，2019年6月10日服刑，现关押河北省××监狱第五监区禁闭室，刑期变动情况无。

问：我们是监狱侦查科民警（出示警官证），现依法对你进行讯问。你要如实回答我们的提问，与本案无关的问题，你有权拒绝回答。这是有关你的权利和义务的告知书，你看一下（将权利和义务的告知书交给李某杰阅读）。

答：好的，我知道。（看了一遍权利和义务告知书）

问：你叫什么名字？出生日期是多少？你是哪里人？

答：我叫李某杰，1995年5月12日出生，我是××人。

问：你犯了什么罪？判了多少年？在哪个监区服刑？

答：盗窃罪被判了5年，在第五监区服刑。

问：8月15日9时左右，你在第五监区劳动现场与陈某发生了口角，是否有此事？

答：有。

问：你因为什么原因和陈某发生了争执？

答：我和陈某住在一个监舍，他是监舍组长。他平时就看不惯我，我刚进来的时候他就欺负我，因为我身体瘦弱，劳动速度比较慢，陈某就到赵警官那儿告发我，说我劳动不认真，态度消极。我有时候半夜打呼噜、说梦话，他就跟别人说我打呼噜吵

得他睡不好觉,并当着我的面经常嘲笑我说梦话的事,因为这些事我对他一直耿耿于怀。15日那天上午,我已经在工位上完成了我的工作任务。陈某又过来说让我干别人未完成的工作任务,我不同意,他就打了我两拳。

问:他打了你以后你做了什么?

答:我被他打倒在地,两眼直冒金星,脑袋嗡嗡的,我当时想爬起来打他。

问:然后呢?

答:然后我刚站起来,王某泉和周某天就把我们俩拉开了,就把我拉到了一边,王某泉一直劝我,不要跟陈某一般见识,因为陈某这个人一直横行霸道,大家从心里都有一些怕他。但我不怕他。

问:你接着说,你后来干了什么?

答:我和陈某各自回到了自己的工位上之后,陈某一直在那边笑,不知道在跟他人说什么,我一直觉得他在嘲笑我,于是我偷偷从工具箱里找了一把螺丝刀。

问:螺丝刀有多长?是一把什么样的螺丝刀?你打算用螺丝刀干什么?

答:具体型号我也不知道,大概有15厘米左右,前面是十字花,后面是木头手柄状的,我没想用螺丝刀干什么,我就是想吓唬吓唬他。

问:你怎么知道工具箱里有螺丝刀?你怎么拿到的螺丝刀?工具箱那儿没有人看守吗?

答:我很早以前就知道工具箱里有螺丝刀,平日劳动时有时候会使用到一些工具,我们就去工具箱取。因为在上午劳动的时候,中间会有两次休息,休息的时候收工具箱的人会有上厕所的时候,那天正好赶上看守工具箱的人去厕所了,我就偷偷溜过去,拿出了螺丝刀,当时因为大家都在休息,没有人注意我。

问:后来你又做了什么?

答:我看陈某仍然在工位上有说有笑,我怀疑他仍然在和其他犯人一起嘲笑我,于是我拿着螺丝刀走到他面前,给了他两下。

问:你清楚你的行为后果吗?你这是在伤害他人你知道吗?

答:当时不太清楚也并不知道,我以为陈某会躲开,我也没真想用螺丝刀刺伤他,我只是心里一直不痛快,想拿着螺丝刀吓唬他一下,结果他没躲开,螺丝刀一下扎在他的身上。

问:你一共扎了他几下?扎在什么位置你还记得吗?

答:扎在什么位置我记得不太清楚了,我只记得朝他扎了三下,因为当时比较紧张,我确实记不清楚扎在哪里了。

问:后来发生了什么事情?

答:后来赵警官赶到了,我被摁倒在地,其他人也过来,一直摁着我,再后来我就被关进禁闭室了。

问:你对自己的行为后悔吗?

答:怎么说呢? 有点儿后悔。

问:今天我们的提问就到这儿,你还有什么要补充的吗?

答:我能不能知道陈某死了没有,我一直担心,如果他死了的话,我会不会被判死刑?

问:这个问题我现在无法回答你,陈某还在抢救。

答:好吧,我知道了。

问:你先再把笔录看一遍,核对一下记录的内容,是不是跟你所表述的有出入,如果没有出入没有补充,在下面写上,以上笔录我看过,是我讲的原话(或者和我说的相符)。在后面签上姓名、日期,捺手印。

答:好的。

以上笔录我看过,和我说的相符。
李某杰(手印)
2020 年 8 月 18 日
讯问人签名:×××、×××
记录人签名:×××
2020 年 8 月 18 日

二、询问笔录

(一)概念

询问笔录是监狱侦查部门为了查明案情,依法向证人、被害人等案件知情人了解有关案情时制作的问答式文书。

《刑事诉讼法》第 62 条第 1 款规定:"凡是知道案件情况的人,都有作证的义务。"询问笔录就是对于知道案件情况的证人等进行询问时所作的证据性材料。询问笔录也适用于侦查部门对狱内案件被害人的询问,对于尚未确定为犯罪嫌疑人的怀疑对象的问话,也要用询问笔录的形式。

鉴于监狱办理刑事案件适用《刑事诉讼法》的有关规定,询问笔录的制作要根据《刑事诉讼法》第 124 条的规定进行,监狱侦查人员询问证人,必须出示监狱的证明文件。询问证人应当个别进行,并告知他应当如实地提供证据、证言,讲清有意作伪证或者隐匿罪证要负的法律责任。根据《刑事诉讼法》第 127 条的规定,询问被害人适用询问证人的要求。

（二）内容结构

询问笔录包括以下三部分。

1. 首部。包括文书名称、询问的起止时间、地点，侦查员、记录员的姓名、单位，被询问人的基本情况。被询问人同犯罪嫌疑人有某种特定关系的，要注明。

2. 正文。正文是询问笔录的核心部分。首先要记录侦查人员出示监狱证明文件并告知侦查人员姓名和身份的情况，接着记录证人权利和义务的告知情况，然后记录侦查人员与被询问人的问答内容。要全面、准确、客观地记录被询问人陈述的每一个问题，记清案件涉及的人物、时间、地点、结果，还要记录上述情况的来源，是现场目击、亲耳听到还是听别人讲的，如被询问人提供了其他知情人，应写清他们的姓名、住址、单位，以便核实案情。被询问人见过犯罪嫌疑人的，要记清犯罪嫌疑人的体貌特征；被询问人当场提供书证、物证的，要记明证据的名称以及所要证明的事项；对其记忆不深或不很肯定的情况，也应当客观记录，以便侦查人员综合分析与判断。

3. 尾部。记录被询问人表明的核对意见，并要求被询问人签名和注明日期。最后由侦查员、记录员在记录末页签名。

（三）制作要求

询问笔录所记录的证人证言和被害人陈述，是刑事诉讼的重要证据。询问笔录在案件侦查终结后该文书归入刑事侦查卷正卷，一般是归在正卷中的证据材料卷。在制作和使用中需要注意以下问题。

1. 弄清询问笔录与讯问笔录的区别

询问笔录与讯问笔录在名称上只有一字之差，又同属于实录式文书，格式要求上也基本相同，但两者却有着明显的区别。一是适用对象不同。询问笔录适用于侦办案件中的证人、被害人，讯问笔录适用于侦办案件中的犯罪嫌疑人。在犯罪嫌疑人的身份确定之前，对于调查的怀疑对象要使用询问笔录；在其确定为犯罪嫌疑人之后，则使用讯问笔录。二是制作意图不同。虽然出于查明案情这一共同目的，但两者的制作意图却不相同，询问笔录旨在如实记载证人对所知道的案件客观情况的讲述，讯问笔录旨在如实记载犯罪嫌疑人对所涉嫌犯罪行为的供述和辩解。

2. 把握询问笔录的制作规则

询问笔录属于实录性的证据性材料，用于记录侦查人员对案件知情人的询问过程和询问结果。在制作中必须遵守下列规则。

（1）坚持询问与记录分开。负责询问的侦查人员与负责记录的人员不得由同一人承担。询问人员不得少于两人，记录员在询问过程中必须是专司记录之职。

(2)询问必须个别进行。询问要个别进行，对每个证人的每一次询问都要单独制作笔录，不允许用座谈会等形式将证人召集在一起询问，更不允许统一制成一份询问笔录。

(3)履行告知义务。监狱侦查人员询问证人，要出示监狱证明文件，并告知证人应当如实地提供证据、证言，讲清有意作伪证或者隐匿罪证要负的法律责任。

(4)保障被询问人的核对权。在询问结束时，笔录必须交由被询问人核对，核对时如发现不符合答话原意之处，要加以修改。核对无误后，则由被询问人在尾部写明："以上笔录(记录)我看过，与我说的一样(与我说的相符)。"如果被询问人没有阅读书写的能力，则由记录员读给他听，并征求他对笔录的意见，如果核对无误，则由记录员在尾部注明：以上笔录向我读过，与我说的一样。

(5)确保笔录生效。笔录经核对后，要履行有关手续以使笔录生效。一是涂改，增删，超出行高列宽，字间距不同，中间空白的地方都要被询问人捺指印。二是在每一页的页号处和笔录尾部，必须由被询问人签名并捺指印。三是在笔录尾部，讯问员和记录人要亲笔签名。

3. 注意询问笔录与亲笔证词的配合使用

询问既可以由询问人记录，也可以由证人书写亲笔证词，询问笔录与亲笔证词要配合使用。审查合格的证词，侦查人员应当在首页右上方写明收到的具体时间并签名。

本文书示例见例6－3。

例6－3

询 问 笔 录

（第1次）

询问时间：2020年8月18日13时30分至2020年8月18日14时30分

询问地点：第五监区警务室

询问人：姓名×××，职务监狱侦查科副科长；姓名×××，职务监狱侦查科科员

记录人：姓名张辉，职务监狱侦查科科员

被询问人：姓名王某东，性别男，民族汉族，出生日期1996年10月22日，籍贯××省××县人，文化程度高中，家庭住址××市××乡××村，原判情况因抢劫罪被判处有期徒刑13年，2015年5月20日服刑，现关押河北省××监狱第五监区，刑

期变动情况2019 年 6 月 30 日减刑 6 个月。

我们是监狱侦查科民警(出示警官证),现依法对你进行询问,你要如实回答我们的问题,不得伪造、隐匿、消灭证据,否则承担法律责任,与本案无关的问题,你有权拒绝回答。你听清楚了吗?

答:好的,我听清楚了。

问:你叫什么名字?出生日期是多少?你是哪里人?

答:我叫王某东,1996 年 10 月 22 日出生,我是××市人。

问:你犯了什么罪?判了多少年?在哪个监区服刑?

答:我因为抢劫被判了 13 年,现在第五监区服刑。

问:8 月 15 日 9 时左右,你在第五监区劳动现场吗?劳动现场当时发生了什么?你看到了什么?听到了什么?如实地告诉我。

答:那天上午我在劳动现场,当时我在劳动工位上一直在劳动。大约 9 时左右,我听见李某杰和陈某两个人争吵了起来,他们两个为何发生争吵的当时我没有看清楚,但是我听见他们俩在争吵,于是我和周某天放下手里的工具,就跑了过去劝架。

问:接着说。

答:我也不知道李某杰和陈某为什么争吵,但是两个人吵得很凶,陈某还打了李某杰两拳。

问:打的什么位置?用哪只手打的?

答:陈某用右手打在李某杰的胸前,由于李某杰很矮小一下就被打倒了。

问:然后呢?

答:然后李某杰就爬起来要还手,我和周某天就过去拉住了李某杰,我一直劝李某杰不要跟陈某一般见识,因为大家都知道他横行霸道欺负人,在劳动现场打架肯定要吃亏的,所以我一直劝李某杰不要跟陈某打架,没有必要吃眼前亏,忍一忍风平浪静,退一步海阔天空。

问:你跟李某杰的关系怎么样?

答:我跟他不在一个监舍居住,但是我们平常经常聊天,由于我们都是河北人,我们相互都很照顾。李某杰比我小一点,对我很尊重。

问:你还看到了什么?

答:后来我劝了李某杰半天,我看他情绪也比较稳定了,我就回到自己的工位上。到了 9 时 30 分时,大家就休息了,我也坐在椅子上休息。

问:然后呢?

答:后来陈某突然间大喊大叫,我们抬头一看发现不知道什么时候,李某杰已经走到陈某面前。我们看到时,李某杰手里拿着螺丝刀,螺丝刀在滴血,陈某捂着肚子大喊大叫,并且一直躺在地上打滚。大家意识到出事了就跑上去摁住了李某杰,这时候赵警官也赶来控制了现场,我和周某天一直抓着李某杰,不让他再次伤害陈某。

问:你看到李某杰用螺丝刀扎陈某了吗?

答:这个我没看到,但是我们拉开李某杰的时候,李某杰的螺丝刀上确实有血迹,陈某捂着肚子,肚子也在不断地流血。

问:赵警官一直在现场吗?

答:赵警官一直在,因为是休息时间,所以他到劳动现场的东南面去查看,我们在劳动现场的西北角坐着,离得比较远。

问:后来发生了什么?

答:后来医生就来了,应该是把陈某送到医院去了,再后来我们各自回到工位上,继续劳动。

问:你有没有听过李某杰讲过他与陈某不合?

答:这个事我听别人讲过,李某杰并没有跟我说过。

问:你说的这些情况属实吗?

答:我用人格担保,我说的情况句句属实,这些都是我看到的,没有半句假话。

问:好,今天的问话就到这儿。

答:好的。

问:你仔细看一下笔录,如果记录的有错误或不一致,你指出来。如果记录的跟你所说的一致,你确认记录无误后,签名、捺手印。

答:好,我看一下。

以上笔录我看过,与我说的相符。
王某东
2020 年 8 月 18 日
询问人签名:×××、×××
记录人签名:×××
2020 年 8 月 18 日

三、现场勘验检查笔录

(一)概念

现场勘验检查笔录是监狱侦查人员在勘验、检查有关狱内犯罪的场所时所制作的反映勘验检查过程及其结果的证据性文书。

根据《刑事诉讼法》第128条和第133条的规定，侦查人员对于与犯罪有关的场所、物品、人身、尸体应当进行勘验或者检查。在必要的时候，可以指派或者聘请具有专门知识的人，在侦查人员的主持下进行勘验、检查。勘验、检查的情况应当写成笔录，由参加勘验、检查的人和见证人签名或者盖章。

现场勘验检查笔录与现场照相、现场录音录像、现场绘图等共同组成现场勘验检查记录。其中现场勘验检查笔录是主件，用于固定现场的痕迹物证，为侦查人员分析研究案情，判断案件性质，确定侦查方向和制订侦查计划提供重要依据，在案件立案侦破以及整个诉讼过程中起着举足轻重的作用。

（二）内容结构

现场勘验检查笔录，旨在以文字形式反映勘验检查过程、记录勘验检查结果，通常由首部、勘验检查情况、现场勘验检查提取痕迹、物证登记表和尾部组成。

1. 首部

首部包括标题，接报案件时间和内容，现场勘验检查的开始和结束时间、现场地点、天气情况、勘验检查前现场的条件（原始现场或变动现场）、现场勘验检查利用的光线（自然光或灯光）、现场勘验检查指挥员。

2. 勘验检查情况

（1）现场方位和周围环境。包括现场的地址、具体方位及其周围的环境。现场的周围环境要全面记述。要在写清现场的方位、朝向的基础上，进一步写清现场的四至，即写明与中心现场相接壤的四周的景物。所记的周围景物必须是突出的，具有永久性的景物，记述时要注意顺序，一般是以指北针所定的北向为起点，按顺时针的方向依次记述。有时也可以根据需要另外选用起点，还可以按逆时针的方向依次记述。另外，应当注意选用恰当的词语。例如：

“现场位于长城东路178号某某监狱内第五监区监舍楼。该楼坐北朝南，北面靠四监区宿舍楼，东临监狱教学楼，南面向自新路，西接监狱禁闭区。”

上例周围环境记述由北开始，按顺时针方向依次记述现场，有条不紊。其中用于表示四周与之接壤的景物关系的词，选用“靠、向、临、接”，准确而不呆板。

（2）中心现场情况。中心现场的记述是现场勘验检查笔录的重点内容，要求反映作案现场的具体格局，记述中心现场的面积、构造和配置等。中心现场是犯罪分子实施犯罪的主要场所，也是留有痕迹物证最多的地方，记清勘验检查情况有利于分析判断犯罪嫌疑人作案的动机、手段等情况，为侦破案件创造条件。

中心现场记述的重点是：现场的变动状况，与犯罪有关的痕迹和物品的名称、部位、数量、性状、分布等情况，尸体的位置、衣着、姿势、损伤情况，血迹分布、形状和数量等。重点景物的位置，要用两个以上的参照物和数据标明。例如：

“尸体头东南脚西北侧卧于地上，头距东墙1.34米，距北墙2.51米，左脚距北墙1.60米，右脚距西墙0.78米；头西侧有0.80米×0.22米血迹一摊，距东墙1.05米；北墙上有血迹一处，高距地面1.20米，距东墙0.90米。”

按实际勘验检查的顺序，中心现场景物记述的方法可归纳为四种写法：一是投石起涟法，即按从中心到外围的勘验检查顺序记述；二是塔顶夺珠法，即按从外围到中心的勘验检查顺序记述；三是分格组合法，即按分片分段的勘验检查顺序记述；四是串珠引线法，即按勘验检查路线（如沿着作案者的行动线路，或者沿着地形地貌而确定勘验检查路线等）的顺序记述。

3. 现场勘验检查提取痕迹、物证登记表

填写现场勘验检查提取的每一个痕迹、物证的序号、名称、提取部位、提取方法、数量和提取人。

4. 尾部

（1）现场勘验检查绘图、照相、录像、录音的统计情况。

（2）现场勘验检查记录员，有笔录人、绘图人、照相人、录像人、录音人的姓名。

（3）现场勘验检查人员，有单位、职务和本人签名。

（4）现场勘验检查见证人，有签名并注明性别、年龄、住址。

（5）成文日期。

（三）制作要求

现场勘验检查笔录生效后存入诉讼卷，制作和使用时应当注意以下问题。

1. 记述顺序要与勘验检查顺序相一致。勘验检查笔录是在现场勘验检查过程中，边勘验检查边记录，因此必须与勘验检查顺序相一致。记述时可用采取“先总后分”的方法介绍现场情况，先给人以概貌性了解，然后分别加以具体说明。记述具体景物，可先静后动，先下后上，先重点后一般，语意要连贯并前后照应。

2. 内容客观、全面。现场勘验检查笔录内容要客观，能够作为核查现场或者恢复现场原状的依据，符合法定的证据要求。在“勘验检查情况”中，要求侦查人员客观、全面地勘验检查或记录现场情况，不能凭自己主观臆断，对案情妄下论断，然后以错误论断进行现场勘验检查，任意夸大或缩小。

3. 行文规范、准确。笔录使用语言文字必须规范准确，计量单位必须符合国家有关标准，日期使用公历。对勘验检查情况要用专用术语作精确记录，对现场发现、提取或需要固定的痕迹物证，要有准确具体的数据说明，不使用“大约”“估计”“较近”“不远”等模糊性词语，一般不使用“左边”“右边”等相对性方位词。

4. 认真履行生效手续。首先，勘验检查人员必须持有有效证件。其次，对刑事案件现场进行勘验、检查不得少于两人。最后，勘验、检查现场时，应当邀请一名或两名与案件无关的公民做见证人。勘验检查笔录要有勘验检查人员、记录人员和见证人的签名，并完成其他的生效手续。

本文书示例见例 6 – 4。

例 6 – 4

××省××监狱
罪犯郭某脱逃案现场勘查笔录

2020 年 10 月 13 日 1 时 15 分左右，监狱侦查科接到监狱指挥中心当班民警的通知，第五监区三分监区发生一起罪犯脱逃案。1 时 20 分左右，科长董立勇带领侦查员王琦、侦查员张然、侦查员顾飞迅速赶到案发现场。

经初步了解，大约 30 分钟前罪犯郭某利用当班民警疏忽之机，偷偷溜到矿井后边脱离互监组，混入即将收工的其他分监区人员中升井返回地面，躲藏在生产区排污口旁遮盖杂物的篷布内，后乘人不备，利用事先准备好的撬棍和斧头撬开排污管道入口盖板，钻进排污管，顺着排污管道爬越了三道防护网，从监狱墙外侧的排污口爬出脱逃。

参加现场勘查的人员：

现场勘查指挥人：姓名<u>×××</u>，职务<u>监狱侦查科科长</u>

现场勘查员：姓名<u>×××</u>，职务<u>监狱侦查科科员</u>；姓名<u>×××</u>，职务<u>监狱侦查科副主任科员</u>

记录员：姓名<u>×××</u>，职务<u>监狱侦查科科员</u>

现场勘查见证人：姓名<u>×××</u>，职务<u>第四监区二分监区民警</u>

姓名<u>×××</u>，职务<u>第三监区一分监区分监区长</u>

现场勘查时间：自 2020 年 10 月 13 日 1 时 30 分开始至 13 日 2 时 25 分结束。气温、光线条件：室外气温 20.5℃，借助 350W 灯光照明。

经现场勘查，案发现场位于监狱罪犯生产区，该区域呈长方形，长 250 米，宽 130.5 米，面积 500 平方米。该区域有座矿井，井深 1000 米，井口门朝北，生产区周围有 3 米高围墙，围墙上有电网。生产区西北角位置为工具存放处，离井口直线距离 125 米，工具处存放有锯条、撬杠、铁锤、斧头等工具，由一张篷布遮盖。经清点发现少了三根锯条，一根撬杠，一把斧头。生产区东北角位置有个生产污水排放管道，离工具存放处58米，离东北围墙半米，管道盖板已被撬开，现场发现一根撬杠，杠头朝南，杠尾朝北，撬杠头位置有新鲜的撬压痕迹。在撬杠上发现一枚指纹。排污管道内设有三道铁丝网，经勘查发现，三道铁丝网疑似被斧头砍断，排污管尽头通向监狱围墙外侧，在围墙外的排污口约15公分位置发现一根折断的锯条，一双42码囚鞋，现场提取到赤足脚印3个，锯条上有少量血迹（已采集样本）。

现场勘查指挥人签名：×××

现场勘察人签名：×××、×××

记录员签名：×××

现场见证人签名：×××、×××

2020年10月13日

附：1. 现场拍照50张，现场绘图3张；

2. 提取撬棍1根，斧头1把，锯条1根，罪犯郭某作案时跑脱的鞋1双，自制钳子1把；

3. 提取指纹2枚，赤足脚印3个。

第三节　罪犯脱逃处置文书

一、罪犯脱逃登记表

（一）概念

罪犯脱逃登记表，是监狱在发生罪犯脱逃，将有关情况登记并上报时使用的表格式文书。

（二）内容结构

罪犯脱逃登记表的栏目较多。除依次填写单位、罪犯编号、罪犯的姓名等项目以外，要重点填写好下列栏目。

1. 体貌特征。按要求填写罪犯的身高、脸型、五官、口音、穿着和其他特征。

2. 家庭住址、户籍所在地和主要社会关系的姓名、职业和住址。一是要写清罪犯家庭的所在地，具体到城镇街道门牌号或者是乡镇、村；二是写清罪犯家庭的户籍所在地；三是写清已掌握的与脱逃罪犯关系密切的人员姓名、职业和住址，以便为追捕工作提供线索。

3. 脱逃经过。要准确填写罪犯脱逃的时间、地点，简要叙述罪犯脱逃的经过、脱逃时采用的手段、使用的工具，脱逃的动机和目的等。如果罪犯脱逃的经过和时间不清，则可以写明发现罪犯脱逃的时间及发现罪犯脱逃的经过。

4. 脱逃去向分析。这是本文书中的主要栏目之一。写好这一栏目，对于及时抓获脱逃罪犯有很大的帮助，可以使缉捕方向准确，节省警力、节省财力、节省时间。这一栏目属于综合分析栏，要求由监狱人民警察，特别是罪犯所在监区或分监区的管教人员与监狱狱政、侦查部门工作人员共同研究分析。一般情况下，可以依据罪犯脱逃前的有关情况，从罪犯的案情、刑期、家庭成员、社会关系、个人经历入手，结合服刑期间的认罪态度、改造表现、接触人员、罪犯的性格特征、作案的惯用手段等方面进行综合分析，作出比较切合实际的判断。

5. 采取的措施。主要填写发现罪犯脱逃后监狱有关部门和单位采取了哪些措施，包括应急措施和防范措施，以及通知公安机关追捕的情况。

（三）制作要求

罪犯脱逃登记表在写作和使用时需注意以下问题。

1. 罪犯体貌特征的记述

（1）体貌特征分析。从记述的角度来看，体貌特征可以分为不变部分和可变部分。不变部分多指人，有两个方面的内容，即静态特征和动态特征。静态特征，有身高、体型、头型、脸型、前额、眉、眼、鼻、唇、嘴、牙、下巴、耳、颈、上肢、下肢、皮肤等，另外还有特别的标记，如色斑、雀斑、白斑、麻子、粉刺、肿瘤、疤痕、驼背、鸡胸、文身等。这些特征和特别标记，相对稳定性较强，一般不易彻底改变。动态特征，是指人的习惯性或神经性动作，如翻眼、眨眼、抓头、头、挑眉、口吃、面肌抽搐、缩脖、耸肩、左撇子等。这些特征不是一朝一夕形成的，一时改掉很不容易，有时极力克制也难以掩饰，因此相对稳定性也较强，参考价值不亚于静态特征。可变部分，主要指"外加特征"，具体讲就是穿着打扮。另外，胡须、发型也属于可变部分（自然卷发和络腮胡是不变特征）。衣着打扮可以随意更换，胡须、发型也可以随时改变，对抓获脱逃罪犯来说，脱逃的时间越长，其参考价值越差。

（2）体貌特征记述的内容。体貌特征记述的具体内容，主要有体貌、表情、动作（包括口音）和衣着四个方面。体貌最为稳定，表情和动作大多也属于不变部分，衣着属于可变部分。

体貌的重点是面貌，面貌的记述重点有残疾、脸型和五官。一般而言，最容易引起人们注意的是有残疾以及面部有疤痕等。脸型分为四类九种：方类，有长方形脸型和正方形脸型；圆类，有椭圆形脸型和圆形脸型；角类，有三角形脸型和菱形脸型；特殊类，有狭长形脸型、扁形脸型、凹形脸型等。五官描写的重点则是眼睛。在五官上，给对方以最直接最强烈印象的是眼睛。鲁迅先生在谈到文学作品中的肖像描写时说过:“要极省俭地画出一个人的特点,最好是画他的眼睛。”这对脱逃罪犯体貌的记述也具有重要的指导意义。

(3)体貌特征记述的要求。体貌特征记述要给人以整体感,必须把特点放在人的容貌的整体中去表现。如突出写一个人的眼睛,就要把眼睛放在眉、鼻、口等整个面部形态之中,如“狭长脸,颧骨凸出,斗鸡眼,两眼窝深陷,单眼皮”。如果在文中再配上身高、体型就可以使阅文者如见其人了。记述还要给人以生态感,受到追捕、通缉的罪犯是具有生命和灵魂的活生生的人,记述时要结合描述其表情和习惯性动作,给人以生态感,如“圆眼平视,目光略滞,说话时爱挠头、抠鼻子,走路内八字脚”。

(4)体貌特征记述的层次。首先概括记述其整个体态,如身高、体型等;其次记述头型、脸型;再次从额、眉、眼至鼻、口、颏(详记其眼睛形态、神色);最后记述其言行特征、习惯动作和穿着打扮。

2. 文书使用说明

这一文书须按现行规定粘附罪犯照片。另外,该表一式两份,一份留存监狱,一份报送省(自治区、直辖市)监狱管理局。

本文书示例见例6-5。

例6-5

罪犯脱逃登记表

单位:××省××监狱　　　　罪犯编号:20192073

<table>
<tr><td>姓名</td><td colspan="2">郭某</td><td>别名</td><td colspan="2">无</td><td rowspan="4">一寸免冠照片</td></tr>
<tr><td>性别</td><td>男</td><td>民族</td><td>汉族</td><td>出生日期</td><td>1995年11月11日</td></tr>
<tr><td>审判机关</td><td colspan="2">××市中级人民法院</td><td>罪名</td><td colspan="2">抢劫罪</td></tr>
<tr><td>刑种</td><td>有期徒刑</td><td>原判刑期</td><td>13年</td><td>剩余刑期</td><td>11年</td></tr>
<tr><td rowspan="3">体貌特征</td><td colspan="6">身高:178cm　体态:偏胖　脸型:国字脸　口音:宝鸡口音</td></tr>
<tr><td colspan="6">穿着:春秋季囚犯服装</td></tr>
<tr><td colspan="6">特征:该犯体态偏胖,皮肤较黑,光头、高鼻梁、大眼睛、单眼皮</td></tr>
<tr><td>家庭住址</td><td colspan="6">××省××县××乡××村五组2号</td></tr>
<tr><td rowspan="5">主要社会关系</td><td>姓名</td><td>性别</td><td>关系</td><td>职业</td><td colspan="2">住址</td></tr>
<tr><td>郭某银</td><td>男</td><td>父子</td><td>务农</td><td colspan="2">××省××县××乡××村五组2号</td></tr>
<tr><td>王某梅</td><td>女</td><td>母子</td><td>务农</td><td colspan="2">××省××县××乡××村五组2号</td></tr>
<tr><td></td><td></td><td></td><td></td><td colspan="2"></td></tr>
<tr><td></td><td></td><td></td><td></td><td colspan="2"></td></tr>
</table>

续表

脱逃经过	2020年10月11日22时30分，××监狱第三监区第五分监区组织40名罪犯出工，23时20分左右到达出工的矿井后，郭某趁值班干警到前方查看罪犯到位情况之际，偷偷溜到矿井后边脱离互监组，混入即将收工的其他分监区人员中升井返回地面，躲藏在生产区排污口旁遮盖杂物的篷布内，后乘人不备，利用事先准备好的撬棍和斧头撬开排污管道入口盖板，钻进排污管，顺着排污管道爬越了三道防护网，于12日凌晨1时10分左右，从监狱墙外侧的排污口爬出脱逃。
脱逃去向分析	郭某脱逃后，极有可能潜回老家，也有可能躲在附近的山区，建议在郭某老家附近进行布控。
采取措施	1. 发出协查通报，通知公安机关。2. 报省监狱管理局。3. 配合武警在监狱周围进行搜索。4. 对劳动现场进行安全隐患排查。
科室意见	同意采取的措施，建议尽快查明郭某脱逃原因以及去向。 签字：××× 2020年10月12日
监狱意见	同意，尽快查明郭某脱逃去向，全力配合公安机关予以追捕。 签字：××× 2020年10月12日

二、在押罪犯脱逃通知书

（一）概念

在押罪犯脱逃通知书，是监狱将在押罪犯脱逃的情况通知给公安机关，提请公安机关对脱逃罪犯予以缉捕时使用的文书。

根据《监狱法》第42条的规定，监狱发现在押罪犯脱逃，应当即时将其抓获，不能即时抓获的，应当立即通知公安机关，由公安机关负责追捕，监狱密切配合。由于监狱人民警察的主要工作职责是在监狱内部实施的，抓捕越狱罪犯的工作主要依靠公安机关予以实施，及时将罪犯脱逃的准确时间、地点，罪犯的基本信息和罪犯的体貌特征通报给公安机关，有利于在最短的时间内将罪犯捕获。

（二）内容结构

在押罪犯脱逃通知书属于联单式，由正本、回执和存根三联组成，三联内容同时制作完成。

正本，发往公安机关，由标题、发文字号、主送机关、通知事项、结束语、落款和成文日期等组成。其中，主送机关，写担负对脱逃罪犯缉捕任务的公安局。通知事项主要填写罪犯姓名、性别、出生日期，罪名、刑种、刑期、刑期起止日期，脱逃的时间和地点。结束语统一表述为:“依照《中华人民共和国监狱法》第四十二条的规定,特此通知,请予以缉捕。”重点写清楚罪犯的基本情况以及罪犯脱逃时间,便于公安机关及时掌握罪犯信息,帮助其进一步实施抓捕工作。

回执,由接到本文书的公安机关填写后发还给监狱,用于证明公安机关已经知晓罪犯脱逃事宜,起到回馈信息的作用。

存根,由监狱保存,用于记录正本的主要信息,同时留存于监狱备查。注意填写时,要详细填写清楚审核人和填发人的姓名。

三、脱逃罪犯捕回登记表

(一)概念

脱逃罪犯捕回登记表,是在脱逃罪犯被抓获、捕回后,由监狱将有关情况予以登记并向上级管理机关报告情况时制作的表格式文书。该表一式两份,一份留存监狱,一份报送省(区、市)监狱管理局。

(二)内容结构

脱逃罪犯捕回登记表的主要栏目包括:

1. 单位及罪犯编号。填写发生罪犯脱逃的单位,罪犯编号填写按照狱政信息管理系统规定的编号方法所确定的罪犯的编号。

2. 罪犯的姓名、性别、出生日期、罪名、刑期和脱逃日期。可按照罪犯脱逃登记表中相应信息填写。

3. 捕获经过。此栏应填写罪犯被抓捕解回的时间、地点和经过,以及抓捕罪犯的机关。

4. 在逃期间有无犯罪行为及主要犯罪事实。如果经初步核实,脱逃罪犯除涉嫌脱逃犯罪外,无其他犯罪,则填写“无”;如果涉嫌其他犯罪,则简要填写犯罪的行为;如果不清楚,则填写“待查”。

5. 发生脱逃事故应吸取的教训。此栏应填写防逃工作中存在的问题和漏洞。

6. 对罪犯的处理意见。根据罪犯脱逃情节、脱逃造成的危害、脱逃后有无其他犯罪行为以及押解回后的认罪态度等,提出给予处罚的建议。

7. 狱政科意见和监狱意见。对脱逃罪犯的处理意见最终确定后,由狱政科填写。

本文书示例见例6-6。

例 6－6

脱逃罪犯捕回登记表

单位：××监狱　　　　　　　　　　　　　　　　　　　　罪犯编号:20192073

姓名	郭某	性别	男	出生日期	1995 年 11 月 11 日
罪名	盗窃罪	刑期	13 年	脱逃日期	2020 年 10 月 12 日
捕回经过	2020 年 10 月 13 日 9 时，郭某的亲属提供线索，郭某与家人取得联系，计划于 13 日晚潜回老家，××市公安局立即与郭某老家当地县公安局取得联系，由当地公安局在县出入路口处设防，对过往车辆进行严格排查。并于 13 日 20 时 35 分，在××省××县 1×3 国道 55 路段处将郭某乘坐的长途汽车拦住，当场将郭某捕获。				
在脱逃期间有无犯罪行为及主要犯罪事实	经查，郭某在逃期间无再次犯罪行为。				
发生脱逃事故应吸取的教训	1. 安全隐患排查不力。监狱多次对排污口进行防护，加装网状铁丝，但却没有将此处列为安全隐患，认为罪犯不可能从排污口脱逃。 2. 监管安全制度落实不力。40 名罪犯在井下劳动，只有一名值班干警带队，违反双人带班的规定，致使郭某脱离互监组后，一直没有被发现。 3. 劳动现场管理不力。监狱厂区由多个监区组成，劳动管理混乱，生产工具看护不到位，撬杠、铁锤等生产工具没有专人看管，给罪犯逃脱带来可乘之机。 4. 智能化监控设施滞后。该监区监控设施多数处于关闭状态，设备陈旧老化，多个摄像头在罪犯脱逃时间未开启使用，给安全管理留有隐患。				
对罪犯的处理意见	对郭某关押禁闭，对其脱逃行为立案侦查，并报检察院予以起诉。				
主管部门意见	经审查，上述情况属实，建议按脱逃案侦查。 签字：×× 2020 年 10 月 14 日				
监狱意见	同意以脱逃案立案，尽快侦查结案。 签字：×× 2020 年 10 月 14 日				
备注					

说明：此表一式两份。

第四节　侦查终结文书

一、狱内案件结案表

（一）概念

狱内案件结案表，是监狱侦查部门对于立案侦查的案件，认为案件事实清楚、犯罪证据确凿，符合侦查终结条件而呈请监狱领导决定侦查终结时制作的文书。

根据《监狱法》第60条的规定，对罪犯在监狱内犯罪的案件，由监狱进行侦查。侦查终结后，写出起诉意见书，连同案卷材料、证据一并移送人民检察院。关于监狱侦查终结的条件，应当根据《刑事诉讼法》第162条的规定把握，即侦查终结的案件，应当做到犯罪事实清楚，证据确实、充分。在监狱侦查部门通过调查取证，认为案件的犯罪事实清楚，证据确实、充分时，就要制作狱内案件结案表，报请监狱主管领导批准侦查终结。

（二）内容结构

狱内案件结案表的制作意图，是监狱侦查部门认为案件的侦查结果符合犯罪事实清楚，证据确实、充分的要求，而向监狱领导请求决定侦查终结。狱内案件结案表是统一制式的表格，要按要求填写好每一个项目。

1. 表头

表头包含标题和单位，其中单位一栏需要填写监狱侦查办案单位，如监狱的狱侦科。此处的内容要与《狱内案件立案表》的单位名称一致。

2. 表腹

（1）案件基本情况。包含立案时间、案件类别、案件编号、案件性质、破案时间。立案时间，填写《狱内案件立案表》中监狱领导批准立案的时间。案件类别、性质、编号如果在侦查过程中没有变化，则填写《狱内案件立案表》中确定的案件类别、性质和案件编号。立案时间，依据本案的狱内案件立案表中监狱意见一栏中由监狱主管领导签署批准立案的时间。案件类别，分别填写“普通”“重大”或“特别重大”，一般情况下要按监狱领导批准立案时的要求填写。如果监狱侦查部门根据侦查的结果对案件类别有新的意见，则按监狱侦查部门最后认为的案件类别填写，但要在后面的栏目中对变动的原因加以简要说明。案件性质应当由监狱侦查部门根据侦查结果所确定的案别填写，如抢劫、盗窃、故意伤害、杀人等。如果这个结论与当初立案时定的案别不一致，则应当在后面的栏目中加以说明。破案时间，填写监狱主管领导批准破案的具体时间。

(2)犯罪嫌疑人的基本情况。包括犯罪嫌疑人的姓名、性别、年龄、民族、原判罪名和原判刑期。其中,原判刑期一栏,如果犯罪嫌疑人的原判刑罚为死刑缓期2年执行或无期徒刑,则如实填写为死刑缓期2年执行或无期徒刑。当拟侦查终结的案件有两名犯罪嫌疑人时,主要犯罪嫌疑人在前排序;有3名犯罪嫌疑人时,按在共同犯罪中所起作用,按先首要分子、主要成员,再到其他成员排序。例如:2021年3月5日,李犯涉嫌××一案立案侦查,李犯被关押审查后交代了与张犯在劳动现场的打架经过。通过询问张犯获取了供述,同时,对当时劳动现场的罪犯逐一调查,罪犯王某某、李某某等犯人分别证实了李犯与陈犯打架经过。

(3)侦查简况。侦查简况,要按照案件侦破的顺序,填写相应的时间、地点,案发现场的情况,犯罪嫌疑人的供述表述,案件侦查的调查过程等内容。要简要说明案件的来源和立案、破案和预审的过程。关于案件来源,分别据实写明报案、控告、举报、侦查部门自行发现、其他机关移送或上级机关交办等情况。关于立案情况,如果立案时的案件类别和案件性质与监狱侦查部门经过侦查得出的结论一致时,立案情况可以略写,如果两者不一致,则要把当初监狱领导批准立案时的情况写清楚,并说明变动情况及原因。破案和预审的过程要简要说明,主要写清何时查清了案件的主要事实、收集到了案件的哪些基本证据、犯罪嫌疑人何时归案、何时经监狱主管领导批准破案,破案后的预审取得了哪些进展。如果侦查中还有需要说明的问题,也填入本栏中。

(4)结案根据和主要证据。这是本表的制作重点。结案的根据主要是叙述经侦查查明的事实依据,可用"经侦查查明"引起对案件事实的简要叙述。主要证据一般采用放在对案件事实的叙述之后一并列举的方法,可以在事实叙述完之后,另起一段,用"认定上述事实的主要证据有"或者"以上事实有某某为证"等表述方式。

(5)处理意见。处理意见栏目是侦查部门经过侦查后写出的相应意见,要写明犯罪事实已查清,犯罪嫌疑人触犯了刑法的相关规定,涉嫌犯罪,建议结案。应当在上一个栏目即结案根据和主要证据的基础上,提出结束侦查活动即侦查终结的意见,可以写为:"鉴于本案犯罪嫌疑人的犯罪事实已查清,证据确实、充分,此案拟侦查终结。"然后写对本案犯罪嫌疑人的处理意见,如对犯罪嫌疑人某某拟以涉嫌某某罪提请人民检察院审查起诉。如果有两名以上的犯罪嫌疑人,要将各自在共同犯罪中的地位和作用提出分析判断的意见。如果多名犯罪嫌疑人中有的除涉嫌共同犯罪外,还涉嫌其他罪名,也要写清楚所涉其他犯罪的处理意见。犯罪嫌疑人如果有法定的从轻、减轻或从重处罚的情节，也要具体写明。该栏目要求由两名以上的承办人签名并注明日期。

(6)主管科室意见。主管科室意见是侦查主管部门对侦查过程的审查意见，供监狱主管领导作审批时参考，因此，要填写经过审查得出的结论，是否同意结案由主管科室给出明确答复，并建议主管领导进行最终批复。一是对案件侦查过程是否合法，有无违纪违法行为出具审查意见。二是对案件是否符合侦查终结的条件即案件事实是否清楚，证据是否确实、充分出具审查意见。三是对承办人提出的处理意见是否符合法律规定和案件实际提出审查意见。

(7)监狱意见。监狱意见是监狱领导对侦查工作的最终确认，由监狱主管领导签署，写明是否批准此案侦查终结。批准侦查终结的，要写明对犯罪嫌疑人的处理意见，即以犯罪嫌疑人涉嫌某某罪提请人民检察院审查起诉等；对承办人提出认定犯罪嫌疑人具有从轻、减轻或从重处罚等情节的，也要写明监狱的认定结论。不批准侦查终结的，要写明意见，简要说明原因。

3. 表尾。包含填表人和填表的日期。按实际情况具体填写即可。

(三)制作要求

这一文书在监狱主管领导签署同意侦查终结的意见后，即成为结束侦查而向人民检察院提出起诉建议等的依据文件。该文书在制作时应当注意以下问题。

1. 整体把握栏目之间的内在关系。狱内案件结案表规定的栏目很多，由案件承办人填写的主要栏目是“侦查简况”“结案根据和主要证据”“处理意见”三项。这三项内容分工明确，又彼此相互依存。侦查简况是对案件侦查活动的简要总结，监狱主管领导和监狱主管科室负责人从中可以了解侦查工作开展的步骤、方法、措施，每一个阶段的侦查成果和最终的侦查结果。这一项目事关严守办案程序确保办案质量，是审查案件是否做到犯罪事实清楚、证据确实充分的观测点，但在这一部分又不能多费笔墨，因其不是汇报的核心内容。核心内容是“结案根据和主要证据”。这是充分展示侦查结果的栏目，结案根据主要是经过侦查得出的事实根据，要把犯罪嫌疑人涉嫌犯罪的事实按照具体罪名所要求的犯罪构成要件交代清楚。主要证据是犯罪事实的支撑，必须列举清楚“处理意见”是建立在“结案根据和主要证据”的基础上的，是案件承办人基于查明的案件事实依法进行分析判断的结论性意见，是文书的写作意图和核心见解。上述三个栏目的内在联系一定要体现在文书的具体内容之中。不顾三者内在逻辑就栏目填栏目的现象是大量存在的，以致承办人提出的处理意见失去程序的保障和事实证据的支撑，成为无本之木。另外，也要仔细看栏目要求，搞清栏目的分工，分清重点。实际制作中常出现的不足是：第一,侦查简况的用笔过多且抓不住重点;第二,案件的事实部分出现在侦查简况之中而不是在结案根据之中;第三,结案根据不讲事实根据,只简单笼统地讲法律依据;第四,处理意见写在了结案根据之中。以上问题的存在都给人以通篇杂乱无章的印象。制作文书必须注意整体感,整体感来自各栏目的合理分工和密切协同,更来自对文书的中心,即认为案件犯罪事实已经查清,主要证据确实、充分而提出侦查终结的意见。抓住了中心,组织起来的材料才会使人感到有条理,有整体感。

2. 根据犯罪构成要件叙述案件的事实,切忌照搬某种僵死的几要素说。有不少学者归纳了事实叙述的写作要素,对于写作起到了一定的指导作用。但是,每一种犯罪案件有不同的犯罪构成要件的要求,应当按照每一种犯罪的不同构成要件进行写作,不要拘泥于某种定式的要素说。例如,犯罪动机和犯罪目的并不是全部案件的必备要素,如过失犯罪就没有犯罪动机,有些故意犯罪也只有动机而没有犯罪目的。

3. 注意叙述的线索。在狱内案件结案表的主要栏目中,有一些基本项目,如侦查简况,要求的项目有案件的来源和立案、破案、预审的过程和侦查结果等。在填写时要选择一种叙事的角度,确定一条叙事的线索,把这些内容有机地串联起来,避免生硬和杂乱之感,例如,可以把侦查办案单位当作叙事主体,以其侦办活动为线索安排相关内容。

4. 破案时间的填写。此表中有“破案时间”一项,但由于现行统一格式的监狱侦查文书中尚无专门的破案文书,因而有必要对破案的有关问题作简单介绍。在监狱侦查实践中,破案的条件是:第一,有证据证明犯罪事实是犯罪嫌疑人实施的;第二,主要犯罪事实已经基本查清,基本证据已经获取;第三,犯罪嫌疑人或者主要犯罪嫌疑人已经抓获归案。同时具备上述三项条件的,才能称为破案。其中,犯罪嫌疑人或主要犯罪嫌疑人已经抓获归案是指:一人作案的犯罪嫌疑人必须抓获归案;二人共同作案的,主要犯罪嫌疑人必须抓获归案;三人以上共同作案的,主要犯罪嫌疑人必须抓获归案;犯罪集团作案的,首要分子和主要实施犯罪的犯罪嫌疑人必须抓获归案。监狱侦查部门在侦查过程中符合了上述三项条件,就要报请监狱主管领导批准破案。此表中的破案时间,要填写的就是这个时间。

本文书示例见例 6－7。

例 6－7

狱内案件结案表

单位：××监狱

<table>
<tr><td>立案时间</td><td>2020 年 8 月 16 日</td><td>案件类别</td><td>一般案件</td><td rowspan="2">破案时间</td><td rowspan="2">2020 年 8 月 20 日</td></tr>
<tr><td>案件编号</td><td>20200010</td><td>案件性质</td><td>故意伤害</td></tr>
<tr><td>犯罪嫌疑人姓名</td><td>性别</td><td>年龄</td><td>民族</td><td>原判罪名</td><td>原判刑期</td></tr>
<tr><td>李某杰</td><td>男</td><td>26</td><td>汉族</td><td>盗窃罪</td><td>三年</td></tr>
<tr><td>侦查简况</td><td colspan="5">本案于 2020 年 8 月 16 日立案后，我科派侦查员钱中和、孙浩然、张辉对案发现场进行了勘查，并制作了现场勘查笔录，拍摄了作案现场的照片，对作案现场进行了绘图，在作案现场提取螺丝刀一把。并于 16 日 17 时左右查看了第五监区劳动现场的监控录像，同时询问当班民警赵刚、田野了解两名罪犯的矛盾起源，询问服刑人员王某泉、张某海，了解案发现场两名罪犯的打斗情况。询问被害人陈某，对被害人进行伤情鉴定，讯问犯罪嫌疑人李某杰获取了供述，证实了李陈二犯的打斗和李犯行凶的详细情况。</td></tr>
<tr><td>结案根据和主要证据</td><td colspan="5">经查，李某杰对犯罪实施供认不讳，交代了当时与陈某在劳动现场的打斗情形和刺伤陈某的犯罪事实，同时，罪犯王某泉、周某天等证实李某杰与陈某的打斗过程以及李某杰刺伤陈某的情况。并且通过询问陈某获取的陈述，罪犯王某泉、周某天的证人证言，均能相互印证。</td></tr>
<tr><td>处理意见</td><td colspan="5">李某杰犯罪事实清楚，证据确凿、充分，触犯了《中华人民共和国刑法》第 234 条规定，涉嫌故意伤害，建议结案，并依法移送人民检察院审查起诉。
签字：×××
2020 年 8 月 21 日</td></tr>
<tr><td>主管科室意见</td><td colspan="5">经审查，李某杰故意伤害案犯罪事实清楚，证据确凿、充分，侦查程序合法，案件定性准确，建议结案，并依法移送人民检察院审查起诉。
签字：×××
2020 年 8 月 21 日</td></tr>
<tr><td>监狱意见</td><td colspan="5">同意结案，尽快拟制起诉意见书，连同案件卷宗材料和证据，一并移送人民检察院审查起诉。
签字：×××
2020 年 8 月 21 日</td></tr>
</table>

填表人：××× 　　　　填表时间：2020 年 8 月 21 日

二、监狱起诉意见书

（一）概念

监狱起诉意见书是监狱对案件侦查终结后，认为犯罪嫌疑人的行为涉嫌犯罪且应当追究刑事责任而向人民检察院提出起诉建议的文书。根据《刑事诉讼法》第273条第1款中的规定，罪犯在服刑期间又犯罪的，由执行机关移送人民检察院处理。根据《监狱法》第60条的规定，监狱侦查终结后，写出起诉意见书，连同案卷材料、证据一并移送人民检察院。监狱在侦查终结后，对于应当追究刑事责任的犯罪嫌疑人要制作监狱起诉意见书，向人民检察院明确表达要求起诉的建议。监狱起诉意见书是监狱向人民检察院移送案件的标志性文书，也是移送案卷材料的主件，记载着监狱对侦查终结的案件的处理结论，是案件侦查活动的总结，同时也为检察和审判机关的审理提供基础材料。

（二）内容结构

监狱起诉意见书的制作意图是向人民检察院提出起诉建议，支持这一建议的核心见解是犯罪嫌疑人涉嫌某某种犯罪，核心见解和制作意图连起来，就是监狱起诉意见书的主旨，即“犯罪嫌疑人因涉嫌某某种犯罪，提请人民检察院审查起诉”，制作时应当围绕主旨，介绍情况、叙述事实、阐述理由、提出处理意见。

1. 标题。起诉意见书的标题以“制作机关 + 文种”的形式撰写，标题的下边写上文书的字号。

2. 首部。写明犯罪嫌疑人的基本情况，包含姓名、性别、出生年月、民族、原户籍地、原判刑种刑期、刑期变动情况、交付执行时间、关押地点等内容。

3. 正文。写明犯罪的犯罪事实、认定理由、法律依据和起诉建议等内容。

（1）犯罪事实。写明侦查结论后，用“主要事实如下”一语承接，转入叙事部分，即叙述涉嫌的主要犯罪事实，列举主要证据，写明影响量刑的犯罪情节。

一是犯罪经过。在监狱起诉意见书中，叙事有着明确的目的，在于说明犯罪事实确实存在，证明罪犯涉嫌某某种犯罪这一见解是有事实根据的，重点写清楚罪犯在何时、何地、何种环境或背景下实施了犯罪行为。需要注意的是，仅有一个犯罪嫌疑人的案件，犯罪嫌疑人多次实施犯罪的犯罪事实应逐一列举；同时触犯数个罪名的犯罪嫌疑人的犯罪事实，应该按照主次顺序分别列举；共同犯罪的案件，写明犯罪嫌疑人的共同犯罪事实及各自在共同犯罪中的地位和作用后，按照犯罪嫌疑人的主次顺序，分别叙述各个犯罪嫌疑人的单独犯罪事实。

二是主要证据。在叙述犯罪事实之后，另起一段以“认定上述事实的证据如下"引入证据说明,要有针对性地列举主要证据,无须开列侦查所得全部证据,开列主要证据也要求简明扼要,无须展开阐述。

三是影响量刑的犯罪情节。开列证据结束后,另起一段写明是否有立功、自首等影响量刑的从重、从轻、减轻等犯罪情节。例如,《监狱法》第 59 条规定:"罪犯在服刑期间故意犯罪的,依法从重处罚。"因此,对故意犯罪的犯罪嫌疑人要具体写明这一从重处罚情节,注意这一从重处罚情节不适用涉嫌过失犯罪的罪犯。

(2)认定理由。主要事实部分结束后,用"综上所述"起头,转接到理由分析,根据犯罪构成简要说明罪状,最后归结到侦查结论,即罪犯的行为涉嫌某某罪(罪名)。例如:

"综上所述,罪犯李某某在服刑期间,以暴力手段试图对他犯的身体造成伤害,其行为已涉嫌故意伤害罪。"

(3)法律依据和起诉建议。在理由分析之后,写清法律依据,表达制作意图。

4. 尾部。尾部写致送机关、成文日期,并加盖监狱公章。附项要写明移送案卷的卷数、随案移交的物品数量等;被害人及其亲属提出刑事附带民事诉讼的,应当在起诉意见书的附项中说明。

(三)制作要求

监狱起诉意见书在制作和使用中需要注意以下问题:

1. 言必有据

监狱起诉意见书是表达起诉建议的文书,本身不具有证据的功能,不允许写进任何没有证据支撑的所谓"事实",认定案件事实必须以证据为根据。文书中所有的事实要做到证据确实、充分。证据确实、充分是指:第一,定罪量刑的事实都有证据证明;第二,每一个定案的证据均已经法定程序查证属实;第三,证据与证据之间、证据与案件事实之间不存在矛盾或者矛盾得以合理排除;第四,共同犯罪案件中,犯罪嫌疑人的地位、作用均已查清;第五,根据证据认定案件事实的过程符合逻辑和经验规则,由证据得出的结论为唯一结论。

2. 把握全局

监狱起诉意见书信息容量大,要求的项目多,因此必须从全局的角度把握好每一部分之间的有机联系。经过长期的使用,监狱起诉意见书已经形成了比较成熟的"套路"。就正文而言,侦查结论用来揭示文书的核心见解,是正文的见解主旨,起句显旨,总纲得立;主要事实为承接,其中以叙事为主项,以开列证据和介绍量刑情节为补充;接着话锋一转,阐述理由,推出事实结论,与起句的侦查结论相吻合,至此完成"起、承、转、合"的见解部分。接着以此为由,再以法为据,顺理成章地提出本文书的意图:“特提请你院审查起诉。”这种文理清晰的内容编排既易于阅读和理解,又合乎情理和表达习惯。当然,各部分之间的有机联系是建立在分工明确的基础上的,每一部分的分工不清,必然带来混乱和冲突。常见的问题是叙事部分夹杂推理和判断的内容,叙事中过早地给犯罪嫌疑人的行为定性。

3. 突破难点

要写好监狱起诉意见书,关键是突破叙事这一难点。叙事是对整个侦查卷宗事实材料的梳理和综合概括,写作难度比较大,在写作时要把握好尺度,选择好角度,安排好次序,处理好详与略的关系。

(1)尺度的把握。叙事要以犯罪构成要件为基本尺度,要通过对事实的叙述,反映出犯罪嫌疑人构成犯罪的要件,即犯罪嫌疑人在实施犯罪时所侵害的客体,实施犯罪的具体行为,行为人已达到刑事责任年龄并具有刑事责任能力,主观上具有故意或过失。不构成犯罪、与认定罪名无关的事实不能在该文书中出现,如犯罪嫌疑人违反监管纪律的行为和受到狱政处罚的事实,不能成为此处叙事的内容。犯罪构成要件是叙事的尺度,但并不需要按照犯罪构成的四个方面进行全面具体的叙述,只要把构成犯罪要件的情况反映出来即可。叙事既要简明扼要,又要基本要素完整,不宜过于简单。

(2)角度的选择。要把作案的上述内容叙述清楚,就必须找好角度,选好线索,只有如此才能把纷繁的事情表述清楚。一般而言,应当以犯罪嫌疑人为叙述主体,以其活动为线索。具体来说,叙述时尽量以该犯罪嫌疑人为主语,不轻易改变。

(3)次序的安排。涉嫌犯罪事实,无论是一人一罪、一人多罪,还是多人一罪,多人多罪,必须坚持逐一表述的原则。一人一罪,一般以时间先后为序;一人多罪的,应按多种犯罪严重程度,采取重罪在前、轻罪在后的顺序,如一人有杀人、抢劫、盗窃三种罪名,可先叙述杀人罪行,后叙述抢劫罪行,最后叙述盗窃罪行;多人一罪、多人多罪的,应采用首犯、主犯、重罪在前,从犯、轻罪在后的顺序。对于复杂的共同犯罪的案件可采取先总后分的顺序,先写明共同作案的情况,然后依次写明他们分别或各自作案的情况。

(4)详略的处理。叙事要详略得当,一般情况下,详略处理与次序安排相对应,采用先详后略的方式,突出主要人物,突出主要罪行。对于涉嫌同一项罪名,多次作案且作案方式、方法、经过、手段等情节又基本相同的,如多次盗窃或多次抢劫的案件,可选择其中最严重、最有代表性的一次或两次作案事实详尽叙述,而对其他几次作案事实则综合归纳后作概略介绍。另外,在叙述时涉及定罪和量刑的关键情况要详细。

4. 使用说明

监狱起诉意见书要连同案卷材料和随案移交的物品一并移送人民检察院。

本文书示例见例6－8。

例6－8

监狱起诉意见书

（2020）×监诉字第7号

罪犯李某杰，男，1995年5月12日出生，汉族，原户籍××省××县人，因盗窃罪经××市中级人民法院于2019年6月5日以（2019）冀010刑初字第690号刑事判决书判处有期徒刑5年。于2019年6月10日交付执行，现押河北省××监狱禁闭室。

现经侦查查明，罪犯李某杰在服刑期间涉嫌故意伤害罪。主要事实如下：

2020年8月15日9时许，罪犯李某杰在我狱第五监区劳动现场因劳动分工问题与罪犯陈某发生争执，（此前李某杰与陈某就因一些琐事闹过矛盾，李某杰一直对陈某怀恨在心）陈某挥拳朝李某杰胸部打了两拳，李某杰由于身材矮小，被陈某两拳打倒在地，李某杰起身欲再次还击，被劳动现场的罪犯王某东和周某天劝阻，二人分开后，各自返回工位。李某杰返回工位后，便从工具箱中抽出一把螺丝刀，快步走向陈某。此时，陈某正低头在自己的工位上劳动，李某杰赶到陈某面前，对陈某右下腹部连刺三下，致陈某倒地。李某杰欲进一步行凶，被在场的值班民警赵刚、罪犯王某泉和罪犯周某天等人制服。陈某随即被送至监狱医院。经监狱医院初步诊断为脾脏破裂，被送往××市第一中心医院。于2020年8月15日14时20分左右进行脾脏切除手术。经法医鉴定，陈某的伤害程度已达到了重伤标准。

经审查，李某杰交代了当时与陈某在劳动现场的打斗情形和刺伤陈某的犯罪事实，通过询问陈某获取的陈述，同时，对当时在劳动现场的罪犯逐一调查。罪犯王某东、周某天等证实李某杰与陈某的打斗过程和打斗后陈某的活动情况，以及李某杰刺伤陈某的情况。李某杰对伤害事实供认不讳，有陈某的询问笔录和罪犯王某泉、周某天的证人证言，均能相互印证。李某杰犯故意伤害的犯罪事实清楚，证据确凿、充分。

认定上述事实的证据有案发现场勘查笔录，现场照片和绘图，被害人陈某的陈述，监狱民警赵刚、田野的证词，服刑人员王某东、张某海的证言，罪犯李某杰的供述，作案现场提取螺丝刀一把，陈某伤情鉴定等。罪犯李某杰涉嫌在监狱服刑期间故意犯罪，具备依法从重处罚情节。

综上所述,罪犯李某杰在服刑期间,以暴力手段试图对他犯的身体造成伤害,其行为已涉嫌故意伤害罪。

为此,根据《中华人民共和国监狱法》第六十条、《中华人民共和国刑法》第二百三十四条和《中华人民共和国刑事诉讼法》第二百七十三条的规定,特提请你院审查起诉。

此致

××市人民检察院

（公章）

2020 年 10 月 10 日

附:1. 罪犯李某杰档案材料共 1 卷 1 册。

2. 罪犯李某杰又犯罪的案卷材料共 1 卷 3 册。

3. 随案移交涉案物品 1 件。

——— 研究与思考 ———

简述狱内案件立案、销案文书的制作方法。

第七章　罪犯教育文书

要点提示

1. 罪犯教育文书,是指监狱在对罪犯进行教育改造工作过程中所依法使用的文书的总称。在罪犯的教育改造工作中需要制作的文书大致可分为四类:个别教育文书、集体教育文书、教育激励文书、帮教安置文书。

2. 个别谈话记录,是记载和整理监狱人民警察对罪犯个别谈话教育内容的文字材料。由监狱人民警察亲自完成;内容要真实准确;兼顾记录速度与质量;注意保密;注意与笔录文书的配合使用。

3. 三课教育教案是教员为顺利、有效地开展罪犯思想、文化、技术教学活动,对教学内容、教学步骤、教学方法等作出具体安排和设计的教育文书。完整的三课教育教案通常包括:授课班级、学科名称、授课时间、章节次第、教学目的、教学重点和难点、教学进度、教学过程、作业处理、板书设计、教学设备等。

4. 改造积极分子审批表是监狱评选罪犯中的改造积极分子时用于记录呈请批准事项的文书。评选改造积极分子,旨在鼓励先进,发挥其典型示范作用,在狱内形成安心服刑、积极改造的良好氛围。

5. 帮教协议,是指监狱与有关单位就罪犯在服刑期间的社会帮教事宜签订指导性协作意向时使用的文书。安置协议,是指监狱与社会有关方面就罪犯刑满释放后的安置事宜签订协作意向时使用的文书。

第一节　个别教育文书

一、个别谈话记录

(一)概念

个别谈话记录,是记载和整理监狱人民警察对罪犯个别谈话教育内容的文字材料。

《监狱法》第61条规定:“教育改造罪犯,实行因人施教、分类教育、以理服人的原则,采取集体教育与个别教育相结合、狱内教育与社会教育相结合的方法。”个别谈话是个别教育的基本形式,司法部《监狱教育改造工作规定》第18条规定:“监狱人民警察对罪犯进行个别谈话教育,应当认真做好记录,并根据罪犯的思想状况和动态,采取有针对性的教育改造措施。”《教育改造罪犯纲要》规定:“监狱要根据每一名罪犯的具体情况,实施有针对性的个别教育。要严格执行‘十必谈’的规定,每月对每一名罪犯至少进行一次个别谈话教育,并根据不同罪犯的思想状况和动态,采取有针对性的管理教育措施。”

个别谈话记录可分为例行谈话记录和专项谈话记录。根据司法部《监狱教育改造工作规定》第16条的规定,监狱各监区的人民警察对所管理的罪犯,应当每月至少安排一次个别谈话教育。用于记录此项内容的为例行谈话记录。专项谈话记录,用于记录在罪犯“十必谈”情形时的谈话内容:新入监或者服刑监狱、监区变更时,处遇变更或者劳动岗位调换时,受到奖励或者惩处时,罪犯之间产生矛盾或者发生冲突时,离监探亲前后或者家庭出现变故时,无人会见或者家人长时间不与其联络时,行为反常、情绪异常时,主动要求谈话时,暂予监外执行、假释或者刑满释放出监前,其他需要进行个别谈话教育的。

个别谈话记录,是监狱人民警察记载和考察罪犯教育改造效果的工作笔记,为教育措施的实施提供真实客观的原始依据,也是记载人民警察个别教育工作开展情况的书面凭据。

(二)内容结构

个别谈话记录旨在如实记录监狱人民警察对在押罪犯进行个别谈话内容。个别谈话记录属于非统一制式文书,一般包括以下四部分。

1. 首部

(1)标题。“个别谈话记录”或“与某某个别谈话记录(第某次)”。

(2)谈话时间。谈话开始和结束的具体时间。

(3)谈话地点。具体谈话场所。

(4)谈话人(记录人)。谈话(记录)民警的姓名和职务。

(5)谈话对象及其基本情况。罪犯的姓名、出生日期、罪名、收监日期、文化程度、家庭情况、所在监区等信息。

(6)主要话题。与罪犯谈话的原因及目的。

2. 谈话内容

这部分是个别谈话记录的主体,要求全面如实反映谈话的过程,记录监狱人民警察与罪犯的谈话内容。该部分有时需要对言词语句进行必要的整理,但都必须保持原意和原貌,不允许记录人掺杂进自己的见解或主观判断。另外,还要突出重点,谈话的对象不同,目的不同,谈话的内容和重点也就不同。

3. 分析处理意见

这部分要求监狱人民警察把谈话教育后罪犯的思想和表现的分析评价、需要采取的措施、对问题的处理意见等内容记录进去,以便落实、检查和总结。

4. 尾部

由谈话人和记录人签名并注明日期。由于不是正式文书,谈话人和记录人可由同一人兼任。如果是事后追记的,要注明情况,如:“此谈话记录于谈话后某某时间追记。”如果是根据现场录音整理的,注明整理录音的时间。

(三)制作要求

个别谈话记录制作后,由罪犯所在监区统一保管,与罪犯副档一并保存。罪犯调动时随副档一并移转。该文书在制作和使用中应当注意以下问题。

1. 由监狱人民警察亲自完成。为保证文书严肃性,做好个别谈话记录的保密工作,记录和整理工作必须由监狱人民警察亲力亲为。

2. 内容要真实准确。一方面,个别谈话记录是监狱人民警察掌握和分析罪犯思想状况和动态的重要依据,监狱要据此制定和采取有针对性的改造对策;另一方面,个别谈话记录是反映改造罪犯工作具体情况的原始依据,也是记载人民警察开展个别教育的书面凭据。因此,必须保证个别谈话记录的准确性和真实性。

3. 兼顾记录速度与质量。一方面,记录者要保持一定的记录速度。谈话内容的具体记录方法有两种:一是即时记,即边谈边记;二是追记,即谈话结束后,由监狱人民警察将谈话的主要内容记录下来,既可以详记,也可以略记。另一方面,要注意记录质量,字迹要工整、清晰。个别谈话记录将作为监狱人民警察对罪犯进行教育改造的工作笔记存档备查,所以必须保证记录内容的字迹清晰、工整,同步记录难以实现时可在谈话结束后再行整理。

4. 注意保密。个别谈话记录是监狱人民警察了解和掌握罪犯情况、反映改造计划和策略的工作笔记,其内容往往涉及罪犯检举他人犯罪、交代余罪或个人隐私等不能随意公开的内容,因而需要做好保密工作。

5. 注意与笔录文书的配合使用。谈话记录一般不需要谈话双方签名或者盖章等生效手续,但对同罪犯谈话中获得的检举、揭发材料、提供的破案线索等有侦查价值的材料，负责谈话的监狱人民警察应当按有关规定交由监狱侦查人员处理，在询问或讯问时制作能够产生法律效力的询问笔录或讯问笔录。

二、顽固犯认定(撤销)呈批表

(一)概念

顽固犯认定呈批表，是履行顽固犯认定的呈请和审批手续以加强个别教育时所使用的呈请和审批文书。顽固犯撤销呈批表，是当认定为顽固犯的罪犯经教育确已转化，无须继续采用专项改造措施时使用的呈请和审批文书。

根据《监狱教育改造工作规定》第21条第1款和第22条的规定，监狱应当建立对顽固型罪犯(简称顽固犯)的认定和教育转化制度。监狱应当对顽固犯制订有针对性的教育改造方案，建立教育转化档案，指定专人负责教育转化工作。必要时，可以采取集体攻坚等方式。

顽固犯的认定，由监区或者直属分监区集体研究，提出意见，报监狱教育改造部门审核，由主管副监狱长审定。这个过程需要制作顽固犯认定呈批表。

(二)内容结构

目前，顽固犯认定呈批表尚无统一的格式，本着“全面、规范、简化”的原则，根据《监狱教育改造工作规定》和监狱教育工作的实际需要，该文书的格式一般应包括以下内容。

1. 标题。可采用“对罪犯某某某认定顽固犯呈批表”的形式，由“罪犯姓名+呈请类别+呈批表”三项内容组成。标题中加罪犯的姓名，是为了充分利用标题这一醒目位置，将呈请对象突出出来，便于识别、阅读和处理，同时也体现此份文书的个性。

文种用“呈批表”，包含呈请和审批两种意思，可完整反映此类文书的办理程序。

2. 眉栏。设有“呈请单位”“呈报时间”“罪犯编号”“存档号”四个项目。罪犯编号是管理罪犯所有信息的查询检索标识。

3. 罪犯情况。主要填写罪犯的自然情况和刑罚执行有关情况。

4. 事实依据和理由。这是呈批表的重要栏目，需要填写认定顽固犯的事实依据和理由。行文须简明扼要，如果实际情况复杂，需要表述的文字很多，预留的空间容纳不下，可以加附页。

5. 审批事宜。含“呈请单位意见”“审核意见”“领导批示”三个项目。“呈请单位意见”填写监区或直属分监区的意见。“审核意见”由监狱教育改造部门填写。

"领导批示"填写监狱主管副监狱长的批示。

6. 尾栏。呈批表以及附页,都设有项目相同的尾栏,分别要填写人签名、注明日期,标明页次和总页数,以免搞混。

(三)制作要求

1. 严格把握顽固犯的认定条件。根据《监狱教育改造工作规定》第 21 条第 2 款的规定,有下列情形之一的,认定为顽固犯:拒不认罪、无理缠诉的;打击先进、拉拢落后、经常散布反改造言论的;屡犯监规、经常打架斗殴、抗拒管教的;无正当理由经常逃避学习和劳动的;其他需要认定为顽固犯的。无论填写认定的事实依据和理由,还是填写呈请审批意见,都必须严格按照上述条件进行。

2. 按照领导批示启动后续工作程序。对于监狱主管领导批准认定为顽固犯的,监区要制订有针对性的教育改造方案,建立教育转化档案,指定专人负责教育转化工作。

监狱对于顽固犯的转化教育取得明显成效,无须继续作为顽固犯进行专项教育时,要撤销认定。撤销程序与认定程序相同,需要制作顽固犯撤销呈批表。该文书的制作要求与顽固犯认定呈批表基本相同。

三、罪犯教育改造方案

(一)概念

罪犯教育改造方案,是监狱为罪犯制订的以转变罪犯思想、矫正罪犯恶习为核心的教育改造计划。

(二)内容结构

罪犯教育改造方案一般包括以下三部分内容。

1. 首部。有标题、时间、罪犯基本情况。

2. 成文时间。方案的成文时间一般注在标题下。

3. 正文。一般有犯罪原因、主观恶性、教育改造目标、实施步骤、实施措施、具体要求等项目,实际运用时可以根据需要加项或减项。无论哪种写法,教育改造目标、实施步骤、实施措施这三项必不可少。教育改造目标,一般要分总体目标和具体目标;实施步骤一般分成基本步骤和关键步骤;实施措施通常包括政策保证、组织保证和具体措施等。

(三)制作要求

罪犯教育改造方案在制作和使用过程中要注意以下问题。

1. 突出文书个性。在查阅罪犯档案材料的基础上,制作者依据评估报告、罪犯恶习程度、改造需求等确定罪犯的教育改造目标,找出罪犯服刑改造中存在的问题,分析产生问题的原因,根据问题确定教育改造的具体进度、计划和措施。

2. 细化阶段目标。可将罪犯教育改造目标划分为初期、中期和后期三个阶段,每一阶段确定相应的目标。初期目标可确定为改善心理落差、缓解抑郁情绪、消除负罪感和学会情绪控制。中期目标可确定为帮助罪犯能够主动与监狱人民警察有效沟通并与其他罪犯正常交流。后期目标可确定为罪犯已有正确的自我评价,基本消除了对社会的不满情绪,做好了回归社会的准备。每一阶段总体目标确定后,再逐项细化阶段内的具体目标。

3. 适时评估、调整和修订。个别教育改造方案制订并实施后,应对方案的实施情况进行适时的跟踪记载。通过跟踪记载和对比不同时期内的检测结果、数据,找出有明显变化和差异的地方。在发现目标不符合实际或者阶段性目标已经完成的情况下,要及时修订和调整方案。

4. 应当取得罪犯的认同。教育改造目标应由监狱人民警察与罪犯共同确认,达成共识。方案的修改调整同样要取得罪犯的认同,理解修改的原因,接受修订后的改造目标、计划、措施,并允许罪犯根据自己的认识和需要提出看法。

本文书示例见例 7－1。

例 7－1

罪犯汤某教育改造方案

一、罪犯基本情况

汤某,男,1962 年出生,上海人,高中文化程度。2017 年 7 月,因贩卖毒品罪被判处有期徒刑十年,并处罚金人民币二万元。汤某患有心脏、脑血管、呼吸、消化、神经、内分泌、泌尿、血液等多种系统疾病,受高血压病、继发性糖尿病影响,出现糖尿病足(皮肤表层溃烂)情况。2020 年 6 月,因不服民警指令,污蔑、辱骂、挑衅民警,严重影响正常改造秩序的违纪行为,被处以禁闭一次,计分考评扣 900 分。2021 年被监狱设为顽固犯。

二、犯因分析

(1)成长经历。汤某家境较好,父母都是车间干部,家庭关系和睦。汤某是独生子女,深受父母的宠溺,幼年时期“有求必应”。成长的过程中始终伴随着父母亲的庇护,上学时靠“打招呼”受到照顾,即使经常考试不及格也未曾影响到汤某的学业。高中毕业前“努力”这两个字,就不曾出现于汤某的认知中。

(2)社会经历。汤某高中毕业后,在其母亲的“帮助”下参军,于浙江某武警大队服役。从小娇生惯养的他，不愿受到约束，服役期间经常受到批评和纪律处罚，退役后在上海某巴士公司做驾驶员。为了多赚钱，汤某与售票员协商，用公司大巴在出车之余做“黑车”生意，不菲的“黑收入”让其尝到了“来快钱”的甜头。受“巴士生意”影响，逐步在他心里形成了“能赚钱就是硬道理”的错误认知。但是因为长时间的疲劳驾驶导致了一场车祸，汤某身体上造成了不可逆的损伤。之后汤某做起了养老院和饭店的生意，收获颇丰。生意的成功让汤某自我膨胀，经常和父母争吵，愤而离家后与“朋友”混迹一起，在好奇心理驱使下，开始吸毒，毒品带来的愉悦使其无法自拔，也让他患上了多种慢性疾病。因市场变化，营业收入每况愈下，用以购买毒品的资金越发匮乏，曾经“辉煌”时伴其左右的朋友也一个个离去，巨大反差让其内心世界发生了扭曲，破罐子破摔的汤某动起了“以贩养吸”的邪念，走上了不归路。

三、入监改造表现

1. 行为表现

入监以来，汤某多次与他人发生争执和矛盾，违纪扣分也是常有的事，以自我为中心的他也往往将过错归咎于周围的环境与他人。改造中，汤某遇事好争辩，几乎听不得反面意见，有时会偏执地追求不合理的利益和权利。同时他还错误地认为：自身病情严重，监狱总医院治疗效果不理想，没有好的治疗方案，就不应该收监服刑。

2020年6月，因生活琐事与监组长发生冲突，在民警处置的过程中拒不服从民警指令，并有污蔑、辱骂、挑衅民警的行为和言语，对监区的监管秩序造成了极为恶劣的影响，被处以禁闭一次，计分考评扣900分。

2. 风险需求评估

根据风险需求评估系统结果显示汤某再犯风险很高，分值为45分。在教育就业、同伴交往、兴趣爱好、再社会化、成瘾问题、犯罪助长、犯罪态度、行为模式和人格特点方面均为高度及以上。报告提示其刑释后极有可能重新违法犯罪，造成社会危害。

3. 狱内危险性评估

狱内危险性评估结果显示汤某暴力倾向高度、自杀（自残）倾向中度且具有神经质倾向。表现为易焦虑，情绪不稳定，较易激动。由于受激动情绪的干扰而出现不合理的行为。行为较冲动，自控能力较差。遇事好争辩，听不得反面意见，不易改变其认识和想法。有时会固执地追求不合理的利益和权利。

4. 教育矫治的难点

（1）认知因素。汤某缺乏罪责感，对其违法犯罪的行为缺乏羞耻心。正如希腊格言所说:“对可耻行为的追悔,是对生命的拯救。”汤某在入狱初期,错误地认为自己的身体情况符合保外就医的条件,故无视监规纪律、行事肆意,后来“保外”无望,又想“积极”改造,希望获得司法奖励,功利心较强。

(2)行为因素。汤某在社会上散漫乖张、安逸享乐,加上自视为“严管队”回归“英雄”的错位认知,让他结束严管返回监区后对民警的管教仍存在“讨价还价”现象。“我行我素”的改造表现、与他犯发生矛盾的情形仍时有发生。

(3)心理因素。由于汤某父母在其成长经历上的过分“庇护”,使其以自我为中心的认知固化,任何约束、干预都会引发强烈的逆反心理。日常矫治过程中对民警的管理教育和他人的劝阻抱有抵触情绪,很难使其心服。

(4)身体因素。汤某患有多种系统疾病,又因高血压症、糖尿病足使身体浮肿、皮肤溃烂,多次前往总医院就诊,但一直不得好转。“医患矛盾”的逐渐形成,“小病大养”“以病抗改”的软对抗现象也越发明显。

四、矫治方案

根据汤某评估结果和现实情况,监区成立了“峡谷攻坚队”(5 人),由监区领导、业务骨干和主管民警形成攻坚梯队。通过主管民警与汤某警囚互动,将评估因子涉及的矫治目标融入其中,制订了个性化改造计划。鉴于汤某屡次违反监规纪律,甚至禁闭的经历,在矫治方案的设定上必须遵循其特点,规避日常教育中无效的讲道理“填灌”“导之以行,持之以恒”。分析汤某的犯因性问题,寻求改善或消除问题的途径和方法,以积极心理学的思维促使汤某主动参与矫治方案的制订与实施,尝试用精神文化教育人、用党史文化熏陶人、用制度文化管理人、用行为文化感染人,重构汤某人文精神,修正其扭曲三观。

1. 谦下不争是原则。树立以人为本的理念,尊重汤某的人格,以真诚来建立起沟通的平台,不因为其种种劣迹就戴着有色眼镜肆意贬低他的行为。对于他的“过去”,给予他解释的机会,倾听之后循循善诱地引导其内省,这样逐步取得汤某的信任,也为矫治工作的开展创造了有利的条件。日常工作中,通过挖掘、肯定汤某的闪光点,抓住、把牢其改造的反复点,在生活上以爱心、细心、恒心去感化引导,最终打开他的“话匣子”。

2. 海纳百川是态度。汤某的主管民警,在矫治过程中做到了心胸宽广、眼光深远,对其行为规范方面的劣行“高度管束,适度宽容”,愿意倾听汤某的“心声”,获得了汤某的接纳,彼此之间有了沟通的桥梁。矫治过程中以积极的态度引导汤某看到自身的成长,充分调动其改造的主动性和积极性,改善警囚关系、促进和谐发展。在面对汤某的改造反复和逆反心理时保持足够的耐心,充分认识个体的差异性和转化工作的复杂性,保持足够的热情。

3. 归因训练是剖析。法国作家在《悲惨世界》中指出:"当一个人的心中充满黑暗的时候,他就会去犯罪,有罪的人不是犯罪的人,而是制造黑暗的人。"汤某的黑暗来自父母从小的溺爱、自私自利的思想、车祸导致的疾病以及"吸毒"后失去希望的生活等待。他也不合理地将自己经历的苦难完全归咎于家庭和社会。要想改变汤某的错误认知,只有通过贴近改造生活的谈话形式,逐步调节他的行为认知,最终改变归因模式,才能让其告别"黑暗"。

4. 刚柔并济是方法。对汤某的矫治过程中,攻坚团队民警始终坚持"四个一"工作法,切实做到"一个主导思想、一套基本职责、一套考核标准、一个工作闭环",对汤某采取刚柔并济的管理办法。我们深知以强制性的方式引导汤某这种多次违纪和严管、紧闭经历的罪犯,效果甚微。经研判,采用安排民警出演不同"角色"的方法,通过"角色扮演"让汤某切身体会到积极改造的影响力、感染力和驱动力。同时,利用其监组内有过严管经历的暴力专控罪犯武某通过积极改造重获司法奖励的事实,"举例说明"促使其端正改造态度、重拾改造信心。

5. 正心修身是途径。通过鼓励汤某积极参加监狱的正修项目达到正心修身的效果,如监区"正修三练""正修三唱""绿植养护"等专题活动。增强政治改造意识、在刑意识,激发他的生命活力和改造动力。不断引导修正汤某已经畸形的"三观",用积极和谐的改造环境去影响他自私自利的习惯思维和行为,培养良好的行为习惯。利用生检会、监组讲评等时机,引导他学会用合理途径表达自身诉求,听从同犯善意的劝阻,服从民警下达的指令,摆脱其以自我为中心、"唯我独尊"的错误认知。

6. 向党新生是信念。教育汤某积极参与到"听党话、省己罪、向新生"的主题教育活动中去,深刻感悟、准确把握我党在百年奋斗征程中不断经受的各种风险考验,始终坚持斗争、勇于胜利的伟大精神品格,以及不惧风险、坚不可摧的磅礴力量,真正做到将政治改造内化于心、外化于行,不断增强听党话、跟党走、省己罪的坚定信心,把伟大的建党精神转化为积极改造的精神动力,用党的领导来统领自己的改造生活、指引自己的改造方向,切实做到红色精神引领服刑改造。

7. 背离劣境是根本。知道罪责,才知道羞耻,才不会再堕落。汤某的违法犯罪与其罪责感缺失、价值观扭曲以及不良的社会关系是密不可分的。汤某认为命运不公,将自己犯罪行为归咎于家庭和社会关系上面,这都是他罪责感缺失的具体表现。所以攻坚团队督促他积极参加监狱开展的禁毒教育,通过反省自我、现身说法,让其深刻认识毒品对个人、家庭、社会危害,增强禁毒法律知识,用"知毒识毒避毒,戒毒禁毒无毒”的禁毒理念端正他错误的罪责认知。

五、预期矫治目标

1. 守规守纪意识加强，违规违纪行为减少，年内无较重以上违纪，努力增强其自我控制能力和行为规范意识。

2. 知晓基本法律常识，认真参加法制教育学习，在“双清”活动中能真正认识到自身犯罪的危害性，彻底认罪悔罪。

3. 改善警囚、医患矛盾。通过矫治，引导其合理表达就诊需求，保持良好心态，积极听从医嘱，配合治疗，与过去以自我为中心、“唯我独尊”的汤某做告别。

4. 深剖犯罪内因，直面自身问题。经过教育让汤某学会从家人的关心和支持中获取力量，从同犯的成功改造上汲取经验，从自我的深刻反思中寻得方向，重拾改造动力，重获改造希望。

5. 人文、精神、文化重构。通过风险需求报告，找准汤某学习教育和再社会化预期的切入点，督促完成改造计划上的内容，达到正心修身、向党新生的目标。

第二节　集体教育文书

一、三课教育教案

（一）概念

三课教育教案是教员为顺利、有效地开展罪犯思想、文化、技术教学活动，对教学内容、教学步骤、教学方法等作出具体安排和设计的教育文书。

三课教育教案的制作依据是《监狱法》第 62 条、第 63 条、第 64 条以及《监狱教育改造工作规定》第 24 条的规定。监狱应当办好特殊学校，对罪犯进行包括思想、文化、技术教育的三课教育。为保证罪犯三课教育的教学工作顺利进行，教员需要提前制作好教案。

教案又称课时计划，具有较强的计划性，对课堂教学内容的选择、教学步骤的安排、教学方法的选择、板书的设计、教具的使用、现代化教学手段的应用、教学环节的时间分配等，都要周密考虑，精心设计。编写三课教育教案有助于教员弄通教材内容，把握住教材的重点与难点，选择恰当的教学方法，合理支配课堂时间，从而更好地组织教学活动，提高教学质量，收到预期的教学效果。

（二）内容结构

一份完整的三课教育教案通常包括：授课班级、学科名称、授课时间、章节次第、教学目的、教学重点和难点、教学进度、教学过程、作业处理、板书设计、教学设备等。

教案的主要项目是教学目的(教学要求),教学重点和难点,教学过程(教学步骤)。

1.教学目的。确定恰当的教学目的是写好教案的关键。教学目的,是教员对备课内容的高度概括,是对教材特点、罪犯的实际情况以及教学大纲对本学段的要求等具体内容进行全面的思考后确定下来的。

2.教学重点和难点。教学重点是为了达成教学目的而必须着重讲解和分析的内容;教学难点是估计罪犯经过自学还不能理解或难以理解的地方。教学重点的确定受教学目的的制约,教学难点的确定则要考虑罪犯的实际情况。一般来说,教员备课的难点一般也是罪犯学习的难点,教员可以从指导预习当中发现罪犯学习的难点,也可以借鉴过去的经验,参考过去罪犯学习情况,来确定现在的难点。

3.教学过程。教学过程是实现教学目的,完成教学任务的具体步骤。教学重点的落实、难点的解决都要反映在具体的教学过程中。在制作过程中,要对备课的内容进行一番梳理,有取有舍,做到主次分明,步步衔接。

(三)制作要求

1.教案的语言要简明、准确。教案语言的特点是简明、概括,准确、有分寸。教案的很多内容具有提示性,或是提示内容,或是提示方法,这就决定了教案的语言应当简明而高度概括。教案要写得简明扼要,不宜过于详细,没必要把课堂上要讲的话一句不落地写下来,否则既不便于教师查阅,又削弱了教案的备忘、提示的功效。另外,教案的语言还要准确,把握好分寸。

2.教案的形式要求醒目。教案的形式上的要求是醒目。教案的各项内容都要分行分段,段落可以多一些,不要连成一大片。此外,重点内容还可以用不同颜色的笔画出来,以备上课查阅时一眼就可以看到。如果使用电脑备课,可以在不同的部分用不同的字体,如章节目可以使用大一些的字体,或者使用加粗的字体,在有些部分可以使用楷体、宋体、仿宋等字体加以区别。

3.教案中,应当附有板书设计。需要在教学中进行板书的地方要标明,板书样式要在教案中设计好。板书要求提纲挈领,一目了然。板书的内容一定事先检查,避免错别字。

4.认真总结,记下心得。课后可以在教案上记下讲课心得、体会,以便不断提高教学质量。

5.监狱对罪犯开展的思想教育和扫盲、文化教育的教案制作要以司法部监狱管理局统一编写的教材为蓝本。三课教育教案由监狱人民警察亲自编写,如果文化技术课教案的制作者是罪犯①,监狱人民警察要对其制作的文化技术教学教案进行审查。

本文书示例见例7-2。

例7-2

认罪悔罪教育教案

教学班级:202001班

教学课时:2课时

教学目的:课程教学目标为使罪犯了解认罪悔罪教育的法律法规依据;熟知认罪悔罪的含义和标准;掌握认罪悔罪教育的内容等;政治改造目标为树立法治观念增强法治意识,提升反省能力,体会共情方法。

教学重点:认罪悔罪的含义和标准、认罪悔罪教育的途径、树立法治观念增强法治意识、提升自省能力。

教学难点:认罪悔罪教育的途径、提升反省能力。

教学方式:教师讲授与学生经验分享结合的方式,教学手段方面主要通过多媒体设备播放ppt课件,结合板书。

教学课件:(省略)

教学辅助板书:(省略)

教学过程:

1.复习旧课环节(5分钟)

简要回顾上次课教学内容

提问:法律基础知识主要内容都有哪些?

2.导入新课环节(5分钟)

通过让罪犯朗读梁漱溟先生的《忏悔—自新》一文导入课程主题。

3.讲授新课环节(75分钟)

一、认罪悔罪教育的意义

只有罪犯认罪悔罪,才能促使他们从思想和行动上服从法律的裁判,决心接受改造,走悔过自新、改恶从善的道路;

只有罪犯认罪悔罪,才能促使他们自觉服从监管,遵守监规队纪,有利于创造一个良好的改造秩序;

---

① 根据2003年6月司法部令第79号颁布的《监狱教育改造工作规定》第28条第2款的规定,只有在对罪犯进行文化、技术教育时,才可以在本监狱选择服刑表现较好、有文化技术专长的罪犯协助。

只有罪犯认罪悔罪，才能为他们接受思想改造，接受文化知识和生产技术教育创造有利条件；

只有罪犯认罪悔罪，才能有利于调动他们改造的积极性，树立正确观点，养成良好习惯，学到生产技能，并且把改造看成是一种立功赎罪的表现。

二、认罪悔罪教育的内容

（一）承认犯罪事实

有的认为只是违法悖德，不是犯罪；

有的认为没有达到目的，不应该认定相应的罪名；

有的认为是挑着重的罪名判；

有的纠缠细枝末节。

（二）分析犯罪原因

社会原因：社会转型、贫富差距大、市场竞争、等价交换原则泛化、家庭因素、学校因素。

自身原因：不良的认识观念、畸形的需要、不良的动机倾向、偏执变异的性格、消极的心理状态。

（三）认识犯罪危害

“三算”：时光损失、事业损失、家庭损失——案例：药家鑫、“我爸是李刚、官员落马”。

（四）破除不认罪的思想观点

“无罪论”（否认自己的犯罪行为是犯罪）；

“轻罪重判论”（承认犯罪，但罪行不重，判刑过重）；

“犯罪外因论”（把犯罪的主要原因推向客观，妄图推卸罪责）；

“有错无罪论”（把犯罪行为视为一般性的错误，因而感到不该定罪判刑）。

（五）交清隐瞒的余罪

课后作业：

梁漱溟先生的《忏悔—自新》一文，结合个人犯罪事实，对于自己有哪些启迪？

根据上述问题，撰写一篇 500 字以内的短文。

以上这份“认罪悔罪教育教案”要素完整，包括课程名称、教学班级、教学课时、教学目的、教学重点、教学难点、教学方式、教学过程等项目。教学目的是教案中比较难写的项目，这份教案对这一项目的处理比较精到，从课程业务内容目标和政治改造目标两方面展开，每一方面又细化为若干条，目标明晰，要求清楚。教学设计是教案的主体，这份教案对复杂的教学内容梳理分类，并容纳进复习旧课、导入新课、讲授新课、巩固和作业等教学环节之中,课堂组织繁而不乱,井井有条。

二、专题教育讲话稿

(一)概念

专题教育讲话稿,是指监狱人民警察在对罪犯作某一专题教育讲话时所使用的文稿。

根据《监狱教育改造工作规定》第6条的规定,专题教育是监狱教育改造工作的重要内容之一。专题教育讲话稿同样是监狱教育改造工作中经常使用的文书之一,其形式主要有两种:一是写出讲话提纲,开列要点;二是写出完整的讲话稿。

专题教育讲话稿作为监狱工作中广泛使用的文书,具有以下特点和要求,第一,内容的针对性要强。讲话稿的文书内容是由专题教育的主题和讲话者身份来决定的,因此在写讲稿之前,必须要了解主题的内容、性质,讲话的场合、背景,领导者的指示、要求,罪犯的心理需求、接受习惯等。第二,语言要得体。为了便于讲话者表达,易于罪犯理解,讲话稿的语言要准确、简洁。罪犯文化水平普遍不高,讲话稿必须讲究语言生动、形象、具体,并且要具有恰如其分的感情色彩。如果全都是呆板的叙述,枯燥的议论,宣传效果必然会大打折扣。第三,起草宜集思广益。为了提高监狱工作效率,讲话稿有时由专业人员代笔,再由讲话者斟酌使用。在议题重大的会议召开前,会议报告人的讲话稿往往须动用集体力量,讲话者将写作的目的、背景、写作要求等交代清楚,然后起草者分工协作,集体撰稿,反复讨论,几经修改,方可定稿。

专题教育讲话稿有以下作用:第一,保证讲话内容的正确、完整。讲话稿是把准备在专题教育活动上要表达的内容事先写下来,写稿过程就是思考说什么和怎么说的过程,要在选题、立意、取材、谋篇等方面理顺思路,才能保证讲话内容的正确和完整、条理清楚。第二,保证思想表达精确、完美。写稿是把口语变成文字的过程,不仅要考虑内容和逻辑性,还要在修辞等方面认真推敲,既保持口语化特点,又兼有书面语言严谨的长处。这样,在对罪犯进行专题教育时才能把意思表达得更精确、完美,有利于保证讲话的严肃性。第三,保证讲话从容不迫。依照讲话稿讲话,则是把文字再变成口语的过程。稿子在手,心情就不再局促紧张,讲话时就能更好地把握和支配时间,把要说的话从容不迫地讲出来,以免丢三落四、虎头蛇尾。

(二)内容结构

专题教育讲话稿的结构一般由以下四部分组成。

1. 标题。标题多揭示主旨,亮明观点或点出话题。如“某某监狱生产安全教育讲话稿”。

2. 开头。开头主要有三种形式:一是客套式,做一番自我介绍或表白,为的是拉近与听众的距离;二是点题式,或重复一下讲话的题目,或交代要讲哪几个问题、都是些什么问题;三是单刀直入式,即开头就展现主旨,亮明观点,说明意图。

3. 主体。主体部分的写法有三种:第一,条陈式。就是把专题教育的主题分成几条并列的问题或分论点,然后通过对各个问题的叙述、论证和说明来阐释中心论点。第二,层递式。就是围绕专题教育的主题分层阐述、逐层加深地叙说,由远而近、由浅及深地逐步得到论证。第三,对比式。就是把两种不同的意见或者两种不同方面的问题对照起来叙说和评议。

4. 结尾。结尾的方式:概括全文,照应开头;抒发情怀,引起共鸣;事项交代完毕,自然收尾。

(三)制作要求

1. 要了解对象,主题要鲜明。射箭要看靶子,弹琴要看听众。拟制专题教育讲话稿要从两个方面了解听众:一是要了解罪犯群体的特点,二是要了解罪犯的心理、愿望、要求。专题教育是针对某一主题开展的活动,所以讲稿应该突出中心、观点鲜明。

2. 例证要动人,感情要深厚。为了更好地申述观点、抒发感情、灌输思想,援引事例是非常重要的。最好用罪犯身边的例子,这样可使讲话更具说服力。罪犯是人,有人的情感性。罪犯教育的原则之一就是以情感人。专题教育讲话稿的内容要富含深厚感情,要表达出真诚关心和期望罪犯改好的炽热情怀,只有这样,讲话才能感染和打动他们,才能发挥鼓动和教育作用。

3. 语言要通俗、生动。罪犯整体文化水平不高,所以对罪犯做专题教育讲话,使用语言要通俗易懂,宜多用口语,少用书面语,不能晦涩难懂;要注意音节匀称和词句的声调变化;为了让语言生动形象,要善于运用比喻、对比、排比、拟人、夸张、衬托等修辞手法。对罪犯的讲话稿中的称谓,要依会议性质、现场气氛、现场罪犯构成情况等因素而定。

本文书示例见例 7-3。

例 7-3

告别旧我 走上新生

今天我们在监狱的罪犯宣誓广场举行“告别旧我 走上新生”的集体宣誓活动。你们可以看到这里矗立着“凤凰涅槃”的雕塑,意寓期待罪犯不畏痛苦、义无反顾、执着改造、迎接新生。罪犯要完成自我的改造,就必须经历无以复加的痛苦。

说到痛苦,投入监狱服刑的罪犯要承受着失去人身自由所带来的固有的痛苦,这是一种从始至终、持续不断的痛苦感受。其实,在国家动用刑罚惩治犯罪的过程中,接受痛苦的何止是罪犯。罪犯的犯罪行为不仅给国家和社会带来了难以弥补的损害,而且给刑事被害人及其家庭和亲人带来了难以愈合的伤痛,同时也给自己的家庭和亲人带来了难以言状的苦难。可以说,在刑事案件中没有"赢家"。

被害人以及家属是最痛苦的一个群体。特别是遭遇犯罪致病、致残、致贫的被害人及其家属,因为罪犯(被执行人)在监狱服刑或无赔偿能力,让他们的生活陷入困境。2015 年 12 月 29 日,李某与被执行人盘某发生口角继而发生打斗,盘某用一把尖刀将李某砍倒致左颈动脉大失血死亡,后盘某被法院判处有期徒刑 15 年,并赔偿李某父母附带民事诉讼李某丧葬费 32231 元。判决发生法律效力后,被执行人支付了 9000 元赔偿款后就再没有履行付款,由于被执行人盘某未能继续履行,被害人李某的家人申请法院强制执行。在执行过程中,被害人李某的家人未能提供被执行人的财产线索,执行干警到盘某家核实情况,只见一间破败的土坯房里简陋的生活用品,困顿显而易见,且盘某现在监狱服刑,不具有赔偿能力,李某家人无法获得赔偿。同时,李某的父亲又身患重病,连续住院治疗导致家中的生活更是雪上加霜,在案件发生后,生活的"多重打击"几乎让李某的父亲对生活失去信心。看到这种情况,执行法官意识到这个案件不是"执行难",而是真正的"执行不能"。承办法官积极协调,争取到了剩余的赔偿金额 23200 元司法救助金,帮助李某家人渡过难关。

罪犯家庭和亲人也因罪犯入狱服刑陷入持久的苦难之中。日本作家东野圭吾创作的长篇小说《信》,讲述主人公是一对在父母死后相依为命的兄弟。因工作受伤而失业的哥哥武岛刚志,为了筹备弟弟的学费,铤而走险犯罪杀人。原本成绩优异前途光明的弟弟武岛直贵,因为哥哥突如其来的犯罪,不得不背负杀人犯弟弟的精神债务,坠入社会歧视的轮回。一封封寄自高墙之内的家信,寄托了哥哥对弟弟的无尽牵挂,同时也为弟弟带来了无尽的噩运。弟弟不堪忍受歧视,与哥哥断绝关系。后来,多年未见哥哥的弟弟去监狱演出,只在现场远远地看到了哥哥。

一名罪犯在忏悔录中,她算了一笔荣誉账:在当地,"我的名字曾被人们当作是女强人的代名词,我曾经拥有过鲜花、掌声,在享有成功的同时,也得到了一定的社会地位。我曾经是家人的光荣和骄傲,是父母引以为荣的女儿,是女儿敬佩的母亲,是丈夫敬重的妻子。但今天,这一切荣耀,都变成了家庭的耻辱。我的名字将和贪污受贿这个词连在一起,给我的父母、女儿、丈夫带来无法挽回的损害。一个人,如果在工作上出了差错,人们多能理解,通过努力工作,仍然可以取得成绩,但是,因腐败问题走进监狱,则为所有人不齿,必定陷入万劫不复的深渊。这是用生命都无法挽回的代价,一旦失去就永远不会再回来,我将因此终生受到良心的煎熬。”

在羁押期间,她还仔细算了一笔家庭账:“我无时无刻不在思念我孤独的丈夫,思念我离娘的女儿,想象着他们是如何度过这难熬的每一天的。每次不得不出门时,是否有意识躲开熟人?想象着父女俩是谁在做饭,谁去买菜?怎么吃的?能否吃下去?他们身体如何?不知女儿能否承受住这巨大的压力。我夜里经常做梦,有时梦到一家人团聚,欢声笑语,朦胧中一阵短暂的甜蜜,醒来后丈夫走了,女儿也走了,我又很快回到了黑暗的囚室中来。听说我丈夫曾几次想跳云龙湖自杀时,我彻夜未眠,几乎哭瞎了眼睛……我本有一个和睦幸福的家庭,而这一切都将因我的贪婪而葬送,还要背负着我给他们带来的耻辱。一个刚走向社会的女孩将如何承受这巨大的落差,我不知道我的女儿怎样面对残酷的现实和世人的冷眼!我酿的苦酒却不得不让我的孩子承担。我不知道我的爱人将如何独自撑起这个残破的家。我悔恨!我痛心!我愧为人母,没给孩子带来健康向上的人生表率;我愧为人妻,没给丈夫带来一个平安幸福的家。”

接下来她又算了一笔亲情账:“想从前,家人以我为荣,亲友亲近我,群众仰慕我,下属敬畏我。多少人主动上门和我攀亲戚、套近乎,恭维我,都以羡慕的眼光仰视着我,围绕我的是一张张笑脸,一声声溢美之词。而今,我走进了监狱高墙内,我听说那些平素和我家交往密切的亲朋好友,再也没有人到我家去过,那些曾和我同窗共读的同学,再没有人炫耀和我的浓厚情谊!我已经六个多月没和我的家人见面了,我无时无刻不在想念他们,想得心都在滴血。失去了亲情,也失去了友情,脱离了社会,从此我成了一只断线的风筝,无依无靠,在漆黑的风雨夜中飘摇。今非昔比,谁愿意与一个腐败分子有牵连!谁愿意与一个腐败分子有瓜葛!是我的行为让他们远离了我,我愧对曾经关心我的亲朋好友、同事同乡。”

这名罪犯一连气算了七笔账,实际都是接受刑罚惩罚的痛苦账。对于新入监的罪犯来讲,算清社会危害账、亲情伤害账和经济损失账,查清自己走上犯罪道路的犯罪原因,反思自己罪行的社会危害性,刑事违法性、应受处罚性,反省自己的成长史、犯罪史和改造史,将有助于罪犯痛定思痛,痛下决心,痛改前非,早日告别旧我,期待浴火重生。

也许有人要说,我难称凤凰,也从心底害怕火中重生,我只是一棵小草,恐怕学不了凤凰。是的,学不来凤凰,那就学一只蝴蝶,做一回“破茧成蝶”;当一棵小草,那就学一回青苔,“苔花虽小也学牡丹开”。一句话,把监狱的生活过出生命意义来。

第三节 教育激励文书

一、改造积极分子审批表

(一)概念

改造积极分子审批表是监狱评选罪犯中的改造积极分子时用于记录呈请批准事项的文书。

评选改造积极分子,旨在鼓励先进,发挥其典型示范作用,在狱内形成安心服刑、积极改造的良好氛围。改造积极分子审批表的制作依据是《监狱教育改造工作规定》第52条的规定。监狱评选改造积极分子,应当在完成年终评审的基础上,由监区召集罪犯集体评议推荐,全体警察集体研究确定人选后,填写改造积极分子审批表,报监狱教育改造部门审核,在本监狱内履行公示程序后,提交监狱长办公会审定。

(二)内容结构

制作改造积极分子审批表的意图是向相关监狱教育改造部门和监狱长办公会表达确定罪犯为改造积极分子的意见,该文书一般由以下六部分组成。

1. 标题和眉栏

标题是本表印制好的。眉栏填写呈报单位,如果是监狱级改造积极分子评选,填写罪犯所在监区名称。如果是省级改造积极分子评选,填写罪犯所在监狱的名称。

2. 罪犯的基本情况

罪犯的基本情况包括罪犯的姓名、性别、出生日期、原籍、罪名、刑期(原判刑期和现有刑期)、刑期起止日期、简历等内容。

3. 罪犯的改造表现

这一部分是罪犯评审为改造积极分子的事实材料,是罪犯改造积极分子评审表的重要内容。

4. 意见栏目

如果是审批监狱级改造积极分子,那么意见栏目有所在监区意见、主管科室的意见和监狱的意见。如果是审批省级改造积极分子,那么意见栏目有呈报单位意见、监狱管理局批示。

所在监区意见,由罪犯所在监区填写,给出意见供监狱主管领导参考。

主管科室的意见,填写主管科室的审查意见。主管科室要对罪犯改造表现是否属实,对是否确定为改造积极分子提出审查意见,供监狱领导审批时参考,然后由主管科室负责人签字并注明日期。

监狱意见,分为两种情况。第一种情况,如果是审批监狱级改造积极分子,填写是否确定该罪犯为改造积极分子的决定。同意确定该罪犯为改造积极分子的,则可以写为:同意确定为改造积极分子。不同意确定为改造积极分子的,写明意见时要简要说明理由。第二种情况,如果是审批省级改造积极分子,由监狱填写对罪犯改造表现是否属实,对是否确定其为改造积极分子提出审查意见,供监狱管理局审批时参考,而所在监区意见和主管科室意见不再出现。

5. 备注

将其他需要说明但是在前几项中不宜填写的内容写入备注一栏。

6. 尾栏

尾栏有填表人和填表日期。填表时间写完整的年月日,用阿拉伯数字。

(三)制作要求

1. 认真依法筛选素材。改造积极分子审批表的材料是在监区确定人选后收集和整理的。制作者要认真分析这些材料,比照相关法规规定的改造积极分子的条件,归纳出罪犯的表现具体符合何种条件,作为确定人选的佐证。改造积极分子的条件包括:第一,认罪悔罪,积极改造;第二,自觉遵守法律、法规、规章和监规纪律;第三,讲究文明礼貌,乐于助人;第四,认真学习文化知识和劳动技能,成绩突出;第五,积极参加劳动,完成劳动任务;第六,达到计分考核奖励条件。

2. 严格依照法定程序履行审批。评审罪犯改造积极分子是一项严肃的执法活动,监狱人民警察是否严格依照法定程序履行审批手续,决定着罪犯改造积极分子评审能否做到客观公正,关系到激励作用能否有效发挥。因此,评审罪犯改造积极分子应当严格按照程序逐级审批。

3. 及时准确实施。只有及时对罪犯的积极改造行为实施奖励,才能巩固罪犯的改造成果,增强罪犯改造积极分子评审的激励作用。

二、改造积极分子人选情况公示

改造积极分子人选情况公示,是监狱将拟评选为改造积极分子的罪犯的有关情况在监狱范围内告知监狱人民警察及罪犯并征询意见时制作的文书。

改造积极分子人选情况公示的制作依据是《监狱教育改造工作规定》第 52 条、第 53 条的规定。改造积极分子人选名单经教育改造部门审核后,应在监狱内公示。

公示用于在全监狱向人民警察和服刑人员征询意见,接受监督,是改造积极分子评选工作公平、公正、公开原则的体现。

改造积极分子人选情况公示,目前尚无统一要求的文书格式,但在使用中有着约定俗成的基本格式。一个完整的公示应由标题、主体和落款三个部分组成。有时,也可有附录或附表、附图。

标题用“公示”或“关于改造积极分子人选情况的公示”。主体部分,一般用于揭示目的、表述原因和说明依据;接着用“现将有关情况公示如下”或“公示如下”等转入实质内容,即拟确定为改造积极分子的罪犯名单;然后说明公示的起始及截止日期(通常以工作日计),意见反馈单位地址及联系方式。

三、改造积极分子公示异议复核通知书

公示异议复核通知书,是监狱对针对改造积极分子公示提出的异议进行复核后,将结果通知复核申请人时所使用的文书。

公示异议复核通知书包括标题、抬头、复核结果、落款四部分。标题为“改造积极分子公示异议复核通知书”。抬头为复核申请人。复核结果为对被提出异议的罪犯改造积极分子复核后的情况进行说明。落款为监狱名称,并注明日期。

第四节　帮教安置文书

一、帮教协议

(一)概念

帮教协议,是指监狱与有关单位就罪犯在服刑期间的社会帮教事宜签订指导性协作意向时使用的文书。

根据《监狱法》第68条的规定,国家机关、社会团体、部队、企业事业单位和社会各界人士以及罪犯的亲属,应当协助监狱做好对罪犯的教育改造工作。根据《监狱教育改造工作规定》第39条和第40条的规定,监狱应当积极争取社会各个方面和社会各界人士的支持,配合监狱开展有益于罪犯改造的各种社会帮教活动。监狱应当与罪犯原所在地的政府、原单位(学校)、亲属联系,签订帮教协议,适时邀请有关单位和人员来监狱开展帮教工作;监狱也可以组织罪犯到社会上参观学习,接受教育。

监狱在把有关单位和人士“请进来”,组织罪犯“走出去”的社会帮教活动中,应

当与有关方面签订帮教协议。帮教协议具有以下特点:第一,主体一方固定。签订协议的主体双方或多方中有一方是固定的,即监狱。另一方则既可以是各级各类政府机关,也可以是社会团体、工矿企业、罪犯家属。第二,帮教协议内容相对固定。协议签订的内容是协议双方或多方所承担的责任行为,协议的签订带有自愿性。从法律意义上讲,签订帮教协议各方均无须强制履行协议中各项属于自己的责任或义务,因而协议中的责任往往是道义或社会责任所要求的。第三,效力带有主观性。帮教协议虽然具有较强的道义上的约束力,但是这种约束力不以来自客观的法律强制履行力作为后盾,而是依靠协议各方主观上的自觉约束实现的。

(二)内容结构

1. 标题

可用内容加文种做标题,如"帮教协议书";也可用单位名称加文种做标题,如"某某省某某监狱、某某市运输公司帮教协议"。

2. 协议的目的及签约方

协议的目的及签订人紧接标题,应写明为了什么目的,由哪几个方面(包括单位和个人)达成或签订本协议。比如:"为了贯彻执行既改造人又造就人的方针政策,促使在押罪犯安心服刑、积极改造,走自新之路,某某省第某监狱(以下简称甲方)与某某市运输公司(以下简称乙方)达成如下协议。"由于签订者各方在协议中往往要多次出现,为了行文及阅读的方便,签订各方宜以"甲方""乙方"等用语指代,但不能用"我方""你方""他方"这样的说法,以免引起混乱。

3. 正文

这是协议的实质部分,一般采用分条列款的结构形式,逐条写清协议商定的具体事项,明确签订人各方的责任和义务。根据情况,还可写上协定实施或完成的时间,各方督促遵守、检查实施的有关事项等,要求内容明确,语言精练,用语准确。

4. 结尾及落款

在协议书的末尾,要对协议的未尽事项作必要的说明,写清协议的约束力、份数、页数、形式(手写、打印或铅印),协议有效的条件,有效期限的起止时间,违背协议的责任形式(承担行政责任等)。最后是落款,协议各方要签名盖章。

(三)制作要求

1. 符合国家的法律、法规。协议的制作和签订,必须符合国家的法律、法规、党的政策和社会主义道德规范,否则就不能生效。

2. 内容具体,用词准确。帮教协议的内容要写得具体明确,不能含混不清。用词要准确,以免产生歧义,甚至发生纠纷。

3. 慎重修改补充。协议签订后如需修改或补充，须征得签订各方的同意后逐份加以修改或补充，并在修改补充处加盖各方印章。

二、安置协议

安置协议，是指监狱与社会有关方面就罪犯刑满释放后的安置事宜签订协作意向时使用的文书。

根据《监狱法》第37条第1款的规定，对刑满释放人员，当地人民政府帮助其安置生活。在实际工作中，刑满释放人员的安置工作得到了许多地方的政府及有关部门、基层组织、企事业单位等帮助。安置协议就是以协议的形式明确协议双方在罪犯安置上的责任和义务。安置协议的内容和制作要求与帮教协议相似。

本文书示例见例7－4。

例7－4

刑满释放人员安置协议

为促使在押罪犯安心服刑、积极改造，出狱后顺利融入社会，某某省第某监狱（以下简称甲方）与某某市某某社区（以下简称乙方）达成如下协议：

一、乙方应积极协调相关职能部门为刑释人员安置工作，多方寻求信息，为帮教对象走向自立自强之路，创造良好条件。

二、乙方要定期到被安置刑释人员家中了解情况，每季度不宜少于一次。

三、乙方要切实关心刑释人员，尽所能帮助他们解决生产生活中遇到的困难。

四、乙方从思想方面定期对刑释人员进行教育，着重宣传法律法规、方针政策，使他们思想趋于稳定。

五、乙方协助当地司法所认真对刑释人员进行管理，了解去向和动向，每年见面谈话不少于一次，并做好记录，做好建档工作。

六、乙方对未能按时就业的刑释人员进行当前社会需要的职业技能培训，直至协调相关单位完成工作安置。

七、甲方为乙方提供详尽刑释人员相关资料。

本协议一式二份，甲方与乙方各执一份。

甲方：　　　　乙方：
（公章）　　　　（公章）
2020年7月7日　　　　2020年7月7日

以上这份安置协议分为标题、协议的目的及签约方、正文、结尾及落款。安置协议的重点和难点是协议的正文，要求内容明确，语言精练，用语准确。对于各方的责任义务力求列举详尽，保证责权明确。总体来看，这份安置协议格式规范，语言精练，用语准确。但监狱和社区双方责任列举不详尽，不够明晰。

研究与思考

1. 个别谈话记录内容结构和制作要求包括哪些？
2. 改造积极分子审批表内容结构和制作要求包括哪些？
3. 罪犯教育改造方案在制作和使用过程中需要注意哪些问题？

第八章　罪犯心理矫治文书

要点提示

1. 罪犯心理矫治文书是指在监狱对罪犯实施心理矫治过程中所依法使用的文书的总称。其制作依据主要是司法部《监狱教育改造工作规定》《教育改造罪犯纲要》中的有关内容。罪犯心理矫治工作包括罪犯心理健康教育、罪犯心理评估、罪犯心理咨询与心理治疗、罪犯心理危机干预等具体操作环节。鉴于目前罪犯心理健康教育已成为常规化教育中的一部分,罪犯心理治疗、罪犯心理危机干预与罪犯心理咨询在程序上是一样的,因此,本章不再专门介绍罪犯心理健康教育、罪犯心理治疗与心理危机干预的文书制作,主要介绍罪犯心理咨询文书、罪犯心理评估文书、罪犯心理档案等三类罪犯心理矫治文书的制作。

2. 罪犯心理咨询文书是帮助和引导有求询愿望的罪犯自己解决自身心理问题过程中形成的文书。主要有罪犯心理咨询启动文书、罪犯心理咨询记录和建议文书、罪犯心理咨询终结文书等三大类。

3. 罪犯心理评估文书是记录罪犯的心理特点、心理发展变化、心理危机状况、心理危机干预效果、罪犯心理矫治成效的文书。主要包括罪犯人格评估报告、罪犯改造难易程度预测分析报告表、罪犯人身危险性评估分析报告表、罪犯再犯罪预测分析报告表、罪犯出监综合评估报告表等五类。

4. 罪犯心理档案是有关罪犯在整个服刑期间的心理及其发展变化的相关资料的汇总。主要包括罪犯基本信息、犯罪经历资料、服刑改造经历资料和其他反映罪犯心理变化的资料等。罪犯心理评估报告和罪犯心理咨询、心理治疗、心理危机干预等实施情况的记录也应包含其中。

罪犯心理矫治文书是指在监狱对罪犯实施心理矫治过程中所依法使用的文书的总称。罪犯心理矫治文书的制作依据,主要是司法部《监狱教育改造工作规定》《教育改造罪犯纲要》中的有关内容。根据上述规定,监狱对罪犯实施心理矫治,应当根据法律规定的条件、罪犯自身的实际情况与需要以及心理矫治的科学操作程序来进行。

第一节　罪犯心理咨询文书

一、罪犯心理咨询文书概述

罪犯心理咨询文书是帮助和引导有求询愿望的罪犯自己解决自身心理问题过程中形成的文书。

罪犯心理咨询文书的制作依据是《监狱教育改造工作规定》第 47 条、第 48 条的规定和罪犯心理咨询的理论和操作实践。罪犯心理咨询作为罪犯心理矫治的重要组成部分,通过采用心理学的专业技术,充分挖掘罪犯自身的潜力,提高罪犯应对挫折和困难的能力,从而使其自己解决自己的心理问题,顺利进行改造并取得更好的成绩。

罪犯心理咨询文书的制作意图,是在监狱这种特殊环境下,使产生心理问题的罪犯,能够快速、及时地得到专业性的帮助,以便尽快摆脱心理问题的困扰,恢复心理平衡,安心接受改造。

从整个咨询过程来看,对存在心理问题的罪犯进行心理咨询时,需要制作的文书主要有启动文书、记录和建议文书、终结文书三大类,下面就重点介绍与之相关的心理咨询文书的制作。

二、罪犯心理咨询启动文书

(一)罪犯心理咨询预约单

罪犯心理咨询预约单是罪犯向监狱心理咨询机构表达求询愿望时所使用的文书。由于罪犯身份的特殊性,为确保监管安全,罪犯必须首先提出预约申请,经过一定的审批程序之后,罪犯想要进行心理咨询这一自愿行为才能实施。

罪犯心理咨询预约单由自认为存在心理问题并有咨询愿望的罪犯填写。

罪犯心理咨询预约单主要包括三部分内容:一是罪犯的基本信息,包括姓名、性别、所在监区(分监区)等;二是罪犯进行心理咨询的原因,包括罪犯自己认识到的自身存在的心理问题和通过咨询想要达到的目的等;三是相关机构的审批意见,包括罪犯所在监区的审批和心理咨询机构的审批。罪犯心理咨询预约申请要经过所在监区的审批,是确保罪犯的活动能够在监狱严格控制之下所采取的必要措施。

需要注意的是，对产生心理危机的罪犯进行危机干预时，不需要罪犯提出预约申请，心理咨询员必须在第一时间对该罪犯进行心理危机干预，以免意外事件发生。

本文书示例见例8－1。

例8－1

罪犯心理咨询预约单

单位：第二监区　　　　编号：20200213002

姓名	张某利	性别	男	年龄	25	民族	汉族	文化程度	初中
求询事项	想克服与他人交往时的害怕、焦虑情绪，期望能够与他人正常进行交往。								
求询缘由	因自己不能与常人一样和别人交往而紧张、焦虑，担心自己的这种状况是患了什么病导致的，而且最近一个多月晚上入睡困难，同时伴有食欲下降。								
所在单位意见	该犯的情况属实，请尽快安排进行心理咨询。 签名：××× 2020年2月13日								
心理咨询机构意见	经与监区沟通，安排于2020年2月16日16:00在监狱心理咨询门诊由咨询员李智对该犯进行咨询。 签名：××× 2020年2月13日								

（二）罪犯心理健康调查表

罪犯心理健康调查表适用于向已确定心理咨询时间的罪犯了解其过去的生活状况、个人与家人的健康状况、现在的精神状况等，可以帮助心理咨询员了解罪犯心理问题产生的历史根源，对正确判定罪犯心理问题的性质可以起到非常重要的作用。

罪犯心理健康调查表由求询罪犯填写，前去咨询时交给心理咨询员。该表主要包括罪犯的基本情况、罪犯成年前的生活状况与身体健康状况（包括患病情况等）、罪犯个人的兴趣、爱好、特长与工作情况、罪犯主要的家庭成员基本情况与健康、患病情况以及罪犯当前的情况等内容。

（三）罪犯心理咨询协查登记表

罪犯心理咨询协查登记表适用于已确定心理咨询时间的罪犯。咨询员通过监狱警察了解求询罪犯的基本信息与近期服刑表现。通过该表可以了解求询罪犯的基本情况、服刑中的具体表现、他人的评价以及最近经历的重大事件。这些信息可在一定程度上帮助咨询员准确分析判断该罪犯心理问题产生的原因。

罪犯心理咨询协查登记表由咨询员填写，相关情况须向求询罪犯的主管监狱警察了解。该表中主要包括求询罪犯的基本情况、求询罪犯的改造表现、监狱警察与其他罪犯对求询罪犯的评价、求询罪犯与家人的关系、求询罪犯近期经历的重大生活事件等内容。

本文书示例见例 8－2。

例 8－2

罪犯心理咨询协查登记表

单位：第二监区　　　　　　　　　　　　　　　　　　心理档案号：20200213002

<table>
<tr><td>姓名</td><td>张某利</td><td>性别</td><td>男</td><td>出生日期</td><td>1995.3</td><td>出生地</td><td>湖北沙洋</td></tr>
<tr><td>文化程度</td><td>初中</td><td>婚姻状况</td><td>未婚</td><td>刑前职业</td><td>无</td><td>宗教信仰</td><td>无</td></tr>
<tr><td>罪名</td><td>盗窃罪</td><td>刑种刑期</td><td>4 年</td><td>刑期起止</td><td colspan="3">2019.1.24～2023.1.23</td></tr>
<tr><td rowspan="7">协查事项</td><td colspan="2">近期改造表现</td><td colspan="5">劳动积极肯干，能认真完成监狱警察交给的每一项任务。</td></tr>
<tr><td colspan="2">与亲属的关系</td><td colspan="5">入监后每月都有接见和家信。</td></tr>
<tr><td colspan="2">新近重大事项</td><td colspan="5">无。</td></tr>
<tr><td colspan="2">过去重大事件</td><td colspan="5">无。</td></tr>
<tr><td colspan="2">违规记录</td><td colspan="5">无。</td></tr>
<tr><td colspan="2">其他罪犯评价</td><td colspan="5">总是自己一个人躲在一边，不愿与其他人在一起。</td></tr>
<tr><td colspan="2">监狱管理人员评价</td><td colspan="5">在劳动、学习中表现正常，有些不合群。近期精神状态不太好，总是一脸疲倦，好像睡眠不足。</td></tr>
<tr><td>补充说明</td><td colspan="7">张某利的父亲经常喝酒，酒后常与其母吵架；张某利学习成绩不好，初中毕业后就开始在社会上混，受他人不良影响而犯罪。</td></tr>
</table>

填表人：××　　　　　　　　　　　　　　　　　　填表时间：2020 年 2 月 15 日

三、罪犯心理咨询记录和建议文书

（一）罪犯心理咨询过程记录表

罪犯心理咨询过程记录表用于记录对罪犯每一次咨询的具体实施情况。该表由心理咨询员填写，主要项目是：咨询员姓名、咨询日期、求询罪犯的基本情况、谈话了解到的与求询罪犯心理问题产生相关的情况、对求询罪犯心理问题的判定、心理诊断结果、咨询员提出的处理求询罪犯问题的协办措施及其效果反馈等内容。

需要注意的是,不同的求询罪犯心理问题的严重程度不同,他们对自己的问题的领悟与解决有快有慢,一般来说,每次咨询的时间一小时左右,因此,每一个求询罪犯所经历的咨询次数可能不止一次。但是,不管经历几次咨询,每一次咨询活动都要有记录,都要将过程记录表填写完整,不能有任何遗漏。

本文书示例见例 8－3。

例 8－3

罪犯心理咨询过程记录表

咨询员:×× 咨询时间:2020 年 2 月 16 日

姓名	张某利	性别	男	出生日期	1995.3	出生地	湖北沙洋
文化程度	初中	婚姻状况	未婚	刑前职业	无	宗教信仰	无
罪名	盗窃罪	刑种刑期	4 年	刑期起止	2019.1.24～2023.1.23		
心理问题	心理压力较大,焦虑、心情烦躁,害怕与他人交往,也不敢与他人说话;同时伴有睡眠差且入睡困难、食欲下降且进食量减少等症状。						
谈话情况	该犯因自己不能像常人一样和别人交往感到自卑,担心自己是患了什么疑难病症;认为自己连最起码的人际交往都搞不好,活得真累,也没什么意义。希望咨询老师能帮他尽快解决问题,能像其他人那样快乐地生活。						
心理诊断	根据该犯的主诉、情绪反应、社交表现,结合心理量表测量结果(SAS 标准分为 68 分,属于中度焦虑),判断该犯为社交焦虑症。						
问题处理建议	1. 主管监狱警察要多给予其关心与爱护; 2. 让改造表现好且性格较好的罪犯主动与之交往; 3. 去医院让医生给该犯诊断一下,是否需要借助药物改善其睡眠状况。						
效果反馈	对该犯所在监区监狱警察提出以上建议后,监区逐一对以上措施落实到位。						

(二)罪犯心理咨询转介意见书

罪犯心理咨询转介意见书是指由于求询罪犯的心理问题比较严重,咨询员认为已不属于心理咨询的对象或单纯的心理治疗无法取得明显效果,须请精神科医生对该求询罪犯进行精神鉴定并给予相应治疗的建议。该意见书由心理咨询员填写并提交给求询罪犯所在监区。

罪犯心理咨询转介意见书主要包括求询罪犯姓名、性别、所在监区、心理咨询与诊断结果、主要症状、家族精神疾病史、转介建议等内容。

四、罪犯心理咨询终结文书

（一）罪犯心理咨询终结登记表

罪犯心理咨询终结登记表是对求询罪犯的心理咨询活动结束时所制作的记录性文书。该文书由心理咨询员填写，眉栏有求询者的姓名、所在监区和心理档案号。腹栏有咨询员的姓名、咨询受理的时间、咨询起止时间、咨询次数、反映咨询成效的心理评估结果、咨询员的观察结果、求询者的个人表述、咨询员的建议。尾栏有填写人和填写时间。

需要注意的是，心理咨询员在填写该表的同时，要用适当的方式提醒求询罪犯，其心理问题已基本解决，心理咨询的目的已达成，即将结束咨询业务关系，同时要将该表中提出的具体建议详细告知给求询罪犯。

本文书示例见例 8－4。

例 8－4

罪犯心理咨询终结登记表

单位：第二监区　　　　求询者：张某利　　　　心理档案号：20200213002

<table>
<tr><td>咨询员</td><td colspan="2">××</td><td>咨询次数</td><td colspan="2">2 次</td></tr>
<tr><td>受理时间</td><td>2020.2.13</td><td>开始时间</td><td>2020.2.16</td><td>终结时间</td><td>2020.2.23</td></tr>
<tr><td>心理评估结果</td><td colspan="5">SAS 标准分为 46 分，属于无焦虑状态。</td></tr>
<tr><td>咨询员的观察结果</td><td colspan="5">求询者与其他罪犯交往时的焦虑、害怕情绪已减弱，可以正常与其他罪犯交往；睡眠已恢复正常，精神状态比第一次咨询时好了很多，食欲下降的状态也已改善。</td></tr>
<tr><td>求询者的个人表述</td><td colspan="5">与他人交往时已基本上没有了焦虑情绪，不再害怕说错话得罪人。感觉生活很美好，要好好改造早点出去。睡眠正常了，吃饭也恢复到原来的饭量。</td></tr>
<tr><td>咨询员的建议</td><td colspan="5">今后遇到问题时，首先要相信自己有能力解决这些问题，然后再去找解决问题的办法，不要总是自我否定，以免因此而产生自卑，使自己难以解决问题。要多进行积极的自我暗示，以便充分发挥自己的潜能。</td></tr>
</table>

填写人：××　　　　填写时间：2020 年 2 月 23 日

（二）罪犯心理咨询效果评价表

罪犯心理咨询效果评价表适用于心理咨询员调查了解求询罪犯通过心理咨询是否真正解决了自己的心理问题。

罪犯心理咨询效果评价表一般是在咨询结束后 3 周至 4 周由咨询员到求询罪

犯所在监区了解情况后填写。该表主要包括监狱警察、其他罪犯以及罪犯本人对其咨询前后日常表现差异的描述。通过这些描述，咨询员可对该求询罪犯的咨询效果，尤其是咨询效果的持久性进行客观验证。如果发现咨询效果仅仅是一时性的，就要及时采取补救措施，以免求询罪犯的心理问题不断加重导致危害监管安全事件的发生。

需要注意的是，监狱警察和其他罪犯的描述，应将多个人的描述加以综合得出总体结论，不能仅根据一两个人的描述作出判断。

本文书示例见例 8 – 5。

例 8 – 5

罪犯心理咨询效果评价表

单位：第二监区　　　　心理档案号：20200213002

求询者	张某利	咨询员	××	咨询次数	2
受理时间	2020.2.13	开始时间	2020.2.16	终结时间	2020.2.23
监狱警察的评价	焦虑情绪基本上没有了，能主动参与人数比较多的活动，已能与其他罪犯顺利交往。能吃能睡，精神状态比之前好了很多。				
其他罪犯的评价	不像以前那样总是一个人躲在一边，不与他人交往。能积极参加各种活动，能与其他人打成一片，也愿意与其他人说话了。				
求询者的个人感受	不再害怕与其他人交往，跟他人说话也不会担心自己会说错，自信有了很大提升。晚上睡觉入睡快，也睡得踏实；吃饭也香了，饭量明显增加了不少。				

填写人：××　　　　填写时间：2020 年 3 月 20 日

（三）罪犯心理咨询案例分析报告书

罪犯心理咨询案例分析报告书，是心理咨询员对其心理咨询过程进行完整记录和分析总结的工作报告。

罪犯心理咨询案例分析报告书由两部分组成：第一部分是对咨询全过程进行详细记录，包括求询罪犯的情况，对其心理问题的性质与原因的诊断分析，对求询罪犯进行帮助的过程，心理咨询的结束及效果评价等。在咨询过程中能反映求询罪犯对其心理问题的认识领悟和心理变化过程的对话也要记录在案。第二部分是对此次心理咨询进行总结，即咨询员要分析清楚在此次咨询中自己的哪些做法较好，哪些做法不好或不够妥当，通过此次咨询受到哪些启发，以后要吸取哪些教训等。

对咨询员来说，与每一个求询罪犯咨询关系结束后都应该作罪犯心理咨询案例分析，而且最好对于同类型的案例进行综合分析，从中找出一些共性和有效的咨询方法，为今后咨询工作的顺利开展奠定良好基础。

罪犯心理咨询案例分析报告书详写、略写均可，咨询员可根据自己的工作时间妥善安排。

本文书示例见例 8－6。

例 8－6

罪犯心理咨询案例分析报告书

<table>
<tr><td>咨询员</td><td colspan="2">××</td><td>求询者</td><td>张某利</td><td>咨询次数</td><td>2</td></tr>
<tr><td>受理时间</td><td colspan="2">2020.2.13</td><td>开始时间</td><td>2020.2.16</td><td>终结时间</td><td>2020.2.23</td></tr>
<tr><td rowspan="4">一般资料</td><td colspan="2">个人基本情况</td><td colspan="4">男，25 岁，初中文化，未婚，农民，无宗教信仰；因盗窃罪被判刑 4 年。</td></tr>
<tr><td colspan="2">个人疾病史与健康状况</td><td colspan="4">从小到大生长发育正常，未患过重大疾病。目前身体健康。</td></tr>
<tr><td colspan="2">家族精神病史</td><td colspan="4">无</td></tr>
<tr><td colspan="2">心理测验结果</td><td colspan="4">SAS：标准分为 68 分，属于中度焦虑。</td></tr>
<tr><td>主诉与个人陈述</td><td colspan="6">主诉：害怕与他人交往，焦虑，最近一个月睡眠差、食欲下降。来监狱一段时间后，感觉与人隔绝了一样，大家好像都在排斥我、疏远我，周围也没有什么交心的朋友，时间久了压力就越来越大，逐渐产生了自卑、抑郁，害怕和他人交往。现在变得越来越不会与人交流，总担心说话会得罪人，整个人快崩溃了。其实我内心是想和许多人交朋友的，但不知如何开口，生怕自己说错了话，受到周围人的嘲笑。因此很自卑，每天都想躲起来，不愿与人接触。最近一个多月晚上入睡困难，半夜也容易醒，醒后就很难再睡着；不想吃饭，吃的比过去少。</td></tr>
<tr><td rowspan="2">观察与他人反映</td><td>咨询员的观察</td><td colspan="5">该犯叙述情况条理比较清楚，回答问题能抓住要领，在叙述过程中表情较紧张，在整个叙述过程中肢体动作多，突出表现为经常皱眉、不停地搓手。</td></tr>
<tr><td>监区民警与其他罪犯的反映</td><td colspan="5">该犯劳动表现较好，但总是独处，不与其他罪犯交往。</td></tr>
<tr><td>心理诊断结果</td><td colspan="6">神经症中的人际交往问题——社交焦虑</td></tr>
<tr><td>咨询目标</td><td colspan="6">具体目标为缓解焦虑情绪；最终目标为消除不合理信念，能与其他罪犯顺利交往。</td></tr>
<tr><td>咨询方案</td><td colspan="6">以认知改变为主，调整其对人际交往的错误看法。
每周咨询一次，每次 50 分钟。</td></tr>
</table>

续表

咨询过程	该咨询共进行了两次。首先与求询者建立良好的咨访关系,以便咨询活动顺利进行。第一次咨询重点帮助求询者认清其心理问题产生的根源是不合理认知,并布置每天做松弛训练1~2次和克服自身不良情绪主动与他人打招呼、交谈的作业。第二次咨询主要运用理性情绪疗法来调整求询者的认知,了解求询者完成作业时的感受,并传授一些人际交往技巧,使之能顺利与他人交往。	
咨询效果评价	求询者自评	不再害怕与其他人交往,跟他人说话也不会担心自己会说错,自信有了很大提升。晚上睡觉踏实,吃饭香了。
	咨询员评估	求询者与其他罪犯交往时的焦虑、害怕情绪已减弱,可以正常与其他罪犯交往;睡眠和吃饭均已恢复正常,精神状态比第一次咨询时有很大改善。
	心理测验结果	SAS标准分为46分,属于无焦虑状态。
思考与收获	1. 今后在咨询过程中要注意不能急躁,对求询罪犯要有足够的耐心。要特别注意善待每一位求询罪犯。 2. 倾听和鼓励是很好的促使求询罪犯详细述说自己情况并更加信赖咨询员的技术,在今后的咨询中要更加注意有效运用这些技术来提高咨询活动的成效。	

填写人:××　　　　填写时间:2020年3月25日

以上罪犯心理咨询案例分析报告书最大的优点是项目齐全、内容简洁明了、概括性强,能较好反映罪犯接受咨询并取得成效的完整过程,对咨询中存在的问题和好的经验总结得很到位。缺点是某些地方,尤其是涉及罪犯心理咨询活动的关键环节写得太简单,这样会遗漏一些重要信息,使本文书难以真正达到预期的写作目的。例如,“心理诊断结果”只有结论,没有诊断依据,对这个诊断结论是否可信就不易作出准确判定,如果诊断是错误的,也很难从方法角度找到诊断失误的主要原因。对“咨询过程”的记录也存在过于简单的问题。在这部分内容中,运用哪些技巧促进与来询罪犯建立和谐关系并促使来询罪犯更全面地叙述自己的问题没有表述清楚,对每一次咨询过程中具体进行了哪些活动、怎样进行的没有描述,这使后面所写的“收获”缺少有力的“现实支持材料”。因此,在罪犯心理咨询文书写作过程中,虽然从提高办公效率角度我们提倡一切从简,文书力求“精”“简”,但重要的、关键的环节不仅不能过“简”,而且还必须详细写,这样才能使文书的制作起到应有的作用。

第二节　罪犯心理评估文书

一、罪犯心理评估文书概述

罪犯心理评估文书是记录罪犯的心理特点、心理发展变化、心理危机状况、心理危机干预效果、罪犯心理矫治成效的文书。

罪犯心理评估文书的制作依据是《监狱教育改造工作规定》第 46 条的规定和罪犯心理评估的理论和操作实践。罪犯心理评估作为罪犯心理矫治的基础性工作,不仅能帮助监狱警察更好地了解罪犯的心理特点并采取有针对性的矫治措施,而且还能根据罪犯的这些心理特点鉴别出高危人群,以便对挫折和应激源较多的罪犯加强防范与调控,避免危害监管安全事件的发生。此外,心理评估还可为刑满释放人员的再犯罪预防提供心理学依据。

罪犯心理评估文书的制作意图,是在充分收集各种反映罪犯心理特点的资料基础上,对这些资料进行心理学分析进而总结出罪犯的典型心理特点,最后提出相应的管理、矫治、帮教和预防再犯罪的具体建议。

按照罪犯所处服刑时期的不同,一般将罪犯心理评估分为罪犯入监心理评估、罪犯服刑中期心理评估和罪犯出监心理评估。虽然在不同服刑时期罪犯心理评估的侧重点不完全相同,但从有效改造罪犯和维护监管安全的角度来看,罪犯心理评估的重点主要放在了解罪犯的心理特点、改造难易程度、人身危险性与再犯罪可能性方面,因此,下面就重点介绍与之相关的心理评估报告的制作。

二、罪犯人格评估报告

罪犯人格评估报告是反映罪犯典型人格特点的心理评估报告,通常是在对罪犯进行人格测试的基础上进行。在我国监狱中对罪犯进行人格测试通常使用气质量表、艾森克人格问卷(EPQ)、卡特尔 16 项因素量表(16PF)、明尼苏达多相人格问卷(MMPI)、中国罪犯心理测试量表——个性分测验(COPA - PI)等标准化的心理测验。因此,罪犯的人格评估报告主要由这些心理测验的结果及其解释与相应的罪犯矫治建议组成。在制作罪犯人格评估报告时,这些心理测验既可以全部施测,也可以选择某几项施测;在形成报告时,既可以把所施测的心理测验的结果逐一罗列,也可以将几项心理测试的结果综合,得出总体结论。

本文书示例见例 8 - 7。

例 8 –7

罪犯人格评估报告

COPA – PI 测试评估报告

一、个人信息

编　　号:20200916005	服刑单位:××监狱	测试日期:2020 –10 –29
姓　　名:方某	性　　别:男	出生日期:1981 –09 –13
民　　族:汉族	家庭住址:×省×县×镇	入狱时间:2020 –09 –16
刑种刑期:7 年	犯罪类型:生产、销售伪劣商品罪	罪　　名:生产销售伪劣产品
判刑次数:1	捕前职业:无业(下岗)	文化程度:初中
备　　注:		

二、效度指标

说谎指标(L)	2 分	回答基本诚实可信。分数越低,表明结果越诚实、可信。
认真指标(S)	0 分	回答基本认真。分数越低,表明越认真、细心。

三、临床指标

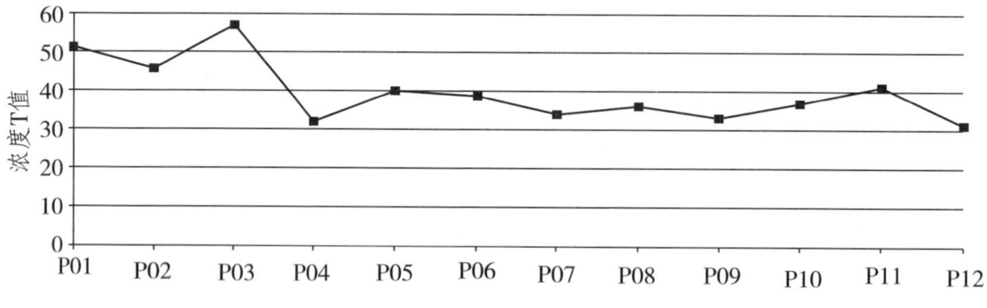

指标维度	标准分	解　　释
外倾	51	中等分:人格无明显的外向或内向特征,介于孤僻和合群之间。对人既不会非常冷漠,也不会格外热情。对与人打交道没有明显的喜爱或厌恶。人际交往能力一般,社会环境适应中等。
聪敏	46	中等分:介于聪明与愚笨之间。聪明敏锐水平一般。学习能力、理解能力和逻辑思维能力处于中等水平,思维的灵活性和逻辑性、敏捷性和创新性均较为一般,效率中等。

续表

指标维度	标准分	解　　释
同情	57	较高分:同情心较强。心肠比较软,敏感,易受感动,能够体察到别人的情绪感受。感情比较细腻、丰富、脆弱。比较善良友好,有较强的正义感和责任心。比较同情弱者,有时会关心和帮助他人。
从属	32	*低分:很有主见,独立性很强。遇事常有自己的一套主意。基本上不依赖或受制于他人,也不受社会舆论压力的约束,顾忌很少。行事有魄力,酷爱发号施令,自视很高,有很强的抱负或野心。从不轻易改变或放弃自己的主见,敢于独树一帜。
波动	40	较低分:情绪比较稳定和成熟。性情倾向于温和、稳重,比较善于自我控制。面对生活中的各种困难和挫折,比较沉着、冷静。情绪较少受外界环境的影响。情绪反应比较平稳、轻微,且较容易恢复平静。
冲动	39	较低分:比较客观现实,冷静理智。为人处世倾向于小心翼翼,深思熟虑。比较容易思前顾后,犹豫不决。遇事较难激动起来,感情淡漠。行事喜欢安排周详,条理性较强,比较细心周致。不鲁莽从事,迟缓,比较有耐心。
戒备	34	*低分:戒备心很弱。对人过于信任和依赖,不喜欢角逐竞争、尔虞我诈。与人容易真诚相处,谦逊礼让。对周围世界持明显的积极和合作态度。为人随和,坦诚。想法很天真、幼稚,阅历很肤浅,自我保护意识很差,过于理想主义。
自卑	36	较低分:有较强的自信心,不自卑。对自己的能力和表现有较大的信心,比较相信自己能够取得最后的成功。做事不会轻易动摇和放弃。自我感觉较好,有较高的优越感。遇事比较沉着,心中比较有数。众人面前表现大方,坦然自若。
焦虑	33	*低分:焦虑感很弱。对自己的将来或前途满怀信心。富有安全感,无忧无虑。心境舒畅、心情开朗。
暴力倾向	37	较低分:暴力倾向较弱。比较安守本分,报复欲较小。不太喜欢刺激和冒险,比较喜欢有秩序的生活方式。为人比较谦逊,不霸道。不太喜欢争强好胜。比较胆小怕事,羞涩退缩,一般不会主动挑起事端。与人冲突时比较能退让求全,留有余地。解决分歧不太倾向于使用暴力。为人慈悲为怀,比较宽宏大量。生活态度倾向于依赖,保守,听天由命,比较缺乏反抗或进取精神。
变态心理	41	较低分
犯罪思维	31	*低分:无明显的犯罪思维模式。

四、改造参考建议与提示

1. 注意发挥同情心和责任感强的特点,适合情感教育。

2. 有可能是非正式群体的首领或意外事件的实施者,注意预防监控。比较固执己见,改造难度较大。

3. 注意正确利用沉着、平稳的特点。

4. 注意正确利用理智、细致的优点。

5. 注意正确利用城府不深、坦诚幼稚的特点。

6. 注意正确利用自信心强的特点。

三、罪犯改造难易程度预测分析报告表

罪犯改造难易程度预测分析报告表,是对罪犯接受改造程度进行心理学预测分析,并根据预测结果提出相应的改造建议的文书。对罪犯改造难易程度进行预测,主要根据罪犯的生理和心理健康状况、家庭关系状况、文化程度、犯罪情况、认罪悔罪情况、对判刑服刑的认识、入监教育期间的表现等因素来分析判断。

罪犯改造难易程度一般分为易改造、较易改造、一般、较难改造、难改造五个等级。对罪犯改造难易等级的预测分析需要编制相应的调查问卷对上述相关预测因素进行了解,根据罪犯对问卷的回答进行分析最后得出预测结论。调查问卷中的每一个问题就是一个评分项目,根据罪犯的选择,每个项目都有一个得分,将所有项目的得分加在一起就得到总分,根据总分所处的分数段来确定罪犯所处的改造难易程度等级。对改造难度大的罪犯,需要监狱警察高度重视并花费更多的时间和精力管教他们,还必须根据罪犯的具体特点找出具有针对性的改造措施,对他们也要更有耐心。当然,对改造难度小的罪犯也不能忽视。

四、罪犯人身危险性评估分析报告表

罪犯人身危险性评估分析报告表,是用于记录某一罪犯人身危险性的评估结果和管教建议的文书。对罪犯人身危险性大小的心理学评定主要通过对罪犯的恶习状况、犯罪状况、犯罪归因、生理心理状况、社会化状况以及是否涉猎毒品等情况的分析来进行。一般做法是针对上述六方面情况编制相应的调查问卷,根据罪犯对问卷的回答了解相关信息,经综合分析后得出关于罪犯人身危险性大小的结论。人身危险性大小不同的罪犯在服刑期间可给予不同的待遇,人身危险性小的罪犯可使用低戒备等级关押,在管理上也可适当给予宽管级的待遇;人身危险性大的罪犯可使用高戒备等级关押,在管理上也要适当从严管理。

本文书示例见例8－8。

例8－8

罪犯人身危险性评估分析报告表

单位:入监监区　　　　档案号:20190925003

<table>
<tr><td>姓名</td><td>张某利</td><td>性别</td><td>男</td><td>年龄</td><td>25</td><td>文化程度</td><td>初中</td><td>案由</td><td>盗窃</td></tr>
<tr><td>刑种</td><td>有期徒刑</td><td>刑期</td><td>4年</td><td>是否累犯</td><td>否</td><td>入监日期</td><td>2019－09－25</td><td>刑满日期</td><td>2023－01－23</td></tr>
<tr><td colspan="2">检测日期</td><td colspan="4">2019－11－10</td><td>检测民警</td><td colspan="3">李立</td></tr>
<tr><td colspan="2" rowspan="2">检测项目</td><td colspan="5">理论危险值</td><td colspan="3">检测结果</td></tr>
<tr><td>稳定区</td><td colspan="2">相对稳定区</td><td colspan="2">危险区</td><td>检测值</td><td colspan="2">危险区域</td></tr>
<tr><td colspan="2">涉毒</td><td>分值＝0</td><td colspan="2">分值＝2</td><td colspan="2">分值＝5</td><td>2</td><td colspan="2">相对稳定区</td></tr>
<tr><td colspan="2">恶习状况</td><td>分值＜7</td><td colspan="2">7≤分值＜10</td><td colspan="2">分值≥10</td><td>9</td><td colspan="2">相对稳定区</td></tr>
<tr><td colspan="2">犯罪状况</td><td>分值＜20</td><td colspan="2">20≤分值＜30</td><td colspan="2">分值≥30</td><td>28</td><td colspan="2">相对稳定区</td></tr>
<tr><td colspan="2">生理心理状态</td><td>分值＜4</td><td colspan="2">4≤分值＜6</td><td colspan="2">分值≥6</td><td>5</td><td colspan="2">相对稳定区</td></tr>
<tr><td colspan="2">犯罪归因</td><td>分值＝0</td><td colspan="2">2≤分值≤3</td><td colspan="2">分值＝5</td><td>2</td><td colspan="2">相对稳定区</td></tr>
<tr><td colspan="2">社会化状况</td><td>分值＜9</td><td colspan="2">9≤分值＜14</td><td colspan="2">分值≥14</td><td>10</td><td colspan="2">相对稳定区</td></tr>
<tr><td colspan="2">综合判断</td><td>分值＜42</td><td colspan="2">42≤分值＜63</td><td colspan="2">分值≥63</td><td>50</td><td colspan="2">相对稳定区</td></tr>
<tr><td colspan="2">关押等级建议</td><td colspan="8">中</td></tr>
<tr><td colspan="2">管教建议</td><td colspan="8">宽严相济,注意激发改造积极性。</td></tr>
<tr><td colspan="2">入监监区意见</td><td colspan="8">建议将该犯分往三监区服刑。
入监监区(盖章):
2019年11月15日</td></tr>
<tr><td colspan="2">备注</td><td colspan="8"></td></tr>
</table>

填写人:×××　　　　填写日期:2019年11月15日

五、罪犯再犯罪预测分析报告表

罪犯再犯罪预测分析报告表,是记录罪犯回归社会后,再次出现违法犯罪行为的可能性大小的心理学预测情况的文书。对预测显示再犯罪可能性较大的罪犯,要与相关部门沟通,做好防范其出狱后再犯罪的工作。

罪犯再犯罪可能性大小一般分为极小、较小、一般、较大、极大五个等级。对罪犯再犯罪可能性大小进行预测主要考虑以下因素:罪犯的年龄、文化程度、刑前职业、犯罪类型、犯罪原因、犯罪次数等基本情况,罪犯释放时的婚姻家庭状况、家庭经济收入、自身职业技能与就业预期、对未来生活工作的设计、社会关系与社会生活环境状况等。进行预测时,可根据罪犯的实际情况为上述每一个预测因素打分,将各预测因素的得分加在一起得到总分,根据总分所处的分数段来确定临近释放罪犯的再犯罪可能性大小的等级。

六、罪犯出监综合评估报告表

罪犯出监综合评估报告表是记录对罪犯总体改造质量评定结果的文书。罪犯出监综合评估主要包括罪犯入监与出监时在认罪悔罪、价值观、人生观、行为习惯等方面的变化,以及罪犯再犯罪的可能性大小、罪犯的刑罚体验是否深刻、监狱警察对罪犯改造情况的评价等信息,对这些信息进行综合分析,得出罪犯总体改造质量优劣的结论并提出相应的帮教建议。

本文书示例见例 8-9。

例 8-9

罪犯出监综合评估报告表

单位:三监区　　　　档案号:20160606009

姓名	张某	别名	无	性别	男	民族	汉族
出生日期		1988.11.13		健康状况		良好	
家庭住址		××省××市××区××号					
罪名	盗窃	原判刑期	6年	原判刑期起止		自 2015.10.11 起 2021.10.10 止	
刑期变动状况		减刑1年		近两年奖惩情况		2次奖励	
出监原因		刑期已满		出监时间		2020.10.10	
出入监综合评估比较		与入监时相比,认罪悔罪程度加深,已形成正确的"三观",道德观念和法治观念增强,不良行为习惯大多得到矫正。					
再犯罪预测结果		再犯罪倾向一般。					
刑罚体验检测结果		刑罚体验很深。					

续表

监区意见	该罪犯服刑初期表现一般，无重大违规违纪行为，最近几年改造表现较好，连续两次获得减刑6个月。 该罪犯出狱后，一般情况下再犯罪的可能性较小，但若受到强烈刺激时可能会无法自控而再次犯罪。
监狱改造质量评估办公室意见	根据上述信息可以推断该罪犯改造质量较好。 盖章 2020年10月8日
帮教建议	该罪犯文化程度较低，家庭关系有不稳定因素，目前已落实就业及帮教。应针对其实际情况，给予必要的帮教。
备注	

填写人：×××　　　　填写日期：2020年10月8日

第三节　罪犯心理档案

一、罪犯心理档案概述

罪犯心理档案是有关罪犯在整个服刑期间的心理及其发展变化的相关资料的汇总，罪犯在服刑期间接受心理咨询、心理治疗或心理危机干预的情况也要记录其中。罪犯心理档案的制作依据是《监狱教育改造工作规定》第46条的规定。

建立罪犯心理档案是为了更好地了解罪犯的心理，以便有针对性地开展罪犯教育与心理矫治，进而起到提高改造质量的作用。

罪犯心理档案的制作意图，是将影响罪犯心理形成与发展变化的各种因素分门别类地汇聚到一起，并对这些因素进行分析与归纳总结，找到罪犯的典型心理特点，为制定有针对性的改造罪犯的措施提供有力依据。

罪犯心理档案会随着罪犯改造进程的深入不断增添新的资料，因此罪犯心理档案的制作一般分两步进行：第一步建档，主要包括罪犯的基本信息、犯罪经历资料、罪犯入监心理评估报告等；第二步充实完善，主要包括随着改造进程的深入出现的与心理矫治活动密切相关的情况记载，包括改造表现、罪犯经历一些重大事件而产生心理变化的情况记录、罪犯服刑中期的心理评估报告、罪犯出监心理评估报告和罪犯进行心理咨询、心理治疗、心理危机干预的情况记录等。

二、罪犯心理档案构成要素及其内容

(一)罪犯基本信息

罪犯基本信息主要包括罪犯的一般人口统计学资料、身体状况、生活史等。这些信息有助于监狱更好地认识罪犯的心理特点及其行为表现产生的根源。所有罪犯基本信息涉及的表格应装订成册,以便于保存与查阅。

1. 一般人口统计学资料

一般人口统计学资料反映罪犯作为一名社会成员的基本情况,主要包括姓名及绰号、性别、出生日期或年龄、文化程度、民族、宗教信仰、籍贯、家庭所在地、家庭经济状况等信息。

需要说明的是,“绰号”作为极具个人风格的性格标签,不仅会使个人产生独特的感受,也可能会引发特殊的心理与行为,甚至某些绰号本身就是个体独特的心理与行为或生理特征的概括;“民族”是一个重要信息,某些少数民族有一些民族禁忌与独特的风俗习惯,监狱警察在罪犯的日常生活或组织某些活动时,应给予这类罪犯符合其特定民族风俗的待遇;“宗教信仰”是值得特别关注的信息,有宗教信仰的人受其宗教信仰的影响可能会有一些独特的观念或某种仪式化的行为,这可能是他们与众不同的地方;“家庭经济状况”也要予以重视,家庭经济状况不好,罪犯就会有后顾之忧,在改造过程中其家庭支持系统可能会存在缺失或薄弱等问题。

2. 身体状况

身体状况反映罪犯从出生到入狱时的身体健康状况与罹患各种疾病的情况,主要包括个人出生时的状况、个人疾病史、个人家族的精神疾病史、个人身体健康状况、生理缺陷和物品依赖状况等信息。

早产的孩子可能存在发育不良,难产可能使孩子在出生过程中脑部受损伤,这些都有可能导致以后出现心理问题或智力发育迟缓。癫痫反复发作易引起人格改变,就容易引发心理问题产生。各种脑病与脑外伤、甲状腺功能亢进、中毒等都会对人的心理与智力发展带来负面影响,使这些人易于产生心理问题与心理障碍。健康状况不佳者长期服药可能损害神经系统,也易于引发心理问题。生理缺陷与物品依赖易于导致人格扭曲,也比一般人更容易产生心理问题。有家族精神病史的人,不仅患精神疾病的可能性较大,也比一般人易于产生心理问题。

3. 生活史

生活史综合反映罪犯从出生到入狱时的成长与生活、工作状况,主要包括成长经历、工作经历、婚姻恋爱经历以及特殊生活经历等信息。

（1）罪犯的成长经历。主要是指罪犯成年之前的生活、学习等具体情况。其中包括家庭教养方式及其对该种教养方式的感受、是否经常遭受父母（或抚养者）打骂、是否有辍学的经历、是否经历过父母患重病或死亡等不幸、是否有兄弟姐妹并且都健康成长、是否经常看到父母（或抚养者）之间打骂等信息。如果罪犯在成长过程中遭遇过父母虐待、父母死亡、辍学、兄弟姐妹发生意外等不幸经历，就会使他们易于形成一些不良人格特点，因而容易出现不良行为或易于产生心理问题。

（2）罪犯的工作经历。主要是指罪犯入狱前曾经从事过哪些工作。其中包括在何时何地从事何种职业、收入状况、个人对职业的感受等信息。通过工作经历可以反映出罪犯所从事的职业类型、收入多少、职业稳定性及其职业认同感的高低，这些因素的好坏对罪犯的心理会带来不同的影响。经常更换职业的人，或许是存在职业技能较弱的缺陷，这可能导致某些人形成自卑心理；也可能是存在协调人际关系能力较差的弱点（他们因不能很好地与同事合作，最终导致工作上的失败）。这类人在服刑中也易于因人际矛盾冲突而引发心理问题。职业稳定性差的人，收入可能较少，生活水平就可能较低，他们的心态会较差一些，因而容易出现心理问题。

（3）罪犯的婚姻恋爱经历。主要是指罪犯在入狱前的婚恋状况。主要有两种情况：一是未婚有女友的罪犯，要提供与女友的关系状况，包括是否未婚同居、是否有非婚生子、判刑后女友是否提出分手等信息；二是已婚的罪犯，要提供婚姻建立和现在的家庭情况，包括婚姻建立的缘由、婚姻满意度与稳定性、自己在家庭中的地位、判刑后婚姻是否发生变化等信息。对罪犯来说，婚恋变化是容易诱发心理问题的因素。尤其是婚姻状况不佳的罪犯会因失去家庭的支持而对前途悲观失望，容易产生应付改造甚至是抗拒改造的恶劣行为。

（4）罪犯的特殊生活经历。主要是指罪犯过去经历的一些不幸事件或某些不好的经历以及罪犯的某些不良行为习惯，如遭受父母遗弃或父母与其断绝关系，与兄弟姐妹不和，父母离异，曾遭女友、妻子或好友背叛，曾无故遭受他人羞辱陷害或被他人恩将仇报，婚姻被第三者插足，子女不孝，习惯使用暴力来解决问题等信息。罪犯的特殊生活经历使罪犯可能形成心理阴影，并受其影响只从不好的方面来看待问题，可能采取极端方式来解决问题。这样的罪犯在遇到困难或遭受挫折时就比其他罪犯更容易产生悲观失望心理，进而引发严重的问题。对于那些习惯使用暴力来解决问题的罪犯，监狱警察就要高度重视，因为这一不良行为习惯使这类罪犯在服刑过程中遇到问题时，仍然会使用暴力方式来解决，因此他们比其他罪犯更容易产生违规行为，严重的还可能导致杀人、伤害等犯罪行为的发生。

(二)犯罪经历资料

犯罪经历资料反映罪犯此次入狱前的犯罪发生、发展与演变情况,主要包括犯罪原因、犯罪过程及其在犯罪中的地位、罪名和刑期、认罪情况与犯罪前科情况等信息。

罪犯对其犯罪经历的描述,可以让监狱警察清楚地了解罪犯的犯罪动机、犯罪对象、犯罪性质、犯罪方法、犯罪经过与犯罪历史等信息,这有助于监狱警察了解罪犯的一些独特的人格特点与某些习惯化的不良行为方式,进而为判断其可改造性的大小提供一些依据。

(三)服刑改造经历资料

服刑改造经历资料反映罪犯在整个服刑期间的改造情况,主要包括对监狱环境的适应情况、监狱中的人际交往状况、劳动改造情况、对刑满释放后的生活与工作的忧虑等信息。

改造经历一般会随着罪犯改造进程的延续而发生一定的变化,这种变化往往体现着罪犯对服刑生活的适应状况,同时也能很好地反映出服刑对罪犯心理影响的性质与程度。对于产生心理问题的罪犯,还可能从中找出其心理问题产生的根源。因此,在罪犯服刑的不同阶段,一般是在罪犯服刑半年左右(服刑初期)、刑期过半(服刑中期)、剩余刑期半年左右(服刑后期)这三个时间段,经调查后,由咨询员填写有关罪犯改造的信息。

(四)其他反映罪犯心理变化的资料

其他反映罪犯心理变化的资料主要包括罪犯改造状况起伏变化的情况记录、罪犯在服刑过程中经历的重大事件(包括获奖、受罚、家庭变故、与其他罪犯产生矛盾冲突等)及对其心理影响的文字记录、罪犯改造成效自我评价材料(主要包括罪犯写的总结、思想汇报及日记等)与集体评价材料等。这些资料可以在一定程度上帮助监狱警察深入认识服刑期间罪犯的心理变化及其变化的原因,以利于监狱警察采取有效措施促进罪犯的改造。上述资料会随着罪犯的改造进程不断出现新的变化,因此,对这类资料的收集要伴随罪犯服刑改造的全过程。一般来说,每隔3~6个月收集一次即可。

此外,罪犯心理档案还包括罪犯心理评估报告(参见本章第二节)、罪犯心理咨询、心理治疗、心理危机干预等实施情况记录(参见本章第一节)。需要注意的是,除"罪犯心理咨询案例分析报告书"外,上述资料均要归入罪犯心理档案。

三、使用要求和注意事项

由于罪犯心理档案是关于罪犯的心理及其发展变化情况与相关影响因素的资

料汇总，属于需要保密的罪犯个人隐私性资料，因此必须由监狱的心理矫治机构委派专人在专门设置的区域妥善保管，一般仅供心理矫治人员查阅使用，监狱中其他人员不能随意查阅。在特殊情况下需要查阅罪犯心理档案中的相关内容时，相关人员须提出书面申请，经领导批准后，在心理矫治人员的指导下进行查阅，而且不能带走任何有关罪犯情况的文字资料，对所查阅的信息也要注意保密，不能随意外传。罪犯心理档案保管人员还要将查阅人查阅的详细情况记录在案。

研究与思考

1. 制作罪犯心理矫治文书有什么意义？
2. 罪犯心理咨询文书包括哪些？不同种类的咨询文书如何制作？
3. 罪犯心理评估文书包括哪些？不同种类的评估文书如何制作？
4. 建立罪犯心理档案有什么作用？它包含哪些信息？使用时需要注意哪些问题？

第九章　罪犯劳动管理文书

要点提示

1. 罪犯劳动管理文书，是监狱依法组织罪犯从事改造性的生产劳动过程中所形成的各种工作文书的总称。罪犯劳动管理文书的制作依据是《监狱法》、《国务院批转司法部关于监狱体制改革试点工作指导意见的通知》、司法部《关于罪犯劳动工时的规定》和《罪犯工伤补偿办法(试行)》和有关加强监狱安全生产的规范性文件。监狱组织罪犯劳动，是改造罪犯的基本手段之一，罪犯劳动则是改造性的劳动。根据《监狱法》第3条、第4条的规定，监狱对罪犯实行惩罚和改造相结合、教育和劳动相结合的原则，将罪犯改造成为守法公民。监狱根据改造罪犯的需要，组织罪犯从事生产劳动。《监狱法》在"对罪犯的教育改造"一章中，从第69条至第73条专门对罪犯劳动问题作出具体规定，据此司法部发布了一系列有关罪犯劳动的规范性文件。

2. 罪犯劳动管理文书的主要内容：一是监狱劳务协议文书，如监狱与监狱企业签订的劳务用工合同，监狱企业与社会企业或个人签订的劳务加工合同；二是罪犯劳动待遇管理文书，如罪犯劳动报酬发放登记表、罪犯劳动保护用品发放登记表、罪犯加班劳动审批表等；三是罪犯工伤处理文书，如罪犯工伤认定申请表、罪犯工伤认定表、罪犯劳动能力鉴定表等。

3. 本章所涉及的内容，是根据《监狱法》和司法部有关规定并结合监狱工作实际需要而使用的文书，大部分文书尚未在全国监狱系统统一格式和样式。因此本章的文书格式和样式只具有参考作用。

第一节　监狱劳务协议文书

一、罪犯劳务用工合同

（一）概念

罪犯劳务用工合同，是监狱与监狱企业签订的为罪犯提供劳动改造岗位、实施技能培训，达成劳动改造目的的合同。

罪犯劳务用工合同是在监狱体制改革的大背景下产生的，其主要原因有以下几个方面：第一，劳动是罪犯改造的基本手段之一。《监狱法》第 3 条规定，监狱对罪犯实行惩罚和改造相结合、教育和劳动相结合的原则，将罪犯改造成为守法公民。第 4 条规定，监狱对罪犯应当依法监管，根据改造罪犯的需要，组织罪犯从事生产劳动，对罪犯进行思想教育、文化教育、技术教育。第二，有劳动能力的罪犯必须参加劳动。《监狱法》第 69 条规定，有劳动能力的罪犯，必须参加劳动。第 70 条规定，监狱根据罪犯的个人情况，合理组织劳动，使其矫正恶习，养成劳动习惯，学会生产技能，并为释放后就业创造条件。第三，该合同出自“监企分开”的直接要求。根据《国务院批转司法部关于监狱体制改革试点工作指导意见的通知》（国函〔2003〕15 号）的规定，监狱体制改革要逐步实现“全额保障、监企分开、收支分开、规范运行”的目标。监狱和监狱企业职能分开后，监狱的主要职能是负责刑罚执行、狱政管理、教育改造罪犯、组织罪犯劳动改造、狱内侦查、罪犯生活卫生管理、考核罪犯改造表现、警察队伍管理、罪犯劳动生产现场组织管理和安全生产监督管理等工作，确保监管安全稳定，全面提高罪犯改造质量。作为监狱机关的重要组成部分，监狱企业的主要职能是负责为监狱改造罪犯提供劳动改造岗位和技能培训，协助监狱搞好生产安全的监督管理等工作，确保国有资产的保值增值。

（二）内容结构

罪犯劳务用工合同的制作为罪犯的劳动改造创造条件。监狱和监狱企业职能分开后，罪犯如何到监狱企业务工，需要监狱与监狱企业以合同的形式，依据相关法律规定予以落实。其内容主要包括：

1. 合同名称。合同目的决定合同名称。监狱与监狱企业之间的劳务用工合同以实现罪犯劳动改造为目的，因此其名称宜为“罪犯劳务用工合同”。

2. 合同主体。一般劳务合同的主体是劳动者与用工单位，以实现罪犯劳动改造为目的的劳务用工合同，合同主体则是依法确定的，只能是监狱与监狱企业。

3. 合同条款。罪犯劳务用工合同的条款内容主要是依据法律、法规及规章确定，而一般合同的条款内容是合同主体在平等、自愿基础上的意思表示。

在罪犯劳务用工合同中，既要以合同条款的形式落实合同主体在罪犯劳动改造中的权利、义务，也要体现对罪犯权利的依法保护和对罪犯义务的强制履行。例如，依据《监狱法》第 72 条的规定，监狱对参加劳动的罪犯，应当按照有关规定给予报酬并执行国家有关劳动保护的规定。因此，在合同中要体现对罪犯劳动报酬的支付主体是监狱，而不是监狱企业；对罪犯劳动保护的具体落实在监狱企业，执行主体是监狱。

4. 合同尾部。合同主体签字盖章，明确合同签订日期，确保合同生效。

（三）制作要求

罪犯劳务用工合同极具特殊性，在制作和使用中要注意以下问题。

1. 罪犯劳务用工合同不同于一般民事合同。组织罪犯进行劳动改造既是监狱的权力，也是监狱的责任。监狱企业的性质和任务是为改造罪犯提供劳动岗位和生产手段，是监狱不可分割的重要组成部分。不同于以营利为目的的社会企业，监狱企业享受国家给予监狱的特殊政策。罪犯劳务用工合同作为对罪犯进行劳动改造的一种安排，必须依法签订，不能体现合同主体的自由意志。

2. 罪犯劳务用工合同是行政合同。根据现代行政法理念，行政合同是指行政主体为了行使行政职能，实现特定的行政管理目标，与公民、法人或其他组织经过协商一致以明确各方当事人之间的权利、义务所达成的协议。行政合同具有如下特征：第一，行政合同的当事人一方必定是行政主体；第二，签订行政合同的目的是行使行政职能，实现特定的国家行政管理目标；第三，合同以双方意思表示一致为前提；第四，在行政合同的履行、变更、解除中，行政主体享有行政优益权；第五，行政合同纠纷通常通过行政法的救济途径解决。罪犯劳务用工合同具备以上行政合同的全部特征。

3. 合同条款要有法律依据。作为行政合同，罪犯劳务用工合同的条款要有法律依据，做到依法行政，依法履职。

本文书示例见例 9－1。

例 9－1

罪犯劳务用工合同

甲方：××监狱

乙方：××有限责任公司

根据《中华人民共和国监狱法》及相关规定，为罪犯改造提供劳动岗位、实施技

能培训,结合乙方业务发展需要,甲方向乙方组织输送劳务用工,为乙方提供有关服务。经双方协商,现就有关事项协议如下:

一、甲方提供具备劳动能力的劳务人员,乙方根据业务需要提出劳务用工的数量、条件。

劳务用工具体人数暂定×××名。

用工期间,甲方提供的务工人员如假释式刑满释放,甲方须在一个月内补足。

二、甲方负责对劳务人员进行法律、法规、公司规章制度、劳动纪律、安全知识教育;乙方进行岗前业务、技术培训,所需费用由乙方承担。

三、乙方必须严格执行国家的有关工作时间、生产安全、劳动保护、卫生健康等规定,为劳务人员提供符合规定的劳动保护措施、劳动保护用品以及其他劳动保护条件。

四、对劳务人员的日常管理和考核,乙方应指定专人协助甲方管理。

五、甲方根据考核结果,确定劳务人员每月的报酬标准,甲方应当登记造册,统一保管。

六、乙方为劳务人员提供技能鉴定及其他必要的服务。

七、劳务人员在为乙方工作期间发生因工致伤、致残、死亡事故时,应按《中华人民共和国监狱法》及司法部的有关规章处理。

处理过程中甲方为主,乙方协助。所需补偿费用列入乙方生产成本列支。

八、劳务人员应遵守乙方的规章制度,服从乙方的工作安排。

劳务人员在为乙方工作期间经乙方考核不合格的,乙方应以书面形式通知甲方,由甲方列入劳务人员的日常考核结果。

九、劳动补偿费用:甲方根据输送的劳务人员数量按每人每月××××元的标准向乙方收取劳动补偿费用。每月15日前输送的(或每月15日后终止的),按全月标准支付劳动补偿费用;每月15日后输送的(或每月15日前终止的),按半月标准支付劳动补偿费用。

十、劳动补偿费用结算与支付

1.劳动补偿费用包括:(1)劳务人员报酬;(2)保险费用。

2.乙方于每月5日前将前一个月劳务人员工作情况反馈给甲方,并根据乙方每月的结算通知(附开具的正式劳务费发票)将劳动补偿费用于每月10日前一次性汇入甲方账户。单位名称:××监狱;银行账号:×××××××××××××××××。

十一、本协议自2021年3月15日起至2032年3月14日止。

十二、为保证协议双方的权益,协议签订双方不得单方面终止本协议,否则承担因终止协议给对方造成的全部经济损失。未经协商任何一方单方面解除合作协议的，根据剩余合作时间劳务费用的3%作为违约金支付给对方。

十三、协议未尽事宜，双方协商解决。

本协议一式两份，协议双方各执一份。

甲方：××监狱（章）
法定代表人：×××
2021年3月13日

乙方：××有限责任公司（章）
法定代表人：×××
2021年3月13日

二、劳务加工合同

（一）概念

劳务加工合同，是指监狱企业在组织罪犯劳动中与社会企业或个人签订的劳务加工合同。

劳务加工合同的制定依据是《民法典》和其他民事法律。劳务是指以劳动形式提供给社会的服务。劳务加工合同形式有两种：一种是生产过程与交换过程的统一，消费过程可以独立于外，如服装加工、家具制作等。另一种是劳动者提供使用价值的过程，劳动者的劳动与购买者的消费同步，如饮食、理发等，劳动行为以劳动成果的形式呈现。劳务加工合同是作为独立经济实体的单位之间、公民之间以及他们相互之间就有关提供和使用劳动力问题而订立的协议。

（二）内容结构

劳务加工合同的主要内容如下：

1. 合同标的。劳务加工合同的标的是劳务，即将原材料和元器件加工装配成指定的产品而付出的劳动、技术或工艺。为了说明标的所提供的劳务的性质，应具体规定加工装配业务的内容和要求。

2. 对来料来件的规定。来料来件合称料件，是实现提供劳务的物质基础，合同中应规定料件的品质、数量，以及委托方送交制件的时间、地点。为了明确责任，对委托方不能按质、按量、按时提供料件的，应在合同中规定处理方法。

3. 已对交付成品的规定。合同中委托方对成品的品质规格均应作出规定，对交货数量和交货期限也要明确规定，如承接方不能按合同规定交付成品应承担相应的损害赔偿责任。

4. 关于耗料率和残次品率的规定。耗料率是指单位产品消耗原材料或元器件的数额，残次品率是指不合格产品在全部产品中所占比率。这两项指标与产品成本直接相关,又受制于加工方的技术水平和生产条件,所以双方应协商规定一条合理的标准,超过规定的比率时加工方应承担责任。

5.关于加工费的规定。劳务加工合同本质上是一种劳务贸易,加工费体现了劳务的价值。

6.运输和保险。在加工装配贸易过程中,料件和成品的所有权不发生转移,始终为委托方所有。因而,运输和保险的责任原则上由委托方承担。具体业务中,对出口成品的运输和保险,料件进口和存仓的保险,均可由承接方代办,费用由委托方另行支付或者计入加工费内。

7.付款方式。委托方向承接方支付加工费的方式有两种:料件和成品均不计价,由委托方通过信用证或汇付方式,向承接方支付加工费;料件和成品分别计价,其差额即为加工费,对此承接方应掌握"先收后付"的原则。

(三)制作要求

劳务加工合同要明确合同性质,正确适用法律。劳务加工合同一旦签署,即具有法律效力,因此要慎重对待每一条款,消除文字歧义,避免日后可能出现的纠纷。

本文书示例见例9-2。

例9-2

劳务加工合同

甲方:××监狱

乙方:××有限责任公司

第一条　甲方加工事项,以乙方所交付的外包加工单为凭。

第二条　甲方须按照外包加工单所列的各项规定,如加工说明、数量、交货日期,确实履行,准时交货。

第三条　乙方所交的加工品应保证为合格品,并不得有短缺、瑕疵或不合规格等情况,且经甲方验收后,始认为合格。

第四条　材料由乙方负责。

第五条　若材料由甲方负责供应时,废料率为××。

第六条　甲方必须确实遵守外包加工单所规定的交货期,或乙方外协管理员电话或书面通知调整的交货期,若有延误的情况以及因规格不合,质量不良,致验收不合格而遭退货时,甲方应依下列办法计算违约金付予乙方,但因天灾或因人力不可抗拒的事件,经乙方确认属实者,则不在此限。

(一)过期5日内,每逾1日,按未交部分总价,处××××元违约金。

(二)继续逾期5日以上不满10日者,每逾1日按未交部分总价处××××元违约金。

(三)继续逾期10日以上不满20日者,每逾1日按未交部分总价处××××元违约金。

(四)继续逾期20日以上,依违约论,不论未交部分数量,违约金以价款的一倍计算。

第七条　通过验收的货品在乙方再加工时,若发现有不良品时(为乙方再加工后的磨损品除外),则乙方可退回甲方重新加工。

第八条　乙方送交加工品不合格,导致甲方生产线停工,其工时损失要由乙方负责,如果甲方发生非常严重不良后果,则甲方有权取消外包加工单。

第九条　按期交足订货而合格率为100%,给予总价8%奖励金。按期交足订货而合格率为95%,给予总价5%奖励金。

第十条　付款条件:甲方交来的货品经乙方验收合格后,乙方向甲方付清余款。

第十一条　本合同一式两份,双方各执一份,具有同等法律效力。

甲方(签章):××监狱　　　　乙方(签章):××有限责任公司

2011年11月3日　　　　2011年11月3日

第二节　劳动待遇管理文书

一、罪犯劳动报酬发放登记表

(一)概念

罪犯劳动报酬发放登记表,是监狱依法给予参加劳动的罪犯劳动酬金的记录和凭证性文书。

根据《监狱法》第69条的规定,有劳动能力的罪犯,必须参加劳动。根据《监狱法》第72条的规定,监狱对参加劳动的罪犯,应当按照有关规定给予报酬并执行国家有关劳动保护的规定。监狱依法给予参加劳动罪犯一定的劳动报酬,体现了对罪犯劳动所创造的价值的认同与肯定。罪犯可以用劳动报酬购买日常用品,适当改善罪犯的狱内生活;可以用来接济家庭,尽赡养、抚(扶)养的义务,以减缓内心的愧疚感;另外,还可以为出狱后的日常生活积攒一些资金。监狱的执法实践证明,罪犯劳动报酬的发放，激发了罪犯的劳动改造积极性，促进了其由被动改造向主动改造的转变。

罪犯劳动报酬，是指监狱根据罪犯技术等级、劳动熟练程度、劳动效率等，以不同形式发给罪犯本人的劳动报酬，包括劳动酬金、奖金、津贴等。

（二）内容结构

罪犯劳动报酬发放登记表，用于记录罪犯劳动报酬的金额和发放情况，包括标题、眉栏、腹栏和尾栏。标题可采用“罪犯劳动报酬发放登记表”。眉栏包括发放单位和发放时间。

（三）制作要求

所有罪犯在领取劳动报酬时必须在列有姓名、金额、等级等的发放登记表上签名，存入罪犯档案。这一表格文书在制作时要注意劳动报酬与日常零用钱的区别。劳动报酬既可以用统一的表格，也可以奖金、津贴分别制表。由于监狱内罪犯不得持有和使用现金，因此罪犯劳动报酬要存入其本人的账户。

二、罪犯劳动保护用品发放登记表

罪犯劳动保护用品发放登记表，是监狱依法为参加劳动罪犯发放劳动保护用品时使用的记录性文书。

根据《监狱法》第72条的规定，监狱对参加劳动的罪犯，应当执行国家有关劳动保护的规定。这就意味着对罪犯的劳动保护，与社会企业的劳动保护同等对待，完全体现出对罪犯劳动保护的重视程度，也突出显示了罪犯劳动的改造性质。为罪犯提供符合国家规定的劳动安全卫生条件和必要的劳动防护用品，是监狱对罪犯实施劳动保护的主要内容。劳动保护用品的发放要制作详细的登记表。

罪犯劳动保护用品发放登记表的主要项目是罪犯的姓名、工种，劳保用品的名称、发放日期、规定使用的起止日期，领用人签名，经办人签名等。

三、罪犯加班劳动审批表

（一）概念

罪犯加班劳动审批表是监狱因临时性延长罪犯劳动时间而履行呈请和审批手续时使用的文书。

根据《监狱法》第71条第1款的规定，监狱对罪犯的劳动时间，参照国家有关劳动工时的规定执行；在季节性生产等特殊情况下，可以调整劳动时间。这里要特别注意，《监狱法》用的是“参照”而不是“按照”国家有关劳动工时的规定执行。为加强对罪犯的劳动改造,做好罪犯的劳动保护工作,根据《监狱法》的有关精神,1995年6月司法部印发了《关于罪犯劳动工时的规定》。根据司法部的要求,目前监狱施行的是罪犯“5+1+1”日常作息制度,即平时每周安排罪犯劳动5天,集中学习1天,休息1天。每天劳动时间不超过8小时,未成年犯另外执行特殊的作息制度,在国家规定的节日和其他休息日休息。

根据司法部《关于罪犯劳动工时的规定》第6条的规定,监狱生产单位需要延长劳动时间,须提前拟定加班计划,经监狱狱政、劳动管理部门审核,报监狱长批准,方可实施。

(二)内容结构

罪犯加班劳动审批表的主要内容和结构安排有以下几个方面:

1.眉栏。有申请单位和文书编号。

2.加班申请计划。有拟加班的岗位、日期、时段、人数、原因及调休计划等。

3.意见。有分监区意见、监区意见、狱政管理部门意见、劳动管理部门意见和监狱意见。

(三)制作要求

1.严格把握罪犯加班劳动的条件。监狱生产单位需要延长劳动时间,须提前拟订加班计划,经监狱狱政、劳动管理部门审核,报监狱长批准,方可实施。在下列特殊情况下,延长劳动时间可以不受规定时间的限制:发生自然灾害、事故或者因其他原因,威胁生命健康和财产安全的;需要紧急处理的生产设备、公共设施发生故障,影响生产和公众利益,必须及时抢修的;农忙季节需要抢收抢种的。

2.批准后的加班必须按规定补休并给予规定的待遇。按照规定组织罪犯加班的监狱生产单位,事后应当安排罪犯补休,确实不能安排补休的,根据延长劳动时间的长短,支付一定数量的加班费。夜间加班至23时以后的,应安排夜餐。在法定节假日安排罪犯劳动,根据延长劳动时间的长短,支付高于平常加班的加班费。

第三节　罪犯工伤处理文书

一、罪犯工伤认定申请表

(一)概念

罪犯工伤认定申请表,是罪犯参加监狱组织的劳动过程中因工负伤,由所在监区提出工伤认定申请时使用的文书。

《监狱法》第73条规定："罪犯在劳动中致伤、致残或者死亡的，由监狱参照国家劳动保险的有关规定处理。"为保障罪犯在生产劳动中遭受事故和职业病伤害后获得医疗救治和经济补偿的权利，促进工伤预防和安全生产，依据《监狱法》，参照国家关于职工工伤保险的有关规定，结合监狱工作实际，司法部于2001年11月制定了《罪犯工伤补偿办法（试行）》。《罪犯工伤补偿办法（试行）》第9条规定，罪犯的工伤认定结论由监狱作出。罪犯在劳动过程中发生伤、残或死亡事故，罪犯所在监区应当及时向监狱提出工伤申请报告。监狱应当在收到报告的30日内完成调查取证工作，作出是否定为工伤的决定，并通知罪犯本人或家属。

根据上述规定，罪犯在参加监狱组织的劳动过程中，发生伤、残或死亡事故，罪犯所在监区应当制作罪犯工伤认定申请表，用于向监狱提出认定工伤的申请事宜。

（二）内容结构

目前监狱系统尚无统一的罪犯工伤认定申请表的格式，根据国家有关部门的相应文书格式，并结合监狱工作实际使用的情况，该文书一般应当包括以下主要内容：

1. 眉栏。包括申请单位和申请时间。其中，申请单位填写监区或直属分监区的名称。

2. 罪犯基本情况。依次写明罪犯的姓名、性别、年龄、身份证号码、所在押犯单位、入监时间、劳动岗位等情况。

3. 申请事项。申请工伤认定的，包括事故时间、诊断时间、伤害部位。其中，伤害部位一栏填写受伤的具体部位。因职业病导致工伤的，还应填写接触职业病危害时间、接触职业病危害岗位、职业病名称。职业病名称按国家有关规定执行。

4. 受伤害经过简述。应写清事故时间、地点，当时所从事的工作，受伤害的原因以及伤害部位和程度。职业病患者应写清在何单位从事何种有害作业、起止时间、确诊结果。

5. 受伤害罪犯或亲属意见栏。应写明是否同意申请工伤认定，对所填内容真实性作出文字声明。

6. 所在单位意见。写明是否同意申请工伤，所填情况是否属实，监区主要负责人要签字并加盖单位公章。

7. 监狱受理意见。应填写补正材料的情况，是否受理的意见。

（三）制作要求

1. 按照罪犯工伤认定条件填写。根据司法部《罪犯工伤补偿办法（试行）》第7条的规定，罪犯在下列情况下致伤、致残或死亡的，应当认定为工伤：从事日常劳动、生产或从事监狱临时指派或同意的劳动的；经监狱安排或同意，从事与生产有关的发明创造或技术革新的；在紧急情况下，虽未经监狱指定，但从事有益于监狱工作或从事抢险救灾救人等维护国家和人民群众利益的；在劳动环境中接触职业性有害因素造成职业病的；在生产劳动的时间和区域内，由于不安全因素造成意外伤害的，或者由于工作紧张突发疾病死亡或经第一次抢救治疗后全部丧失劳动能力的；经监狱确认其他可以比照因工作伤、残或死亡享受工伤补偿待遇的。

《罪犯工伤补偿办法(试行)》第8条同时规定，虽然符合上述规定范围，但由下列行为造成负伤、残疾或者死亡的，不应认定为工伤：自杀或自残，打架斗殴，酗酒，违犯监规纪律，犯罪，蓄意违章或故意损坏生产工具，经监狱确认不应认定为工伤的其他行为。

2. 按规定提交证明材料。一般来说，在劳动时间和劳动岗位突发疾病死亡或者在48小时之内经抢救无效死亡的，应提交医疗机构的抢救和死亡证明。属于抢险救灾等维护国家利益、公众利益活动中受到伤害的，按照法律法规规定，提交有效证明。因特殊情况无法提供有关证明材料的，应书面说明情况。

本文书示例见例9－3。

例9－3

罪犯工伤认定申请表

单位：第二监区　　　　　　　　　　　　　　　　罪犯编号：××××××

<table>
<tr><td>姓名</td><td>张某明</td><td>性别</td><td>男</td><td>年龄</td><td>25</td><td>民族</td><td>汉族</td></tr>
<tr><td>罪名</td><td>盗窃罪</td><td>刑种</td><td>有期徒刑</td><td>刑期</td><td colspan="3">8年</td></tr>
<tr><td>居民身份证号码</td><td>×××××××××
×××××××××</td><td>劳动岗位</td><td colspan="5">罪犯食堂操作员</td></tr>
<tr><td>工伤认定申请理由</td><td colspan="7">张某明于2021年4月21日10时许，在犯人厨房劳动，砍肉时不慎将左手中指末节砍伤，送至某某市第二医院治疗，诊断为左手中指骨裂伤。</td></tr>
<tr><td>罪犯或家属意见</td><td colspan="7">申请认定为工伤。
签名：张某明
2021年4月22日</td></tr>
<tr><td>监区意见</td><td colspan="7">同意申请认定工伤。
签名：×××
2021年4月23日</td></tr>
<tr><td>业务主管部门意见</td><td colspan="7">情况属实，同意申请认定工伤。
签名：×××
2021年4月25日</td></tr>
</table>

续表

监狱意见	同意对张某明进行工伤鉴定。 签名：××× 2021年4月26日
备注	

二、罪犯工伤认定表

（一）概念

罪犯工伤认定表，是监狱对于受理的罪犯工伤申请进行认定工作时使用的文书。

《罪犯工伤补偿办法（试行）》第9条规定，罪犯的工伤认定结论由监狱作出。监狱应当在收到罪犯所在监区提出工伤申请报告的30日内完成调查取证工作，作出是否定为工伤的决定，并将结果通知罪犯本人或家属。

（二）内容结构

罪犯工伤认定表的主要内容是：

1. 眉栏。填写单位和罪犯编号。

2. 罪犯基本情况。填写罪犯的姓名、性别、出生年月日、身份证号码、所在押犯单位、入监时间、工种或劳动岗位等情况。

3. 伤亡时间地点原因及受伤部位。应写清事故时间、地点，当时所从事的工作，受伤害的原因、伤害部位和程度。职业病患者应写清在何单位从事何种有害作业、起止时间和确诊结果。该栏由监区负责人和经办人签名。

4. 鉴定结论。由受监狱指派或委托的专业人士填写经鉴定得出的结论，并由鉴定人签名。

5. 监狱意见。填写监狱是否认定为工伤的结论。对认定为工伤的，要写明伤残的等级，加盖公章并由监狱主管领导签名。

（三）制作要求

1. 按罪犯工伤评残标准执行。根据《罪犯工伤补偿办法（试行）》第11条的规定，罪犯工伤评残标准，按照国家有关部门制定的有关职工工伤与职业病致残程序鉴定标准执行。

2. 鉴定结论作出后，监狱要及时通知罪犯所在监区、罪犯本人或罪犯亲属。罪犯对鉴定结论不服的，可以向监狱的上级机关申请重新鉴定，监狱上级机关应当委托当地省级劳动能力鉴定委员会或聘请有关专家进行重新鉴定，重新鉴定后的结论为罪犯劳动鉴定的最终结论。向监狱上级机关申请进行重新鉴定的费用由申请人承担。

3. 按规定落实认定工伤罪犯的待遇。因工伤残的罪犯,被评残为1~4级的,服刑期间,劳动酬金照发。办理暂予监外执行、假释和刑满释放手续的,发给一次性伤残补助金。因工伤残的罪犯,被评残为5~10级的,服刑期间,安排适当的劳动,按规定享受相应的劳动酬金待遇。刑满释放时,发给一次性伤残补助金。罪犯因工负伤,治疗未终结就已刑满释放的,应继续在指定医院治疗。治疗终结后,按规定评定伤残等级,发给一次性伤残补助金。罪犯因工死亡的,由监狱负责处理丧葬事宜,丧葬费用由监狱负担。

本文书示例见例9-4。

例9-4

罪犯工伤认定表

单位:第二监区　　　　罪犯编号:××××××

<table>
<tr><td>姓名</td><td>张某明</td><td>性别</td><td>男</td><td>年龄</td><td>25</td><td>民族</td><td>汉族</td></tr>
<tr><td>罪名</td><td>盗窃罪</td><td colspan="2">刑种</td><td>有期徒刑</td><td>刑期</td><td colspan="2">8年</td></tr>
<tr><td colspan="2">居民身份证号码</td><td colspan="3">××××××××××××××××××</td><td>劳动岗位</td><td colspan="2">罪犯食堂操作员</td></tr>
<tr><td colspan="2">伤(亡)时间地点原因及受伤部位</td><td colspan="6">张某明于2021年4月21日10时许,在犯人厨房劳动,砍肉时不慎将左手中指末节砍伤,送至某某市第二医院治疗,诊断为左手中指骨裂伤。</td></tr>
<tr><td colspan="2">鉴定意见</td><td colspan="6">经X光拍片检查,申请人左手中指末节为骨裂伤。
×××(盖章)
2021年4月28日</td></tr>
<tr><td colspan="2">监狱意见</td><td colspan="6">经2021年4月30日监狱长办公会决定,张某明认定为工伤。
签名:×××
2021年4月30日</td></tr>
<tr><td colspan="2">备注</td><td colspan="6"></td></tr>
</table>

三、罪犯劳动能力鉴定表

罪犯劳动能力鉴定表,是监狱对于因工致伤致残罪犯的劳动能力进行鉴定时使用的文书。

罪犯劳动能力鉴定表的制作依据是《罪犯工伤补偿办法(试行)》第10条的规

定:“罪犯因工负伤,由监狱组织生产安全、劳动管理和医疗部门的人员按照国家有关标准和程序,对因工伤残罪犯的劳动能力和伤残等级进行鉴定……”

罪犯劳动能力鉴定表的制作要求基本上与罪犯工伤认定表相同,这里不再赘述。

—— 研究与思考 ——

1. 简述监狱与监狱企业之间劳务用工协议书的制作依据和制作方法。
2. 简述监狱企业与社会企业或个人之间的劳务加工协议书的制作方法。
3. 简述罪犯劳动报酬发放登记表、罪犯劳动保护用品发放登记表、罪犯加班劳动审批表的制作方法。
4. 简述罪犯工伤认定申请表、罪犯劳动能力鉴定表、罪犯工伤认定表的制作方法。

第三编　通用文书

第十章　常用党政机关文书

要点提示

1. 党政机关公文，是指党政机关实施领导、履行职能、处理公务的具有法定效力和规范体式的文书，是传达贯彻党和国家方针政策，公布法规和规章，指导、布置和商洽工作，请示和答复问题，报告、通报和交流情况等的重要工具。为了适应中国共产党机关和国家行政机关工作需要，推进党政机关公文处理工作科学化、制度化、规范化，2012 年 4 月 6 日，中共中央办公厅、国务院办公厅联合印发了《党政机关公文处理工作条例》，自 2012 年 7 月 1 日起施行。国家标准《党政机关公文格式》也自 2012 年 7 月 1 日起施行。

2. 公文种类主要有决议、决定、命令（令）、公报、公告、通告、意见、通知、通报、报告、请示、批复、议案、函、纪要共 15 种。监狱系统的党政机关在履行职责和处理公务中经常使用报告、请示、批复、决定、通知、通报、函、意见和纪要等文种。这些公文按照行文方向分为上行文、平行文和下行文。上行文是发往上级机关的公文，主要有报告、请示等。平行文即发往平级或不相隶属的机关的公文，主要是函，有时通知也用作平行文。下行文是发往下级机关的公文，主要有命令、决定、通告、通报、批复等。

3. 党政机关公文有着严格的行文规则。行文应当确有必要，讲求实效，注重针对性和可操作性。行文关系根据隶属关系和职权范围确定。一般不得越级行文，特殊情况需要越级行文的，应当同时抄送被越过的机关。向上级机关行文和向下级机关行文，都应当遵循相应的具体规则。

第一节　常用党政机关公文的格式

一、公文格式的基本要求

根据《党政机关公文处理工作条例》和《党政机关公文格式》的规定，党政机关公文包括通用格式和命令格式、信函格式、纪要格式。通用格式见图示 10－1 至图示 10－2。

二、通用公文格式的要素及编排

公文版心内的格式各要素划分为版头、主体、版记三部分。公文首页红色分隔线以上的部分称为版头；公文首页红色分隔线（不含）以下、公文末页首条分隔线（不含）以上的部分称为主体；公文末页首条分隔线以下、末条分隔线以上的部分称为版记。

（一）版头

1. 份号。公文印制份数的顺序号。涉密公文应当标注份号。标注份号时，一般用 6 位 3 号阿拉伯数字，顶格编排在版心左上角第一行。如“000001”，不显示“份号”二字。

2. 密级和保密期限。公文的秘密等级和保密的期限。涉密公文应当根据涉密程度分别标注“绝密”“机密”“秘密”和保密期限。如需标注密级和保密期限，一般用 3 号黑体字，顶格编排在版心左上角第二行；保密期限中的数字用阿拉伯数字标注。

3. 紧急程度。公文送达和办理的时限要求。根据紧急程度，紧急公文应当分别标注“特急”“加急”，电报应当分别标注“特提”“特急”“加急”“平急”。紧急程度一般用 3 号黑体字，顶格编排在版心左上角；如需同时标注份号、密级和保密期限、紧急程度，按照份号、密级和保密期限、紧急程度的顺序自上而下分行排列。

4. 发文机关标志。由发文机关全称或者规范化简称加“文件”二字组成，也可以使用发文机关全称或者规范化简称。发文机关标志居中排布，上边缘至版心上边缘为 35mm，推荐使用小标宋体字，颜色为红色，以醒目、美观、庄重为原则。

5. 发文字号。由发文机关代字、年份、发文顺序号组成。编排在发文机关标志下空二行位置，居中排布。年份、发文顺序号用阿拉伯数字标注；年份应标全称，用六角括号“〔〕”括入；发文顺序号不加“第”字，不编虚位（即 1 不编为 01），在阿拉伯数字后加“号”字。上行文的发文字号居左空一字编排，与最后一个签发人姓名处在同一行。发文字号的正确标注如：中发〔2018〕3 号。

图示 10－1

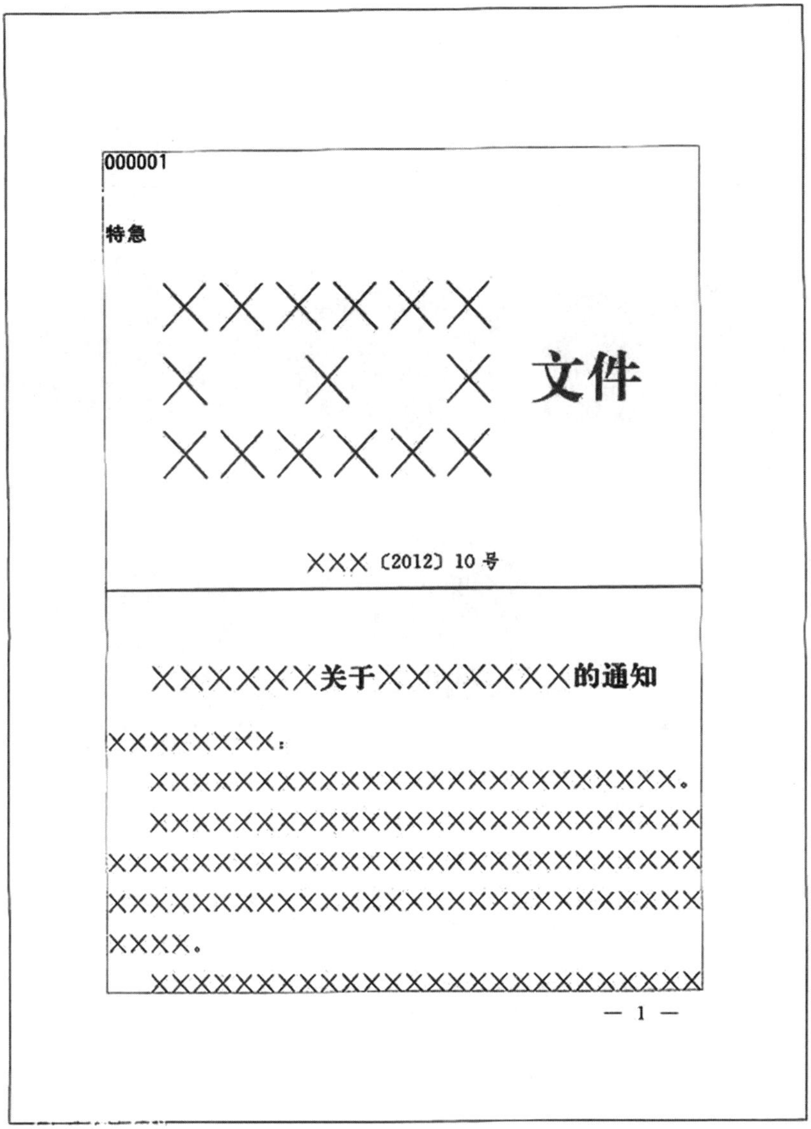

000001

特急

××××××
×　×　×　文件
××××××

×××〔2012〕10号

××××××关于×××××××的通知

××××××××：

××××××××××××××××××××××××。

××。

××××××××××××××××××××××××××

— 1 —

注：版心实线框仅为示意，在印制公文时并不印出。

图示 10－2

××××××××××××××××。

××。

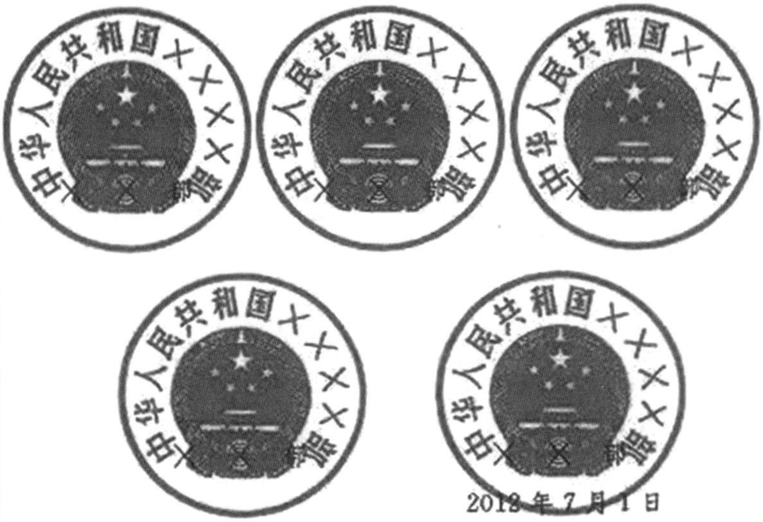

2012年7月1日

（×××××）

抄送：××××××××，××××××，×××××，×××××，×××××。

×××××××××　　2012年7月1日印发

注：版心实线框仅为示意，在印制公文时并不印出。

试分析例 10 - 1 中发文字号的写法是否符合规范。

例 10 - 1

(1)保狱发(2018)16 号

(2)院教函[2018]35 号

(3)中经发〔2018〕011 号

评析:上例中发文字号的标注均不规范。第一个中间用的括号为圆括号,第二个中间用的方括号,第三个发文顺序号编了虚位。

6. 签发人。上行文应当标注签发人姓名。由“签发人”三字加全角冒号和签发人姓名组成,居右空一字,编排在发文机关标志下空二行位置。“签发人”三字用 3 号仿宋体字,签发人姓名用 3 号楷体字。

7. 版头中的分隔线。在发文字号之下 4mm 处居中印一条与版心等宽的红色分隔线。

(二)主体

1. 标题。标题由发文机关、事由和文种组成,具体表述为“发文机关 + 关于 + 事由 + 的 + 文种”。一般用 2 号小标宋体字,编排于红色分隔线下空二行位置,分一行或多行居中排布;回行时,要做到词意完整,排列对称,长短适宜,间距恰当,标题排列应当使用梯形或菱形。请看例 10 - 2 至例 10 - 10。

例 10 - 2

民政部 公安部 中国残疾人联合会
关于伤残人民警察享受社会残疾人待遇有关问题的通知

评析:标题要素完整,表述准确,排列为梯形,符合规范。

例 10 - 3

中远集团有限公司免征城镇土地使用税的请示

评析:标题不正确,事由之前缺少“关于”。

例 10 - 4

关于中远集团有限公司推行全员健身活动的通知

评析:这是一份中远集团有限公司所发公文,标题不正确,“关于”应在发文机关之后。

例 10 – 5

中远集团有限公司表彰决定

评析:不正确,缺少“关于”和“的”字,且表彰的对象不明。

例 10 – 6

中远监狱关于印发定置管理实施方案
的通知

评析:标题不正确,第二行通知前“的”不应当打头。

例 10 – 7

中远集团有限公司关于印发张勤同志在公司首届
二次职工代表大会上的工作报告
及关于公司首届二次职工代表大会的决议的通知

评析:标题编排不正确,排列为多行时不采用上下长中间短的沙漏形。

例 10 – 8

中共焦作市委关于追授薛勇同志
“全市优秀共产党员”称号,开展向薛勇同志学习活动的决定

评析:标题有误,标题中不用逗号。逗号可改为“并”。

例 10 – 9

省政府办公厅关于进一步
压缩企业开办时间的意见

评析:标题上下行排列有误,不应当采用上下一样长的长方形。

例 10 – 10

中远集团有限公司关于 2018 年度进一步全面加
强消防安全工作的通知

评析:标题回行时要保持词意完整,不能拆分词,本例将“加强”一词拆分。

2. 主送机关。公文的主要受理机关,应当使用机关全称、规范化简称或者同类型机关统称。编排于标题下空一行位置,居左顶格,回行时仍顶格,最后一个机关名称后标全角冒号。如主送机关名称过多导致公文首页不能显示正文时,应当将主送机关名称移至版记。请看例 10 – 11 至例 10 – 13。

例 10－11

省监狱管理局、厅戒毒管理局、各监狱戒毒单位，厅机关各处室、厅直各单位：

评析：这是某省司法厅一份通知中对主送机关的表述。同级同类机关之间用顿号，同级不同类机关之间用逗号，可见该文的主送机关层次没有处理好。

例 10－12

市直有关部门、单位，各县（市）、区国资监管机构，各市管企业，济南产权交易所：

评析：主送机关应当明确写明公文的受理机关和单位，不能使用“有关部门、单位”。若非使用不可时，要在公文合适之处加以说明。

例 10－13

各乡镇人民政府、县政府有关部门、有关直属机构：

评析：不正确，与例 10－12 存在同样的问题。

3. 正文。公文的主体，用来表述公文的内容。

公文首页必须显示正文。一般用 3 号仿宋体字，编排于主送机关名称下一行，每个自然段左空二字，回行顶格。

文中结构层次序数依次可以用“一、”“（一）”“1”“（1）”标注；一般第一层用黑体字、第二层用楷体字、第三层和第四层用仿宋体字标注。请看例 10－14。

例 10－14

一. 监狱人民警察的职权、职责
（一）、监狱人民警察的概念
1、监狱人民警察的职权
（1）、监狱人民警察的职责

评析：以上是层次序号使用中常见的错误用法，第一层该用顿号却误用圆点；第二层只用圆括号即可，却在后面加上了顿号；第三层该用圆点却误用了顿号；第四层则是在圆括号后加了顿号。

4. 附件说明。公文附件的顺序号和名称。

如有附件，在正文下空一行左空二字编排“附件”二字，后标全角冒号和附件名称。

如有多个附件，使用阿拉伯数字标注附件顺序号；附件名称后不加标点符号。

附件名称较长须回行时，应当与上一行附件名称的首字对齐。请看例 10 - 15。

例 10 - 15

附件：中远公司第一季度通报表彰名单

附件：《中远公司第一季度通报表彰名单》

附件：中远公司第一季度通报表彰名单。

附件：1、中远公司第一季度通报表彰先进单位名单

　　　2、中远公司第一季度通报表彰先进工作者名单

评析：除第一份文件附件标注正确外，其他三份公文中的附件说明的标注均不正确。第二个用了书名号，应当去掉；第三个用了句号，应当去掉；第四个附件序号后用了顿号，应为实心小圆点。

5. 发文机关署名。署发文机关全称或者规范化简称。

6. 成文日期。署会议通过或者发文机关负责人签发的日期。成文日期一般右空四字编排。

7. 印章。公文中有发文机关署名的，应当加盖发文机关印章，并与署名机关相符。单一机关行文时，一般在成文日期之上、以成文日期为准居中编排发文机关署名，印章端正、居中下压发文机关署名和成文日期，使发文机关署名和成文日期居印章中心偏下位置，不得出现空白印章。印章顶端应当上距正文（或附件说明）一行之内。有特定发文机关标志的普发性公文和电报可以不加盖印章。

8. 附注。公文印发传达范围等需要说明的事项。

9. 附件。公文正文的说明、补充或者参考资料。附件的编排有两种方式：第一，与公文正文一起装订的，附件应当另面编排，并在版记之前。“附件”二字及附件顺序号用 3 号黑体字顶格编排在版心左上角第一行。附件标题居中编排在版心第三行。附件顺序号和附件标题应当与附件说明的表述一致。附件格式要求同正文。第二，附件与正文不能一起装订的，应当在附件左上角第一行顶格编排公文的发文字号并在其后标注“附件”二字及附件顺序号。

（三）版记

1. 版记中的分隔线。与版心等宽，首条分隔线和末条分隔线用粗线（推荐高度为 35mm），中间的分隔线用细线（推荐高度为 25mm）。首条分隔线位于版记中第一个要素之上，末条分隔线与公文最后一面的版心下边缘重合。

2. 抄送机关。除主送机关外需要执行或者知晓公文内容的其他机关，应当使用机关全称、规范化简称或者同类型机关统称。

3. 印发机关和印发日期。公文的送印机关和送印日期。

三、联合行文的格式

（一）联合行文的发文机关标志

联合行文时，发文机关标志可以并用联合发文机关名称，也可以单独用主办机关名称。如需同时标注联署发文机关名称，一般应当将主办机关名称排列在前；如有“文件”二字，应当置于发文机关名称右侧，以联署发文机关名称为准上下居中排布。

（二）联合行文的发文字号

联合行文时，使用主办机关的发文字号。

（三）联合行文的签发人

如有多个签发人，签发人姓名按照发文机关的排列顺序从左到右、自上而下依次均匀编排，一般每行排两个姓名，回行时与上一行第一个签发人姓名对齐。

（四）联合行文的发文机关署名

联合行文时，署最后签发机关负责人签发的日期。

（五）联合行文的印章

联合行文时，一般将各发文机关署名按照发文机关顺序整齐排列在相应位置，并将印章一一对应、端正、居中下压发文机关署名，最后一个印章端正、居中下压发文机关署名和成文日期，印章之间排列整齐、互不相交或相切，每排印章两端不得超出版心，首排印章顶端应当上距正文（或附件说明）一行之内。

第二节　常用党政机关公文的种类

一、报告和请示

（一）报告

1. 概念

报告是适用于下级机关向上级机关汇报工作、反映情况或答复上级机关的询问的公文。

在社会生活和活动中，冠以“报告”名称的应用文体非常多，如“调查报告”“调研报告”“论证报告”“辅导报告”“学术报告”等，而党政机关公文中的报告不是通常意义上使用的报告，有着特定的含义。首先，报告是上行文，是下级机关向上级机关报送的党政机关公文,有着法定的效力和规范的体式;其次,报告的内容有着严格的界定,适用于向上级机关汇报工作,反映情况和答复上级机关的询问。不符合上述特征的“报告”,不在本节的讨论范围之内。

报告按其用途,分为工作报告、情况报告和答复报告。工作报告是用于向上级机关汇报本单位工作进展、做法、经验以及问题的报告。情况报告用于向上级机关反映工作运转中出现的新情况新问题,或者突发事件、意外事故等特殊情况。答复报告是针对上级机关查询提问的问题作出回复时使用的报告。

2. 内容结构

报告要按照统一的党政机关公文格式处理,重点包括以下几个方面。

(1)签发人。签发人一项为上行文的必备项目,由机关主要负责人签发。

(2)标题。报告的标题应当准确简要地概括报告的主要内容,一般由“发文机关+事由+报告”组成,如“中远监狱关于抓获脱逃罪犯李某情况的报告”。发文机关写制发单位的全称或规范化简称;事由一般用“关于”引起,是对报告内容的高度概括;“报告”是公文的文种。

(3)主送机关。主送机关是报告的主要受理机关,用机关的全称或规范化简称或者同类型机关统称,原则上主送一个上级机关。受双重领导的机关向上级机关行文,应当写明主送机关和抄送机关。

(4)正文。一般由缘由、主体内容和结束语三部分构成。报告的缘由部分,即为什么要写该报告,因此这部分一般要简明概括地撰写报告的原因、目的、意义,然后用“现将有关情况报告如下”等过渡到报告的具体内容,写工作进展、事件的经过或有关问题的处理情况。报告的结束语,视具体情况选用“特此报告”“以上报告妥否,请批示”等点明写作意图。

(5)附件。附件是公文正文的说明、补充或者参考资料。

(6)成文日期。成文日期中的数字,用阿拉伯数字将年、月、日标全,年份应标全称,月、日不编虚位(即1不编为01)。

其他项目按《党政机关公文格式》处理。

3. 写作要求

(1)拟制好报告的标题。首先,注意不混用文种。比如,“关于组建新生实业公司的请示报告”,这个标题是将汇报情况的“报告”和请求上级批示的“请示”混用了,不符合行文规则,给上级机关受文处理设置了障碍。其次,事由部分要简练,不用状语或形容词,这部分内容完全可以融合到正文内容中,以保证标题醒目简练的特点。比如,“××局关于完全地开展增收节支活动的报告”,标题中应删除“完全地”。

（2）注意材料的收集和积累。首先，要掌握大量的第一手材料，掌握的材料越充分、越具体、写起来就越得心应手。其次，报告必须如实反映情况，不允许写作者凭空想象、添枝加叶、夸张和渲染。写作者必须对写作的材料进行核实，未经核实的情况、数据和事实绝不写进报告。最后，报告内容要力求抓住现实工作的重点和关键，以及上级关注的重大问题，特别是工作中出现的新情况、新经验、新问题，如显著成效、重大进展、典型经验、严重教训等，避免把报告写成面面俱到的"流水账"。

（3）掌握各种报告的写作要点。工作报告，先要简要交代行文的目的、原因或者背景，可以使用"现将有关情况报告如下"等作为过渡词。然后，陈述具体工作情况，交代工作的时间、地点、起因，采取怎样的工作方式、方法、措施，取得如何的效果、成绩等。报告内容力求抓住现实工作的关键、可能引起上级关注的重大问题，突出报告的重点，如果简单罗列、面面俱到则可能成为"流水账"。

情况报告，要先介绍行文的目的，然后使用如"特将有关情况汇报如下"等过渡到下文。然后，说清楚事情发生的起因、经过、现状或结果等，重点说明对情况原因的分析，以及对下一步工作的有针对性的建议或方案等。结尾可以用"以上报告，请审阅"结尾。

答复报告，要先介绍根据上级机关询问或交办的要求而作此汇报。然后根据上级要求有针对性地说明事实情况、办理情况或办理结果，如果事情尚没有处理完毕或事态正在发展中，可写明"将持续报告""待有新进展将立即报告"。结尾可以用"特此报告（汇报）"等结尾。

（4）遵守行文规则。报告要遵守一般的行文规则，其主要内容有：行文应当确有必要，讲求实效，注重针对性和可操作性。根据隶属关系和职权范围确定行文关系。一般不得越级行文，特殊情况需要越级行文的，应当同时抄送被越过的机关。报告还要遵守上行文规则，其主要内容有：原则上主送一个上级机关，根据需要同时抄送相关上级机关和同级机关，不抄送下级机关。党委、政府的部门向上级主管部门请示、报告重大事项，应当经本级党委、政府同意或者授权；属于部门职权范围内的事项应当直接报送上级主管部门。不得在报告等非请示性公文中夹带请示事项。除上级机关负责人直接交办事项外，不得以本机关名义向上级机关负责人报送公文，不得以本机关负责人名义向上级机关报送公文。受双重领导的机关向一个上级机关行文，必要时抄送另一个上级机关。

（二）请示

1. 概念

请示，是适用于向上级机关请求指示、批准的公文。

根据写作目的和内容性质的不同,请示可以分为两类:一是求示性请示,用于请求上级机关对有关工作作出明确指示。所请示的工作,多属于影响较大,涉及面较广,或者属于法律及政策依据不明确的事项。二是求准性请示,用于请求上级机关批准开展某项工作,采用某项措施或者帮助解决工作中的实际问题。请示的内容,或者是一项新的工作、新的业务、新的领域,或者是近期的工作计划、规划方案,或者是领导干部和机构的调整,或者是有关人员编制、经费、设备等具体问题。

2. 内容结构

请示主要由以下几部分组成。

(1)标题由发文机关、事由和文种构成,如"某市监狱管理局关于罪犯在押解途中因车祸死亡处理问题的请示"和"某省司法厅关于新建女子监狱的请示"。拟制请示标题时,事由部分不得使用"请求""申请"等词语,以避免语义重复;标题中的文种不得错用为"请示报告""报告""申请"等,如题为"关于增加××监狱建设资金的请示报告"公文中的文种便是错误的,因为请示和报告必须分开使用。

(2)签发人。请示由机关主要负责人签发。

(3)主送机关。主送一个主管上级机关,标注机关全称、规范化简称同类型机关统称,不应写成"上级局""局办"等。

(4)正文一般由请示缘由、请示事项和结尾三部分组成。

请示缘由,可写明所遇到的新情况、新问题,或自身没有能力解决的困难,要写得充分、恰当、具体。内容简略、篇段合一的请示,开头也可以是表达行文目的和意义的一两句话,不独立成段。

请示事项,是请示的核心部分。求示性请示,要写明想在哪些具体问题、哪些方面得到指示。求准性请示,要把要求批准的事项写明。如果在请求批准的同时还需要人、财、物等方面的支持和帮助,更需要把编制、数量、途径等表达清楚、准确,以便上级及时批准。同时,应采用"换位思维",交代清楚上级部门作批复时需要了解的相关信息,如预先拟订解决问题的措施、办法或初步方案。当有多种不同意见时,应表明自己的倾向性意见及理由,以便上级机关在批复时参考。如有各种文字说明、图表或解决方案等相对独立的材料,则以附件形式置于正文之后,这样可使正文部分的行文更加简要、结构紧凑。

结尾,须按程式化语言写明期复请求。期复请求用语常见的有:"当否,请批示。""妥否,请批复。""以上请示,请予审批。""以上请示如无不妥,请批转有关部门执行。"

3. 写作要求

(1)行文确有必要,防止滥用和乱用。一方面,要防止对“请示”的滥用和乱用,凡是职权范围内能够解决的问题和已经解决的问题,均无须写作和呈送请示。另一方面,也要防止出现当用不用的现象,在本单位因职权和力量所限或者认识不清,对有关问题无力解决时,就一定要用“请示”。

(2)事先请示,防止先斩后奏。这是使用请示时必须遵守的一条重要原则。所谓事先,包括发现需要解决的问题之时,以及问题已经发生,下级机关尚未获得合乎统一章法的解决办法这样两种情况。“事先请示”是民主集中制这一组织原则的具体体现和要求,不能“先斩后奏”,事后请示。那种先造成既定事实,再向上级机关补送请示的做法,实际上是一种目无上级、无视纪律的表现,在正常情况下是必须防止的。

(3)明确表明意见,防止将矛盾上交。写作请示,一定要提出解决问题的意见。不仅要提出请示的事项或者问题,而且要提出解决问题的意见、办法、措施,要把问题具体写清楚,才便于上级机关研究,从而尽快作出某种指示或者是否批准的答复。如果不提出自己的看法、建议或者解决问题的方案,实际上是将矛盾上交,既不负责任,也不利于请示问题的顺利解决。下级机关的请示事项,如需以本机关名义向上级机关请示,应当提出倾向性意见后上报,不得原文转报上级机关。

(4)一事一请示,防止一文多事。坚持“一文一事”的原则,避免因主题分散,而延误公文办理。若非上级领导人授权交办的事项,不得主送给上级领导个人,送报的请示等上行文由上级机关综合办公部门(办公厅、处、室等)按照领导分工呈批。如果是上级机关领导人直接交办的个别事项和确需报送审批的敏感绝密事项、重大突发事件等事项除外。确需向上级机关领导个人报送公文时,一般不得多头分送;确需分送的,应在首页注明分送情况。

(5)单一主送,防止多头主送。请示的主送机关只能有一个,若多头主送,则可能造成上级机关互相推诿、公文“旅行”而没有结果,造成请示事宜延误,也可能造成若干个机关批复内容不相同,请示机关无所适从,甚至带来上级机关之间的矛盾。受双重领导的机关向一个上级机关行文,必要时抄送另一个上级机关。

(6)逐级请示,防止擅自越级。这就是要求下级机关应向自己的直接上级请示,若属直接上级无权、无法解决的问题,则进一步由后者向其上级机关请示。如遇特殊情况必须越级时,要抄送越过的上级机关。请示经上级机关批复前不能抄送同级或者下级机关。

(三)请示与报告的比较

请示与报告的共同点是:第一,行文方向相同,两者都是下级机关向上级机关呈送的上行公文;第二,内容有相同之处,两者都要向上级机关汇报情况或反映问题;第三,作用有相似之处,两者都能起到下情上达的作用,都具有主动争取上级机关帮助和指导的作用。

请示与报告的区别在于:第一,行文目的不同。报告的目的,主要是让上级机关了解情况,掌握动态,而不具有要求上级机关作出答复的目的。请示则是要求立即获得上级机关的答复。第二,性质不同。报告属于汇报性公文,请示则是请求性公文。第三,要求不同。报告不要求上级机关答复,请示则要求上级机关作出答复。第四,行文时间不同。报告在事后或者事中上报,请示则要求在事前,即在事情解决之前呈送。第五,内容范围不同。报告汇报的内容没有严格局限于一件事或者一个问题,而请示的内容只限于"一文一事"。

二、批复和决定

(一)批复

1. 概念

批复,是适用于答复下级机关的请示事项的公文。

批复与请示是一对互相呼应的公文文种,请示单位要求上级机关对其所请示的问题给予答复,上级机关在接到有关部门的请示后要及时研究,给予批复。根据答复内容可分为两种:对求示性请示的批复,是针对下级机关工作中、法规政策执行中出现的认识与理解上的问题作出的批示意见;对求准性请示的批复,是依法依职权对下级机关自身无法解决的事项作出的审查或批准意见。

2. 内容结构

批复主要包括以下几部分。

(1)标题。由发文机关名称、事由和文种组成。事由部分既可以用"关于……"的结构,如"司法部监狱管理局关于对罪犯陆××收监执行问题的批复";也可以根据需要在事由部分加上表态词"同意"等词语,如"××省监狱管理局关于同意××监狱设立罪犯心理矫治机构的批复"。

(2)主送机关。标注呈送请示的机关名称。

(3)正文。开头引叙所答复的"请示"的成文时间、标题、发文字号等内容,目的在于直接明确此批复所针对的"请示"内容,也便于收文单位处理公文时查找上报的请示。例如:"你局201×年×月×日《关于××××的请示》(××发〔201×〕45号)收悉。"然后简要交代形成答复意见的程序或过程,以体现批复意见的合法性和权威性,可用"经局长办公会研究决定""经研究"等一笔带过,转入答复事项。针对来问的请求事项，态度鲜明地回答是否同意或批准对方的请求，或应对方请求提出解决问题的指导性意见。如完全批准请求事项，须写明肯定性意见的主要内容，不宜只写“同意你们的请示”，或者只笼统地写“同意你们的意见”；如完全不同意请示事项，应当说明这样批复的依据和理由；如只能部分同意或批准请示事项时，除简要说明理由外，还可提出具体的修正补充意见，进一步避免下级机关因不明情况而重复“请示”。

(4)结尾部分。常以“此复”“特此批复”等结尾结束全文，有时也可提出所请事项案例以及办结后的要求；也可根据需要不写结尾部分，只将请示的事项分别说明清楚即可，不需要明显的结尾词语或结尾段落。最后加盖发文机关公章，标注成文日期。

3. 写作要求

(1)答复问题要有针对性。批复行文态度要明确，内容简练准确。下级请示什么问题，就应针对该问题进行答复。无论完全同意，还是部分同意，甚至是不同意均应作出明确回复，不应答非所请或模棱两可。

(2)写作讲求时效性。下级机关请示事项一般都是工作中面临的亟须解决的问题，如果上级机关久拖不复，会影响下级机关的工作效率。应当在合法合理的流程基础上，减轻答复时间的滞后性。如果是目前暂无法明确解答的请示，上级机关也应采取合理方法告知下级机关，避免后者等待时间过久而耽误工作。

(3)对上级机关批复的内容，下级机关要及时办理并报告办理结果。本文书例见例10－11至例10－13。

(二)决定

1. 概念

决定，是适用于重要事项作出决策和部署，在奖惩有关单位和人员，变更或者撤销下级机关不适当的决定事项的公文。

决定是下行文，按公文的作用，可分为决策指挥性决定、奖励惩处性决定、变更撤销性决定。决策指挥性决定，用于对重大事项作出决策、对重大行动作出统一部署，具有较强的政策性、指令性；奖励惩处性决定，用于对有关组织、人员或者某些事项予以表彰或惩处，具有教育警示作用；变更撤销性决定，用于变更或撤销下级机关不适当的决定事项或其他事项，以适应管理需要或纠正不当管理行为。

2. 内容结构

决定的内容结构按照统一的行政公文格式处理，主要有以下项目：

(1)标题

由发文机关名称、事由、文种三部分组成。例如:“国务院法制办关于第四批取消和调整行政审批项目的决定”“××省司法厅关于授予××司法局等单位荣誉称号的决定”。

(2)主送机关

主送机关使用全称或规范化的简称,如果是周知性的文件可以省略主送机关。

(3)正文

第一,决策指挥性决定的正文内容。首先,交代制发文件的背景、根据、目的、意义或原因。其次,陈述有关事项或行动安排的具体内容,包括决定事项或行动的指导思想、指导原则、工作目标、实施的时间、空间范围和人员范围,实施的步骤、方式方法和条件,思想与组织保障,与其他措施的关系以及有关的政策界限、执行要求等。

第二,奖励惩处性决定的正文内容。首先,交代制发文件的背景、依据、目的等,做到奖励有根据,以理服人。其次,对所针对的组织、人员的先进事迹或错误行为进行分析、评价并明确有关组织的奖惩意见。最后,提出学习先进的号召或吸取教训的警示,或提出今后工作的要求、方法措施、注意事项等。

第三,变更撤销性决定的正文内容。首先,交代变更或撤销有关决定事项的依据、原因、目的等。其次,直接说明决定变更或撤销的事项的具体内容。最后,简要说明决定变更或撤销事项的性质、后果或者相关要求等。

3. 写作要求

(1)写明决定的依据。在写作决定时,应准确而完整地交代公文的生成程序、过程或权威的行文依据,之所以如此是因为,决定的事项往往是一些重要的事项或重大的行动,通常需要集体研究,履行法定程序或者召开专门会议讨论通过。

(2)决定事项具有可执行性。决定内容应明确、易懂,要注意结合本地区、监狱系统的实际情况,以便理解其内容并使之得到切实的贯彻执行。

(3)决定的语言应郑重平实、准确简练。表达一定要完整、周密,语气要肯定坚决,不得模棱两可,要避免出现歧义和其他疏漏,否则会影响决定的现实效用和执行效果。

(4)正确选用决定文种。选择文种时要考虑该事项的重要性,不得事无巨细都使用“决定”,特别是关于“奖惩”的通报、决定和命令,在选用时尤其要注意相互之间的差异性。通常,一般性的奖惩事项可以选用“通报”;如果是有关法律、法规、规章等明文规定的奖惩事项,可以选用“决定”;根据法律法规规定的等级较高(如授予荣誉称号等)的奖惩事项,则选用“命令”。

三、通知和通报

(一)通知

1. 概念

通知,是适用于发布、传达要求下级机关执行和有关单位周知或者执行的事项,批转、转发公文的文种。

通知的使用范围非常宽泛,可分为以下四种。

(1)指示性通知。用于对下级某项工作提出指示与要求,具有强制性、指挥性和决策性。

(2)转发性通知。用于批转、转发、印发某些法规、规章及规范性文件,发文目的在于被批转、转发、印发的文件在更大范围内产生效用,扩大文件的有效执行范围。批转,用于上级机关批准并转发下级机关的公文,如《国务院批转司法部关于监狱体制改革试点工作指导意见的通知》。转发,用于在职权范围内引用上级机关、平级机关或不相隶属机关的公文。例如:《司法部办公厅关于转发〈公安部、财政部关于印发因公牺牲公安民警特别补助金和特别慰问金管理暂行规定的通知〉的通知》。印发,适用于发布本机关的规范性文件。

(3)知照性通知。用于在一定范围内告知某些特定事项,如告知一般事务性工作信息,召开各种会议,成立、调整、合并、撤销机构,启用或废止公章,变更组织或刊物的名称,出版发行刊物,更改电话号码,更正公文差错信息等。

(4)任免通知。用于宣布有关人员的职务任免情况。

2. 内容结构

通知主要包括标题、主送机关、正文、落款和成文日期等。

(1)标题。通知的标题通常由“发文机关名称 + 事由 + 通知”组成,如《司法部关于召开全国监所安全工作会议的通知》。有时可省略发文机关名称,由事由、文种构成标题,如《关于加强机关工作作风建设的通知》。用于张贴公布的知照性通知也可以直接用文种“通知”作为标题。

(2)主送机关。主送机关应明确地标注全称,或使用规范化的简称或统称。

(3)正文。不同类型的通知内容不同,写法各有差异。

指示性通知。正文一般包括:一是交代现实情况或存在的问题,提出行文的客观依据或目的、意义,然后用“特作如下通知”或“特通知如下”等过渡性语句;二是说明具体的通知事项,如工作任务、具体要求与政策界限等,写作事项要明确、具体、重点突出;三是明确地指出落实通知事项的步骤、方法、时间安排、汇报办理情况的方式和期限以及其他办理要求与注意事项等,可根据需要写执行通知的希望和号召。

批转、转发、印发有关文件的通知。正文一般包括:一是概括地交代印发、转发文件的依据、原因、意义;二是说明被印发或转发的文件或其主要内容,可用"现将××文件转发给你们,望遵照执行"等;三是提出执行要求和施行时间。必要时,还可以对印发、转发的文件及其内容加以简要的评价、分析,指出执行中的要求和注意事项,也可针对文件中的规定、要求等提出补充意见。

用于宣布某些应知事项的通知。正文包括:一是简要交代通知形成的过程、原因、根据,通常使用"为了""根据""依照"等引述词引起正文。二是说明通知的具体内容,如会议通知需要交代召开会议的时间、地点、与会人员及资格条件,写明参会人数、食宿安排、经费报销办法、交通安排、与会的要求、会议筹办者及联系方式等;启用或废止印章的通知需要说明有关印章名称及印章规格式样、启用或废止的时间等。三是使用"特此通知"等词语结束全文,以强调行文目的,表明公文内容结束。

用于各类组织中一般干部和人员的任免(任职或免职)或聘用的通知。正文内容包括:一是直接说明任免或聘用的有关根据和法定程序;二是交代被任免或聘用的人员的姓名、职务、任职起止时间等。免职通知有时也可简要说明免除职务的原因。

(4)落款和成文日期。落款和成文日期按公文格式的统一要求处理。

3. 写作要求

(1)指示性通知的要求。内容要合理、细致、具体,在规定的执行方面应注意实事求是,避免"一刀切"或者指标定得过高,要便于下级机关操作执行;开头部分记叙现实情况、说明制发缘由,应简要概括,无须详细记叙整个情况发生发展的全过程。通知事项可进行必要的议论,讲清道理,以引起受文者的重视,增强贯彻落实通知内容的自觉性和主动性。

(2)转发性通知的要求。第一,要根据本单位与被转发文件的制作机关之间的工作关系,正确选择"批转"和"转发"。第二,语序安排恰当,符合事理。如有的通知说"现转发给你们××文件",这样表述是将重心放到"给你们"即受文主体上,而公文的主送机关实际已经明确了受文主体,不需要再强调主体,应该突出转发的文件,即"现将××文件转发给你们"。第三,在提出执行要求时,要严格区分"遵照"和"参照"。遵照执行,即按所转文件的要求不折不扣地执行;参照执行,即按其精神执行,在不违背其精神和原则前提下,可以根据实际灵活变通,行文中也可使用

“参考、参酌、酌情”等词语。第四，规范标注附件。此类通知在正文都以批转、转发、发布的公文作为附件，并规范标注附件说明，以保持公文的完整性。

(3)知照性通知的要求。选用恰当的层次安排方法，写清楚各种需要通知的事项。如会议通知常用列项说明的方法，而其他情况则多采用篇段合一的说明方法。如需众多机关与人员知悉，可选择新闻媒体、网站等形式公开行文，或者公开张贴通知。

(4)任免通知的要求。首先，在标题中使用“任命”“任职”“任免”等词语时，标题与正文内容应一致。如果正文只有任职而没有免职事项，则标题中只能显示“任职通知”而不能标注为“任免通知”。其次，可写明任免的法定生效程序或依据，如“经×××会议研究决定”“根据××文件的精神”“经××同意”等，以保证任免通知的合法性和严肃性，但对人员任免的原因一般不作进一步的交代。最后，如确需众多机关与人员知悉，可选择新闻媒体、网站等形式公开行文。

(二)通报

1. 概念

通报，是表彰先进、批评错误、传达重要精神和告知重要情况时所使用的公文。通报有以下三种：一是表彰通报，用于表彰先进人物或先进集体，介绍先进事迹、推广典型经验；二是批评通报，用于对单位或个人工作中发生、出现的重大失误、重大问题、错误倾向、不良风气等提出批评；三是情况通报，用来传达重要精神，沟通重要情况。

2. 内容结构

通报的内容结构按照统一的行政公文格式处理，主要包括以下内容。

(1)标题。标题由发文机关名称、事由和文种组成，如“××省司法厅关于表彰张××同志先进事迹的通报”。对情况通报的标题有时也可以在“通报”前加上“情况”二字，以点明通报的类型，如“××监狱关于××车间发生火灾的情况通报”。

(2)主送机关。主送机关要规范地标注，根据情况不同也可以省略。

(3)正文。

第一，表彰与批评通报。首先，交代事实经过，如先进或错误事实发生的时间、地点、人物、过程、结果，要求采用说明性的叙事方法，使用简要的文字陈述。其次，对事实进行分析评价，如分析先进事迹发生的主客观条件，评价其性质、意义，得出规律性认识，汲取经验教训等。最后，写组织的决定事项，即给予有关单位或个人何种精神上和物质上的奖励，提出学习先进事迹、借鉴典型经验的要求或号召等，或者写对有关组织或人员的工作过失处理情况等。

第二,情况通报。首先,交代事件发生的概况,即在什么时间、在什么地点、经过怎样的过程、产生了什么结果等。其次,对发生事件的性质、原因以及后果的分析说明。最后,提出指导意见。如果是针对工作中的一些重大事故,还须提出防止发生类似事故的措施和要求,有时还通报对事故责任者的处理决定。

3. 写作要求

(1)要突出通报的指导作用。通报行文的价值往往并不单纯停留于发布动态信息、宣布奖惩结果,而旨在传达重要情况,树立学习榜样、激励先进,或者提供反面典型,督促后进,使阅文者能够总结经验、吸取教训,得到启示和警示。因此,要选准、选好典型,使通报真正起到激励教育、推动工作和批评警示的作用。

(2)注重内容的时效性。制发通报要抓住时机,及时地将先进典型和经验向社会宣传推广;对反面典型予以披露,引起思考;对某些重大事项和重要情况及时予以通报,以起到交流信息、指导工作的作用。发文时要把握有效时机,在事情发生后立即予以通报,这样才能起到教育作用。

(3)真实可靠,评价适当。通报中所涉及的事例,必须是客观存在的,经过反复调查、真实可靠的,绝不允许捏造和虚构。同时,对事迹和事件进行分析评价时,应以实事求是的态度进行客观公正地分析和表述,不得故意拔高或贬低。同时,观点要鲜明,提倡什么与反对什么,要让人一目了然。

(4)恰当选用表达方式。在表达方式上,通报应以记叙为主,兼用说明和议论的方法,概括陈述过程,不必全面反映事情的详细过程,内容结构要合理,详略要得当。

4. 通知和通报的不同

(1)行文时间不同。通知的行文目的是告知事项、布置工作、部署行动,需要受文单位知晓为什么办、办什么、怎样办,并要求严格按照文件精神遵照执行,因而通知一般在某一事项或行为发生之前行文;通报的行文目的主要是交流重要的工作情况,或者使有关单位了解正反面典型,使人们从中受到启发、教育,提高认识,因而通报一般在某一典型事例、重大情况发生之后才能行文。例如,某监狱关于面向全国将要公开选调监狱警察的"通报",应改为"通知"。

(2)公文内容不同。通知的内容宽泛,包括批转下级机关的公文,转发上级机关和不相隶属的机关的公文,传达要求下级机关办理和需要有关单位周知或执行的事项,任免工作人员等;通报的内容比通知狭窄,表扬先进事迹、推广典型经验、批评违法违纪的组织和人员、传达上级重要指示精神以及指出工作中的重要情况、重点问题等。

(3)事项重要程度不同。通知的事项可大可小,可重要可一般;通报则强调事项或事例的典型性、重要性和代表性。

(4)表达方式不同。通知的表达方式主要是说明，告知人们什么时间、什么地点、做什么、怎样做，叙述具体，语言平实；通报的表达方式则常兼用记叙、说明和议论，简述事实经过，说明组织的决定与要求，分析原因或评价成绩等，具有较强的情感色彩。

四、意见、函和纪要

(一)意见

1. 概念

意见，是适用于对重要问题提出见解和处理办法的公文。

意见，多数情况下是上级机关或部门对一些重要问题提出看法、主张、措施、办法，要求下级机关或相关部门结合实际参照执行；有部分意见是下级机关或职能部门对自己认为重要的问题提出看法、主张，供上级机关作决策时参考。

意见的制作意图是就某项工作提出见解和处理办法，表明看法和主张，以求对工作起到指导和建议作用。根据意见的不同用途，可以将其划分为指导性意见、呈请性意见、评估性意见，分属于下行文、上行文、平行文。本节重点讲解指导性意见和呈请性意见。

(1)指导性意见。多用于党政机关向下级机关布置工作，属于下行文，这是“意见”中适用最广泛、最频繁的一种，对下级机关的管理行为具有指导、规范作用。与命令、决定等文种相比较而言，其指令性和强制性相对弱一些，而指导性较强。如《中央纪委、中央组织部、中央编办、监察部、财政部关于加强地方县级纪检监察机关建设的若干意见》提出了任务、标准等多方面的意见，各地区各单位应结合自身实际情况制订细化措施和方案贯彻落实。有时，一些意见还在标题的文种前加上“指导”一词，如《关于××××的指导意见》，更加明确地突出了公文内容的原则性、指导性，尽管文件中对工作的开展提出了一系列方针、措施和实施步骤等，但更加注重内容的原则性和灵活性的统一，为下级单位进一步开展工作留有较大的自由裁量空间。有时部署工作不宜以决定、命令、通知等文种向下行文，可使用意见这一文种，以阐明工作的原则、方法，突出要求。

(2)呈请性意见。多用于下级组织向上级组织提出工作建议和方案设想等情况，属于上行文。这类意见的主要目的是就某项工作提出自己的意见、建议、设想和打算，供上级组织作决策时参考，或者请上级审定后转发至更大的范围内执行，如××部、××部联合向国务院报送《关于实行国家公务员医疗补助的意见》，提出了一些建议和处理办法，经国务院批准后，以“国务院办公厅转发××部、××部关于实行国家公务员医疗补助意见的通知”为题下发，使之由呈请性文件转化为领导性文件，在更大范围内执行。

2. 内容结构

意见的内容结构按统一的行政公文格式处理，通常由以下几部分组成。

（1）标题。标题由发文机关名称、事由和文种组成，如“司法部关于进一步提高监狱劳教人民警察素质的意见”。

（2）主送机关。规范地写明主送机关名称。

（3）正文。

指导性意见的正文要求如下：首先，简要阐明行文的原因、目的、依据、背景等。在这部分的最后通常使用一些承转句引出下文，如“现提出如下意见”“为了……特提出以下意见”等。其次，说明意见的具体内容，如指导思想、目标任务、实施要求、措施办法等。在结构的安排上，通常采用分条列项的方法或者列小标题的方法，这样可以使内容条理分明，层次清楚。最后，结束语，指导性意见可采用“以上意见，请结合实际情况贯彻（参照、遵照）执行”，旨在再次强调行文目的和要求。如果在正文中已将内容说明清楚，也可以不用结尾语。

呈请性意见的正文要求如下：因是上行文，首先，阐明行文的依据、背景，如因现实中出现新情况、新形势或为落实上级的新要求。其次，说明具体意见，如实施要求、措施办法等。最后，结束语部分可选用“以上意见，请领导参考”“以上意见，如无不妥，请批转各地执行”等。

（4）发文机关署名和成文日期。发文机关署其全称或者规范化简称，成文日期署会议通过或者发文机关负责人签发的日期。

3. 写作要求

（1）行文有必要，内容有侧重。意见要针对现实中急于解决的问题，或在现实尚未引起广泛关注的重要问题，或经上级机关指示而制发。不同种类的意见在内容上各有侧重，指导性意见应写明任务、措施、步骤等具体内容，应具有可操作性；呈请建议性意见中的请求、建议、设想应经调查研究提出。

（2）具体意见要可行。意见中的措施、办法等要具有可操作性，即在现实生活中能够切实实施。如果这些措施、办法具有创新性，能够为人们解决问题提供新思路，就更能发挥前瞻性的指导作用。

（3）表述要准确简明。不用或少用命令性词语，多用指导性、协调性和期待性词语，以体现各组织之间在管理、协调、服务工作中相互尊重、协商合作的良好风气。

(4)遵守办文规则。除领导交办的事项外,呈请性意见一般不得以本机关名义直接向上级领导人个人报送意见,避免造成工作的延误和被动。

(二)函

1. 概念

函是适用于不相隶属机关之间商洽工作、询问和答复问题、请求批准和答复审批事项的公文。

实际工作所使用的函,分为公函和便函。公函属于正式公文,具有完整的公文格式的函,通常用于联系和商洽、询问和答复一些比较重要的公务;便函不属于正式公文,没有完整公文格式,通常用于联系和商洽、询问和答复一般性的公务。本节讨论的是公函。

按照行文内容划分,公函可以分为四种。

(1)商洽函。其是不相隶属的机关之间针对某一事项进行沟通、商洽而形成的往来函件。商洽函主要用于不相隶属的机关之间联系、商洽有关事宜,或请求对方协助办理某事,或向对方提出有关事项的处理意见,或向对方提出须共同办理某事的要求,以及答复来函所针对的事项。

(2)问复函。其是不相隶属的机关之间因询问和答复问题而形成的往复函件,主要用于向对方询问己方工作中所出现的自身职权无法解决的问题,或者询问一些工作方针、政策等问题,也用于受文者针对来函所询问的问题予以解释和说明,给出答复意见。问复函内容单一,行文简短,语言简明。

(3)请批函。其是不相隶属的机关之间就主管业务范围内的事项请求批准和答复审批事项的往来函件。请批函的内容通常是按照有关法规的规定或职权分工的要求需要向有关业务主管部门报批或由其审批的事项。

(4)知照函。知照函主要用于不相隶属的机关之间相互告知有关事项,或请对方知晓(信息),或请对方参与(工作、会议、活动),或请对方选购、订购(商品、产品)等。其行文目的在于传递信息、引起重点关注、提示有关注意事项,以便对方知悉后有效处理各项事务。

2. 内容结构

函的内容结构按照统一的行政公文格式处理,主要包括以下各项。

(1)标题。标题由发文机关名称、事由、文种构成。如"××警官学院关于建立教学科研基地的函"。

(2)主送机关。主送机关要规范地写明洽商对象机关的全称或规范化简称。

(3)正文。正文由开头、主体和结尾三部分组成。

开头部分。主要说明制发函的缘由、依据、目的等，如果是复函，则先引用对方来函的标题、发文字号，然后再交代根据，说明缘由。之后，常用“现将有关情况说明如下”“现将有关问题函复如下”等过渡语句转入主体部分。

主体部分。具体说明需要沟通、协调、商洽事项的主要内容，如需要对方知悉、支持、协助的具体工作内容，提出自己的初步意见或方案等；如果是复函，则针对来函所提出的商洽事项予以答复，表态要明确、肯定，如遇商洽事项无法解决，可以简要说明原因和困难，以便对方理解。

结尾部分。若向对方提出愿望或请求，希望对方提供支持与帮助，常以“请即复函”“特此函商”“请予支持（合作、协助、理解）”“祝合作愉快”“特此函复”等结尾；若属告知对方的，常用“特此函告”“特此告知（专此函达）”等词语结束，或者用“感谢贵单位大力支持”等表达期盼、感谢的语句结束全文。

3. 写作要求

（1）坚持一文一事的原则。函一般要求一文一事，一文多事会使公文因辗转传递而延误办文时间，降低公文处理的效率。

（2）语言质朴、精练，有分寸感。语言质朴是要求函的正文要开门见山，直陈其事，少用、不用无谓的寒暄，也不写客套话。所谓有分寸感，是要求语气诚恳、平和、有礼貌。同时也要不失本机关的身份，注意用语轻重、缓急程度。

（3）根据用途和内容写好正文。

商洽性函的正文。主要内容是商洽的事由和商洽的要求。发函不仅要提出商洽的事由，还要提出商洽的要求，如要把希望获得对方何种理解、支持和帮助讲清楚。复函则要针对对方提出的商洽的要求作答，明确回答能否满足对方想要得到的理解、支持和帮助。因此，商洽性函要把商洽的“事由”作为引子，着力写好内容的重点即商洽的要求，这是写好商洽性函的关键。

问复函的正文。这类函属一问一答，去函时要提出问题，还要根据问题提出疑问之处；来函则要针对问题作答，特别是要针对对方所提疑问之处作出明确的回答；或提供正确的解释，或提出实际解决的方法。因此，问复函的中心是问题，要围绕问题写好正文。

请批函的正文。这类函属不相隶属机关之间的平行文，有去函和回函。去函用于需要向有关业务主管部门报批或由其审批的事项，回函用于答复具体审批事项，如说明审批的依据、程序，写明具体要求。请批函的中心是职权范围内的审批事项。

知照函的正文。这类函是一种内容较为详细、行文比较郑重的正规介绍信，要把委派何人（姓名、职务及人数）、联系或告知何事写清楚，内容的重点要放到联系、告知的事情上。

（三）纪要

1. 概念

纪要，是适用于记载会议主要情况和议定事项的公文。

纪要是根据会议记录、会议简报、会议的其他文字材料，以及与会议有关的情况，经过加工整理而写成纪实性综合性材料。多用于整理正式会议或者重要会议的主要内容，具有通报会议精神、反映情况、汇报工作、统一认识、指导工作、沟通信息、交流经验等作用。纪要既可以作为下行文使用，又可以作为平行文、上行文使用。

纪要按照会议任务的不同可以分为三类：一是指示性会议纪要。主要传达会议精神、通报有关情况，指示有关单位或人员贯彻执行有关事项。二是决策性会议纪要。主要是记载会议所议定的有关事项，告知有关单位或人员遵照执行。三是研讨性会议纪要。主要是通报会议研究、讨论、交流的大致情况，梳理出不同的意见或见解。

2. 内容结构

纪要的内容结构按照统一的公文格式处理，主要包括以下几部分。

（1）标题。标题的形式主要有两种：一是由“主办单位名称 + 会议名称 + 会议纪要”构成；二是由“会议名称 + 纪要”构成。

（2）正文。正文由开头、主体和结尾三部分组成。

开头。一般简要交代会议的基本情况，如会议的时间、地点、与会人员、会议任务、发言情况、报告情况等，所写内容视具体情况而定，不要求面面俱到。本部分内容通常由一个段落构成，在段落结束处，常用“现将会议内容纪要如下”“现将会议议定事项纪要如下”等过渡句，以引领下文。

主体。主体是纪要的写作重点。根据会议的中心议题，分主次、有重点地写出会议的情况和成果，包括对会议的评价，讨论的主要问题，对问题的分析，提出的要求，解决问题的方式方法，共同确认的责任、义务，达成的主要共识，会议议定的事项等。通常指示性会议纪要主要交代会议的重要指示意见或要求，决策性会议纪要主要记载会议的具体议定事项，研讨性会议纪要主要记载与会人员的研讨情况并归纳出相应的意见、见解。主体结构安排的常用方法有三种：一是条项式。就是分条列项表达讨论的问题和议定的事项，依照内容主次使用数字序号标注从而一目了然，层次清晰，行文简明扼要。二是综合式。就是对会议的内容或议定事项进行综合概括，然后分成若干类别分别述说。要突出主要内容，分清主次，一般把主要的、重要的内容放在前面，而且尽量写得详细、具体一些；次要的和一般性的内容放在后面,写得简略些。经常使用下列句式领起内容,如“会议讨论了”“会议通过了”“会议决定”等。三是摘要式。就是把与会者的具有典型性、代表性的发言要点摘录出来,按发言顺序或内容分类写出。要尽量保留发言人谈话的风格,避免一般化和千篇一律。

结尾。根据需要可以提出贯彻会议精神的相关要求或注意事项,也可以补充交代其他内容。

(3)成文日期。标注于正文落款处,或会议纪要的文头部分。

3. 写作要求

(1)全面了解会议内容,做好写作准备。动手写作前,拟稿人要尽可能全面地了解会议的情况,如会议目的与任务、议题与议程、与会人员构成、指导思想、基本思想、意见分歧、议定事项等。在全面收集材料的基础上,才能为写作打好坚实的材料基础。

(2)突出会议中心问题。会议都会有一个相对集中而明确的主题,写作会议纪要时必须突出会议主题,围绕主题把握写作核心;此外,还要根据本次会议或本单位、本部门的具体情况准确地解读会议内容,尤其是会议的主体文件和材料、领导的发言,在此基础上如实概括会议精神与内容。只有准确领会会议精神,会议纪要的写作才会有正确的指导方向。对于非中心和非重点的会议内容,应当略写,或者用“简报”的形式向有关部门传达。

(3)要将会议内容条理化。纪要不是会议内容及情况的无序堆积,它是在对会议内容及情况整理的基础上,以会议宗旨为中心加工而成的有层次、有逻辑顺序的文字材料,易为人了解和运用。

(4)注意纪要的格式。纪要标志由“×××××纪要”组成,居中排布。标注出席人员名单,一般用3号黑体字,在正文或附件说明下空一行左空二字编排“出席”二字,后标全角冒号,冒号后用3号仿宋体字标注出席人单位、姓名,回行时与冒号后的首字对齐。标注请假和列席人员名单,除依次另起一行并将“出席”二字改为“请假”或“列席”外,编排方法同出席人员名单。另外,纪要格式可以根据实际制定。

(5)注意纪要和会议记录的不同。纪要不同于会议记录,要正确区分二者的差异。第一,性质不同。纪要属于法定公文文种,可以直接向外行文;会议记录则属于内部事务文种,一般不对外行文。第二,功用不同。纪要有记载会议情况、传达会议主要精神和议定事项的功用,具有一定的指导性、约束性;会议记录只是记载会议情况,具有资料性、凭证性。第三,适用范围不同。纪要可以对外发出,可用于同一组织系统的上下级之间、平级或不相隶属的机关之间传达会议精神与议定事项;会议记录多在某一机关或单位内部使用。第四,内容各有侧重。纪要重在对会议主要精神、议定事项的归纳与简要地介绍;会议记录则侧重于对会议内容与经过进行比较全面、详细的记载。

第三节 常用党政机关公文的笔法

一、起笔和收笔

起笔是公文的开篇方法。“起句当如爆竹,骤响易彻”“开卷之初,当以奇句夺目,使之一见而惊,不敢弃去”。前人就文章起笔要求有过很多精辟见解,这些对公文的起笔同样适用。为阅文者考虑,是公文写作的基本理念,要求于起笔处能吸引住阅文者,使其一接触公文的开头就能明白公文的大体要义。

公文的起笔一般采用“顿入”的手法。“顿入”又称“开门见山”“单刀直入”,意即直截了当,起笔入题。正文一开始,要么直接点出写作目的、表达写作意图,要么直接写出核心见解、亮明基本观点,要么说清发文的缘由。请看例 10 - 16 和例 10 - 17。

例 10 - 16

近期因频发罪犯恶性袭警、脱逃事件,监所安全形势比较严峻。

评析:这是《司法部关于进一步加强监所管理安全工作的通知》的开头,单刀直入的一句话,把通知的原因表述清楚了,既引发阅文者的重视,又为通知事项做好了铺垫。

例 10 - 17

各省、自治区、直辖市人民政府,国务院各部委、各直属机构:

行政规范性文件是除国务院的行政法规、决定、命令以及部门规章和地方政府规章外,由行政机关或者经法律、法规授权的具有管理公共事务职能的组织(以下统称行政机关)依照法定权限、程序制定并公开发布,涉及公民、法人和其他组织权利义务,具有普遍约束力,在一定期限内反复适用的公文。

评析:这是《国务院办公厅关于加强行政规范性文件制定和监督管理工作的通知》(国办发〔2018〕37 号)的起句,一开始就给出了行政规范性文件完整而准确的定义,使阅文者一望便知行政规范性文件为何物。有些类似的公文由于缺乏对关键词语、基本概念的解释,使人看后产生“一头雾水”的感觉。

收笔,是公文的终结方法。俗话说,“编筐织篓,全在收口”。结尾是除开头以外的又一关键所在。公文的结尾又称“结穴”。“为人重晚节,行文看结穴。”好的公文既要善始又要善终。

收笔的方式主要有两种:闭合式收笔和开放式收笔。

闭合式收笔表现为“篇末揭旨”或“回应开首”。“篇末揭旨”多用于起头和展开部分采用顺笔的情况,结尾处自然要推出结果或结论,亮出见解和观点,提出行文意图,公文的主旨在这里体现。“回应开首”则用于逆笔起头的公文,往往是开头亮出核心见解,在展开叙述和说理后,再用一句话作为归结,反扣前面的核心见解,接着便顺理成章地道出公文的意图。在通知、报告和批复等公文中,有时也用“特此通知”“特此报告”“此复”等专用词语作为闭合式收笔。一般在开头部分没有写“现将有关事项通知如下”“现将有关情况报告如下”“现答复如下”等词语时,使用上述办法收尾。前面用了“通知如下”“报告如下”“答复如下”字样的,为避免用词重复,结尾处不再使用“特此通知”“专此报告”“此复”等词语。

开放式收笔表现为“更进一层”或“戛然而止”。有的公文根据需要讲完主要内容后,又进一步用简短的希望、要求、号召来结束全文。有的公文收笔则采用省略的方式,即主体结束,无须添补缀述时,戛然而止,干净利落。请看例 10 - 18。

例 10 - 18

各地要迅速将通知精神传达到全体监狱人民警察,并认真贯彻执行。安全检查工作结束后,将情况书面报告部监狱局。

评析:这是司法部监狱管理局一份通知的结束语,提出执行通知精神的要求,属于典型的开放式收笔。

二、承笔和转笔

承笔,是指“承接上文,而再发挥其意蕴”的用笔之法。承笔的作用正如林纾所说,“文有停顿处,其下即有顶接处,原是一脉,牵连而下”。公文中的承笔,多用“现就有关事项通知如下”“现将有关情况通报如下”等承接用语来表示。有时则不用特别提示,根据上下文的意思来自然承接。

与承笔不同,转笔不是一层意思未完接着往下写,而是一层意思写完了接着转入另一层意思。转笔的方式很多,公文中经常使用的,大致有以下两种:

第一,表达方式的变换。兼有叙事和议论两个主要部分的公文,往往是先叙事,再议论,这个过程中表达方式发生改变,经常用“综上所述”或“综上”等作为两个部分之间的转折词语。

第二,写作角度的转移。如同属于叙事部分,但每一段的叙事角度不同。

三、略笔和详笔

略笔是指公文中的概略、粗略和简略的笔法。公文一般讲究简洁,以节省制作者和阅文者的精力和时间,因而惯用略笔,即概略之笔、粗略之笔和简略之笔。

概略之笔,大多用于说明概况和综合叙事,其特点是用字节省,信息量大。

粗略之笔,即根据实际情况使用不精确或精确程度不高的语言表述相关内容。日常生活中人们都在有意无意地运用一些不够精确或精确程度不高的语言(模糊性语言)传递信息。经常使用的模糊性语言有以下几个方面:表示数量的,有“不少、许多、一些、屡次、再三、绝大多数”等;表示程度的,有“基本、较丰富、高度、加强、难以估量、丝毫、充足、普遍、很强、最大”等;表示范围的,有“以外、以内、广泛、左右”等;表示时间的,有“当前、目前、最近一个时期以来、今后一段时间内、长期、偶尔、临时”等。这类语言在公务文书包括监狱文书中比较常见。通常情况下,使用这些语言并不妨碍在制作者与阅文者之间信息的准确传递。正如英国著名语言学家琼斯(Jones)所言:“我们大家(包括那些追求精确无误的人)在说话和写作时使用不准确的、含糊的、难于下定义的术语和原则,这并不妨碍我们所用的词是有用的……通常人们尽管使用不精确的表达方式但仍然能够相互理解。”应当明确,粗略之笔虽然使用的是模糊性语言,但同样应当是准确的。精确和准确不是一个概念。根据于光远先生对“精确”和“准确”两词的解释,“精确”是同“模糊”相对而言的,“准确”说的是真实地反映被反映的那个对象,把本来是模糊的说成模糊的,把本来精确的说成精确的,这是准确;把本来是模糊的说成是精确的,或把本来精确的说成模糊的那就不准确了。

简略之笔,即省略不必要的过程和细节。例如,有些公文中的事项办理过程往往用“经研究”一语带过。

详笔,又称细笔、繁笔,是指就与表达主旨密切相关的关键部分详写细写。公文惯用略笔,但为了表述充分、重点突出、给阅文者以深刻印象,有的时候也用墨如泼,浓妆艳抹。请看例 10－19 和例 10－20。

例 10－19

鄂尔多斯市东胜区规划局
关于内蒙古自治区鄂尔多斯监狱建设
鄂尔多斯监狱迁建工程的请示

东规字〔2015〕306 号

鄂尔多斯市规划局：

内蒙古自治区鄂尔多斯监狱申请建鄂尔多斯监狱迁建工程的请示，经我单位初步审查，基本情况如下：

一、项目位置：

东胜区罕台西侧、109 国道北。

二、方案情况：

1. 建设规模：84696 平方米。

2. 用地性质：安保用地。

3. 开工情况：部分开工。

4. 土地及拆迁情况：有土地证。

5. 受理意见：该项目方案及施工图资料均为保密资料，未向我局提供，现申请办理工程规划许可证。

以上妥否，请批示。

鄂尔多斯市东胜区规划局

2015 年 11 月 23 日

评析：这份请示通篇使用略笔，文字简洁，格式要素齐全。但也存在一些瑕疵：一是提及的内蒙古自治区鄂尔多斯监狱申请建鄂尔多斯监狱迁建工程的请示，用了“申请”，再者鄂尔多斯监狱与东胜区规划局应属于不相隶属关系，以不用请示为妥，可以改为申请函；二是“方案情况”中的“5. 受理意见”，不属于方案情况之列，可提级为“三、受理意见”。

例 10－20

普陀区司法局关于追加万里司法所政法专项编制的请示

市司法局：

根据《上海市人民政府关于同意设立万里街道办事处的批复》（沪府〔2014〕90 号）、《上海市普陀区人民政府关于撤销真如镇建制设立真如镇街道办事处、设立万里街道办事处的公告》（普府〔2014〕136 号）等有关精神，普陀区新设万里街道。根据《司法部关于进一步加强乡镇司法所建设的意见》(司发〔2009〕7号),《市编办、市人事局、市司法局关于印发〈关于进一步加强本市街道乡镇司法所规范化建设的意见〉的通知》(沪编〔2008〕61号)关于"司法所原则上按街道、乡镇行政区划设置,每个街道、乡镇设置一个司法所"的要求,我局新设万里司法所(正科级),专项编制1名,暂从长征司法所调剂。为进一步加强司法所规范化建设,落实司法所人员,依据《司法部关于进一步加强乡镇司法所建设的意见》(司发〔2009〕7号)、《市司法局关于贯彻〈关于进一步加强本市街道乡镇司法所规范化建设的意见〉的通知》(沪司发基层〔2008〕4号)、《市司法局印发关于司法行政基层建设实施办法的通知》(沪司制〔2014〕50号)等规定,我局申请追加3名政法专项编制。新设的万里司法所专项编制3名,设所长1名,从长征司法所调剂的专项编制1名仍旧划归长征司法所。

妥否,请批示。

上海市普陀区司法局

2016年3月16日

评析:这份请示的制作意图是申请追加万里司法所的政法专项编制,采用标题显旨。正文则用渐引的方法,从新设万里街道、新设万里司法所到现有编制情况,层层递进,最后依据有关规定,道出追加编制的具体要求。从笔法看,在缘由部分使用详笔,引用了大量的规范性文件和上级公文,却没有散乱之感。语言规范,表述清晰,是一篇质量比较高的公文。

四、叙笔和议笔

叙笔,就是记述事实之笔;议笔,就是议论说理之笔。叙笔和议笔是公文常用的笔法。但公文既不是纯粹的记叙文,也不是纯粹的议论文,运用叙笔、议笔必须要适应公文的特点,写出公文的风格。一般而言,公文写作叙笔、议笔要紧密结合。叙是交代,议是点化。叙要叙得简捷概括,议要议得准确精当,一言穷理,不拖泥带水。请看例10-21和例10-22。

例10-21

吴战保同志勇于吃苦,奋不顾身,工作中总是知难而进,勇挑重担,危难时刻冲在前。2008年冰灾期间,他奋不顾身地在坍塌的厂房里搭救服刑人员。2009年8月季节性流感侵袭永州监狱,他主动担任监区防疫专干。2009年10月起,他积极参加监狱为抗击H1N1流感疫情实行的封闭管理执勤,在出现病情、领导和同志们让他去医院治疗时,却不肯放下工作,不幸病情急转而牺牲在工作岗位上,为党和人民的事业献出了自己年轻而宝贵的生命。学习吴战保同志,就要以他为榜样,勇于担当，甘于奉献，为了党和人民的利益不畏艰险，勇往直前。

评析：这是《司法部关于在全国司法行政系统开展向吴战保同志学习活动的决定》（司发通〔2010〕24号）中的一段文字，是很有代表性的叙议结合的文字，在简要叙述吴战保同志在2008年冰灾期间、2009年8月季节性流感侵袭之时和2009年10月监狱封闭管理期间的突出事迹之后，使用议笔顺理成章地提出了学习他不怕苦、不怕累、不怕死，越是困难越向前，为人民不惜牺牲一切的英雄气概的要求。

例10－22

某省监狱管理局
关于青年民警写作比赛结果的通报

全省监狱系统各单位：

根据《某省监狱系统"热血青春　铸我警魂"青年民警岗位大练兵实施方案》统一部署和《全省监狱系统青年民警写作比赛活动方案》安排，省局自6月上旬起开展青年民警写作比赛，经过各监狱初赛选拔、省局预赛评选、现场决赛三个阶段，写作比赛工作已全部结束。本次写作比赛，各单位高度重视，积极动员青年民警结合实际，围绕既有命题开展调查研究，培养了青年民警发现问题、研究问题、解决问题的能力，提升了青年民警文字写作水平和理论创新能力，为全省监狱系统发掘储备了一大批优秀青年理论研究人才。预赛省局累计收到作品96篇，经过专家委员会评选，共计45名选手进入决赛，现将最终结果通报如下：

（略）

希望获奖的单位和个人，珍惜荣誉，再接再厉，继续发挥引领示范作用；全省监狱各单位要以本次写作比赛为契机，加大对青年民警的培养力度，着力提升民警专业素养，鼓励青年民警围绕监狱体制机制改革、治本安全观落实等工作，深入开展调查研究，为推动某省现代化监狱建设提供更多理论支撑。

某省监狱管理局

2017年10月20日

评析：这是一篇表彰通报与情况通报兼备的公文。首先起笔直奔主题，简要叙述比赛的开展情况并揭示比赛的实际成效；其次用"现将最终结果通报如下"作为承接，转入公布比赛获奖等级和获奖人员名单；最后以议论的惯用方式收笔，分别对获奖单位和个人，以及全省监狱各单位提出希望和要求。通篇主题鲜明，层次分明，语言规范。

五、抑笔和扬笔

抑笔与扬笔是相辅相成的一对写作笔法，抑笔通常是否定之笔，扬笔通常是肯定之笔。用好抑笔与扬笔能使公文显现文气上的起伏，节奏上的顿挫，章法上的变化，内容上的对比，从而有效增强可读性。请看例10－23。

例10－23

一段时间以来，广大监狱人民警察认真贯彻执行中央关于处理“法轮功”问题的方针、政策，从讲政治、讲大局、讲稳定的高度，充分发挥监狱职能，创造性地开展对“法轮功”罪犯的管理教育、攻坚转化工作，取得了很好的成绩，涌现出一批先进个人，为维护国家安全稳定作出了应有的贡献。但是在同“法轮功”的斗争中也出现了一些问题，极个别监狱人民警察习练“法轮功”，参与“法轮功”的组织和宣传活动，损害了党和政府的形象，造成了恶劣的社会影响。

评析：这是《司法部监狱管理局关于内蒙古××监狱警察吴××传递邮寄法轮功宣传品违法情况的通报》中的一段话，用先扬后抑的抑扬笔法写成，第一句用的是扬笔，第二句转为抑笔。

使用抑笔与扬笔，需要注意以下三个问题：一是根据语段所强调的重点，确定先抑还是先扬；二是分清抑扬笔法的轻重，找好落脚点；三是抑笔、扬笔间要有较强的对比性。一般情况下，在运用抑笔、扬笔的语段中，所强调的重点往往在后半部分。因此，如果整个语段重在指出存在的问题，就先扬后抑；如果重在肯定成绩，就先抑后扬。请看例10－24和例10－25。

例10－24

近年监狱消防安全工作取得了很大成绩，火灾事故少有发生，但是一些监狱重特大火灾隐患仍然突出，特别是监舍、劳务加工现场、医院等人员密集场所存在的火灾隐患，已对干警、职工和罪犯的生命财产安全构成威胁。

例10－25

我监狱是人员密集的场所，存在各种火灾隐患，防灾任务重、压力大，以前也曾发生过严重火灾事故。但是，由于上下认识一致，态度积极，措施得力，我监狱在2010年未发生任何火灾事故，消防工作取得明显成效。

评析：以上两例分别出现在防止火灾事故的通知和消防工作年度总结报告当中，前者重在工作部署，先扬后抑，强调问题。后者重在肯定成绩，先抑后扬。

六、领笔和随笔

领笔是公文内容中起到引领作用的句子。一般而言,公文的每一部分,开头的第一句话用于反映整个段落的主题,通常将其称为主题句。主题句一般是单一形式的,并尽量控制字数。领笔要注意尽量避免双主题或多主题。

随笔是公文段落中由主题句引领的具体表述。随笔是段落主题的延展,要求紧扣主题,内容翔实。

领笔和随笔的正确使用,可以使公文伸缩自如,便于日后形成新的公文时的概括和延展。请看例 10－26。

例 10－26

××监狱关于枪弹安全自查情况的报告

省局狱政处:

××监狱在收到《省监狱管理局关于落实全国打击整治枪爆违法犯罪专项行动的通知》及省厅《关于加强公务用枪管理信息报送的通知》文件后,监狱领导高度重视,认真领会文件精神,根据文件要求及本单位公务用枪管理实际工作情况,继上次枪弹安全自查后,第一时间认真细致地开展了一次有针对性的枪弹安全复查,现将具体情况汇报如下。

一是监狱高度重视。接到文件后,党委书记、监狱长亲自批示,要求主管枪弹安全副监狱长牵头,组织全狱干警认真学习,对我狱枪支弹药安全管理工作进行一次详细自查,并报告结果。主管副监狱长要求狱政科迅速安排,认真检查,及时对发现的不安全因素进行整改,确保枪支弹药管理安全。

二是迅速成立公务用枪管理委员会。迅速组织政治处、狱政科、法制科、财务科、纪检监察五部门领导认真学习通知精神,并成立由监狱长、主管枪弹安全副监狱长及以上五部门负责人组成的公务用枪管理委员会,负责组织、领导监狱枪支、弹药的管理。对管枪用枪人员进行教育,克服麻痹思想,树立安全意识。同时,要求管枪用枪人员在管理、使用枪支过程中,要高度负责,明确责任,发现问题要第一时间报告,立即消除隐患,确保枪支弹药管理使用中的绝对安全。

三是对枪支弹药管理工作开展自查。4 月 5 日,由主管副监狱长牵头,组织狱政科副科长、警备大队队长、特警队队长对我狱枪库存放的枪支弹药进行了一次详细的复查。经查,我狱枪库物防技防设施完备,双锁防盗门、报警器、专用密码枪弹柜、监控设施完备,符合枪库管理要求;双人双锁、枪弹库分离、分人保管责任落实有效；领导巡查、警察值班、交接、领用审批、保养、定期检查等制度健全，各项登、统计记录完善；枪支弹药账物相符，保养得当，枪支弹药始终处于可用状态。

同时，继上次检查发现的问题后，检查组也重新发现了监狱防盗报警消防装备虽然完备，但未与“110”联网等安全隐患。

在今后的工作中，我狱将在监狱公务用枪管理委员会的统一领导下，严格落实枪支弹药责任制度，加强枪库保管存放安全，加强管枪用枪人员的经常性教育管理，完善各项规章制度的建立落实，进一步完善枪库物防技防措施，严格枪支弹药的审批使用、保养、检查程序，不断加强枪支弹药的安全管理工作。

××监狱

2018 年 4 月 11 日

评析：这篇公文属于专题报告，通篇采用叙述方式，内容充实，文字简练。在三项主要内容的陈述中，都是以一个主题句打头，然后展开叙述，领笔和随笔的使用得当。

第十一章　常用公共关系文书

要点提示

1. 公共关系文书，是指国家行政机关、企事业单位、社会团体在开展公共关系活动过程中所使用的各种应用文书的总称。监狱在公关活动中使用的常用公共关系文书主要有宣传文书和礼仪文书两种。

2. 宣传文书，是指监狱为了宣传自身良好的形象、营造良好的外部环境，在报纸、杂志、广播、电视、网络等大众传播媒介所使用的应用文书。本章主要涉及监狱使用较多的“消息”“通讯”“新闻评论”等宣传文书。

3. 礼仪文书，是指监狱在与外界进行公共关系活动过程中，为礼仪目的或在礼仪场合使用的文书，主要包括“慰问信”“邀请函”“感谢信”等。

第一节　监狱常用宣传文书

一、消息

（一）概念

消息，是对新近发生、正在发生或将要发生的有价值的事实，按照规范的格式进行简明扼要报道的一种新闻文体。

消息作为新闻报道中的主体，数量最多，读者最多，影响最大，种类也最多。根据消息的内容以及报道方式，消息分为动态消息、人物消息、综合消息、经验消息等。动态消息是指对新近发生、正在发生或将要发生的事实进行的简明报道；人物消息是用消息的方式对新闻人物的情况进行的报道；综合消息是指对一段时期内，同种类型的、具有可比性的事实进行综述性的概括报道；经验消息，又称典型报道，是对在社会生活中有典型意义的地区、单位、个人事迹进行的简明扼要的报道。

（二）内容结构

在监狱中制作消息的主要意图，就是及时报道监狱中的重大事件、突发事件、典型事件，使公众及时获取新近发生的或者将要发生的事件的信息，促进公众对事件的了解。作为一种规范性的新闻文书，消息一般由标题、导语、主体、背景材料、结尾五部分构成。

1. 标题

标题是消息的门面。从形式上来讲，标题可分单式标题和复式标题两种。单式标题是指一行题，即只有一个主标题。复式标题既可以是二行题，也可以是三行题。主标题上面的标题称为引题（肩题、眉题）；主标题下面的标题称为副题（子题）。引题、副题都是对主标题起辅助作用的，字号也比主标题小。如下例：

勇立潮头谱新篇

云南小龙潭监狱走出一条改革创新发展之路

这个标题中上面一行是主标题，下面一行是副标题。副标题对主标题起到了补充说明的辅助作用。

一般主标题是用来标明新闻的主题的，在拟制时既可以是实题，即对新闻主要内容进行提炼来作为标题；也可以是虚题，即不直接对新闻内容进行概括来作为标题，而是宕开一笔，用一些富有文采、修饰的话从侧面体现主题。引题一般是作一些铺垫，引出主标题。副题则一般是实题，是对主标题的解释或补充。标题的拟制要做到准确、简练、生动。准确是指标题要与消息的内容一致，揭示新闻的内涵；简练是指语言简洁、精练；生动是指标题的吸引力、说服力、感染力，这样才能吸引读者的注意。

2. 导语

导语是消息开头的第一句话或第一段，它是由消息中最重要、最新鲜、最精彩的部分组成，以引起公众的兴趣。导语的写法很多，常见的有叙述式、疑问式、评述式、摘要式、描写式等。导语是最能体现写作者才华的地方。好的导语需要写作者的创作力，不能死搬硬套，落入俗套。人们读消息，首要的目的是清晰地了解事件的整体状况，所以基于这种认识，第一代导语是 5W 或 5W－H 俱全的，即何时（When）、何人（Who）、何事（What）、何地（Where）、何因（Why）、怎么样（How）。但是，随着人们生活节奏的加快，第一代导语已不适应人们的生活，于是产生了第二代导语——3W－H 的倒金字塔式结构。这种导语把消息中最重要的新闻要素放在开头，重点突出、简洁明了，但是形式上缺乏变化。因此，现在导语的写法已突破了传统的模式，人们先用描写、议论、悬念、对话等方式引起读者兴趣。例如：

“估计考分能在80分左右。”10月25日上午11时,邵某一走出河南省高等教育自学考试考场,就对等候在考场外的李警官说。与众多考生身份不同的是,邵某是河南省第一监狱的服刑人员,考场也是在监狱里特别设置的。在10月25日、26日的高等教育自学考试中,河南省共有117名服刑人员参加了14个专业、308门单科的考试。

这段导语一开始就描绘走出自学考试考场的是一名服刑人员,而且考场外有警官等候,考场也是在监狱特别设置。通过这些描绘设置悬念,引起读者往下阅读的兴趣。

3. 主体

主体是消息的主要部分,是对导语的进一步展开、深化、解释或补充,从而完整地介绍消息的基本内容,揭示消息的主旨。在写作时,一定要围绕中心,编排材料,具体清楚,内容翔实,层次分明。主体是导语的展开部分。

4. 背景材料

背景材料是指事件发生的历史情况和现实环境。背景材料虽然不是新闻,但是可以让公众理解事件的条件、性质、意义,从而起到深化报道主题的作用。背景材料不是消息的独立部分,既可在主体部分出现,也可在导语或结尾部分出现,位置不固定。但不是一切消息都需要背景材料,恰当的背景材料可以增加可读性;不必要的背景材料却使消息冗长、乏味。在选取材料时,要紧扣主旨,详略得当。背景材料分为说明性背景材料、对比性背景材料、注释性背景材料等。选取背景材料时,要根据需要而定,避免游离于主题的无效背景。

5. 结尾

结尾是消息的结束语,可以起到深化主题,发人深思,耐人寻味的作用。在一般情况下,结尾是消息的最后一句或最后一段。但是,有时消息的最后一句或最后一段在文义上不是独立的,仍然属于主体,这时消息就没有结尾。结尾常用提问式、补充式、总结式、激励式、自然式等形式。好的结尾可以使文章锦上添花。

(三)写作要求

1. 写作要及时。消息最为突出的特点是及时性,即作为消息内容的事实具有新鲜性和新近性。因此,消息的写作最讲求时效,要争分夺秒,发稿迅速。

2. 内容要准确。保持准确性是消息内容的要求。与文学作品的真实性不同,消息的真实性不仅要求反映生活,而且要求所写的事实本身必须是真实的,时间、地点、人物,乃至具体的细节、背景材料都不能有丝毫的差错。

3. 表述要简洁。为了让公众在有限的时间内,获得更多的信息,消息的写作要求凝练，直陈事实。

4. 格式要规范。虽然呈现在我们面前的消息是千变万化的，但是不管何种类型的消息都遵循着固定的格式。

本文书示例见例11－1和例11－2。

例11－1

筑牢防疫安全屏障

民主与法制网讯（通讯员岳丰成）针对当前广西疫情防控形势，根据广西壮族自治区监狱管理局疫情防控工作部署，南宁监狱党委迅速召开疫情防控部署会，“六从六全”，切实加大疫情防控力度，坚决打赢当前疫情防控阻击战。

从快全覆盖，抓好核酸检测。南宁监狱第一时间对往返疫情地区、有接触疫区人员进行全面排查，并在当日排查出70人，监狱防控办与当地防控部门密切配合，对排查出的人员进行居家隔离观察，并迅速开展“三天两采”核酸检测工作。同时，全监警察职工严格按照防疫要求落实，进行全员核酸检测，真正实现核酸检测全覆盖。

从早全信息，紧盯疫情动态。南宁监狱防疫办积极与当地疫情防控部门保持密切沟通联系，及时掌握疫情动态信息，并根据动态信息实时对监狱相关人员进行摸排，对存在疫情风险的人员及时采取措施，做好居家隔离工作。

从严全行程，控制外出出行。南宁监狱党委要求监区全体警察职工暂停一切离开南宁市的外出出差、休假和培训。同时加大监督检查工作，对全员每日行程码、健康码实时监控，确保行程跟踪到位。

从实全领域，控制外来接触。防疫级别调整后，南宁监狱立即暂停外来的人员，非必要、非紧急的业务工作，加大区域管控力度。并在做好疫情防控的要求下，做好对来监人员的解释工作，防止出现负面影响。

从细全追踪，抓好物资消杀。对必须进监的物资进行从细、从严的物资消杀工作，特别是罪犯监内生活物资，该监狱责任科室及时并不定期到供应商的仓库进行实地督察检查，检查物资供应商是否真正落实物资静置消杀要求，是否做到闭环管理，对于不能达到消杀标准要求的物资，坚决不允许进监，对于不配合或不具备做好消杀工作的供应商企业，迅速暂停与其的物资供应合作。

从心全温暖，落实暖警爱警。南宁监狱将疫情防控和暖警爱警工作紧密结合起来，从疫情防控中警察的身边小事做起，解决好警察防疫执勤环境、执勤健康状态的困难和问题，充分发挥暖警爱警互助小组优势，时刻关注解决警察职工“急难愁盼”问题，一事一案，特事特办，解决执勤警察的后顾之忧。

例 11－2

南通监狱分层分类抓实训词宣贯工作

8 月 26 日，习近平总书记向中国人民警察队伍授旗并致训词后，南通监狱即将学习训词精神作为重要政治任务，第一时间传达、第一时间学习、第一时间贯彻，并根据老中青民警特点，分层分类开展宣贯工作，激励全监上下牢记训词精神、砥砺担当作为。

一是将训词融入灵魂，在执着坚守中凸显忠诚本色。充分发挥老民警忠诚执着、敬业奉献、作风过硬、能力较强特点，以“师带徒”“老传青”活动为载体，安排 16 名老民警开展“一对一”传帮带，带动青年民警传承忠诚本色、发扬优良传统、践行革命精神。举行“不忘初心　薪火相传”荣誉退休仪式，为即将退休老民警发放“荣誉勋章、入党志愿书复印本、纪念品、鲜花”等退休 4 件套，激励老民警退休不褪色、离岗不离党。在 50 岁以上民警中开展“写训词、铸忠诚、见行动”训词书写展示活动，围绕“对党忠诚”“服务人民”“执法公正”“纪律严明”等内容用心创作，让民警在一笔一画、一字一句中铭记领袖嘱托、感悟训词伟大、感悟忠诚担当。

二是将训词融入实干，在履职担当中发挥关键作用。突出监狱中层领导、业务骨干的中流砥柱作用，开展“比忠诚、比服务、比规范、比作风、亮成绩”“四比一亮”活动，引导中层民警和业务骨干在疫情防控、安全管理、规范执法、改革创新等工作中冲锋在前、示范带头，以实际行动践行训词精神。将践行训词精神与推进“书记项目”相结合，组织党支部书记围绕训词精神开展专题调研，按照“选好小切口、做好大文章”思路，精准选题、精确破题、精细解题，形成高质量“书记项目”，努力以党支部高质量发展推动监狱高质量发展走在前列、争先进位。结合疫情防控常态化工作，在中层民警中开展“交安全班、站放心岗”活动，注重交任务、压担子，促使勇担当、善作为，全力以赴打赢疫情防控阻击战。

三是将训词融入梦想，在激情奋进中展现青春风采。部署开展“牢记训词　青春奋进”主题活动，在全监青年民警中举行警旗宣誓仪式，安排青年走访贫困家庭开展“护苗筑梦”教育扶贫，组织参观廉政文化广场，让青年民警在学习实践中增强对党忠诚的坚定性、服务人民的积极性、执法公正的主动性、纪律严明的自觉性。发挥监狱“江苏省青年书香号”品牌效应，在青年民警中开展“书香溢江海”主题读书活动，举办“濠滨青年说”“乘风破浪，青春有你”读书沙龙，让青年民警在学习提升、展示自我中释放青春激情、追逐青春理想。启动“最强战警最优警队”青年技能比武，坚持“学为用、练为战”，围绕“岗位业务知识、队列指挥、讲评教育、办案技能、体能测试”等方面，分类开展业务培训、实战练兵，锤炼青年民警过硬执法本领。（2020－09－04 11:21:00 来源：江苏省司法厅）

这两则实例都属于消息中的经验消息。两则消息由标题、导语、主体、背景材料组成。两则例文的标题都采用的单式标题形式。实例 11－1 标题“筑牢防疫安全屏障”简明而又准确地概括了消息的主要内容。实例 11－2 标题“南通监狱分层分类抓实训词宣贯工作”则对消息的报道对象和主要内容都进行了概括。

两则实例第一段都是导语。两则导语都属于典型的 5W－H 式导语，分别交代了消息的时间“当前”和“8 月 26 日”；地点是南宁监狱和南通监狱；事件是“疫情防控工作部署”和学习习近平总书记重要训词精神；人物是南宁监狱党委和南通监狱；原因是“疫情防控形势”和“习近平总书记向中国人民警察队伍授旗并致训词”；做法是“召开疫情防控部署会”和“将学习训词精神作为重要政治任务，第一时间传达、第一时间学习、第一时间贯彻，并根据老中青民警特点，分层分类开展宣贯工作”。这种导语的优点是把消息的主要要素都能交代清楚，所以写作消息时经常被作者使用。

两则实例从第二段开始到最后是消息的主体部分。实例 11－1 从第二段开始分六段，分别从“六从六全”的六个方面对疫情防控工作部署的具体情况进行展开介绍。实例 11－2 则分三段，从三个方面对南通监狱民警如何学习和贯彻习近平总书记训词精神，并把训词精神融入民警“灵魂”和“梦想”，并贯彻到监狱工作中的情况进行了介绍。两则实例通过正文的展开介绍，加深了读者的印象，突出了消息的主题。

总体看来，这两则消息主题明确，层次清楚，结构合理，值得我们借鉴。

二、通讯

（一）概念

通讯是迅速、具体而又生动形象地报道具有新闻价值和意义的事件和人物的一种新闻文体。通讯和消息都是对新闻事件和人物进行报道，但是和消息相比，通讯更为详细具体，更为生动形象，形式也更加灵活。消息则更简短、更迅速。

按照报道对象的不同，通讯可以分为人物通讯、事件通讯、工作通讯、概貌通讯等类型。人物通讯是以新闻人物为报道对象的通讯，多报道先进的典型人物及其事迹。事件通讯是以新近发生的典型事件、重大事件为报道对象的通讯，多生动、形象地报道新闻事件的过程，以及影响、意义等。工作通讯是以工作中的先进经验或存在问题为报道对象的通讯。概貌通讯多以某个地方的社会新风貌、生活新风尚等为报道对象。

(二)内容结构

通讯的写作,意在全面生动地报道人物、事件或工作进展情况,如工作通讯多对工作中的典型事例加以分析,找出其中的先进经验进行介绍,或者找出其中存在的不足或教训,帮助人们解决问题。通讯虽没有统一的格式,但大致都由标题、开头、主体、结尾几部分构成。

1. 标题

通讯的标题和消息的标题不同。消息的标题大多直接概括报道主要内容,而通讯的标题除了反映报道内容外,还要注意生动、形象,以吸引读者,因此通讯的标题往往不是报道内容的直接概括。另外,消息多采用多行标题,往往在主标题外还有副标题或者引题。通讯则很少采用多行标题,大多只有主标题,少数采用主副标题的形式,而从不会使用引题。例如:

"用真情呵护地震废墟中幼小的心灵"

这一则通讯所报道的内容是,河南监狱系统一位女警官在汶川地震发生后,赶赴灾区为青少年提供心理康复咨询,但通讯标题显然不像消息主标题那样,对报道主要内容进行概括来作为标题,而是用生动、形象的描绘性语言从侧面反映内容。

2. 开头

通讯的开头需要吸引读者的注意,引起读者的阅读兴趣。常用的开头方式有:倒叙式,一般先叙述一个公众关注的热点事件片段,然后再逐渐交代事件的具体过程、原因和影响等;问题式,一般开头先提出一个问题,引起读者思索和阅读的兴趣,然后再逐步引出所报道新闻人物或事件;议论式,开头先摆出报道的主要观点和态度,然后再逐步围绕此观点和态度报道其所依据的人和事。例如:

"当你走进福建省漳州监狱,你会感受到一种全新的管理模式。虽然罪犯与外面的世界横亘着一堵高墙,但罪犯与社会、罪犯与民警之间没有墙。"

这篇通讯的开头就给读者先提供了一个问题,走进漳州监狱你会感受到全新的管理模式,罪犯与外面有高墙但和社会、民警之间没有墙。让读者读了之后产生疑问,为什么会出现这一情形呢?从而引起读者的思索和阅读兴趣。

3. 主体

通讯的主体也与消息的主体不同。消息大多对一些新闻人物或事件进行概要的报道。通讯则需要详细具体而又生动形象地报道相关新闻人物或事件。

4. 结尾

通讯的结尾往往简短但同时要深刻,能够让读者思索和回味。例如:

"记者在采访吉林监狱的几天里,感受到了一股化腐朽为神奇的力量。然而,给记者留下最深刻印象的,还是镌刻在广大监狱民警心中的那六个大字——创建一流监狱。"

(三)写作要求

通讯的写作需要注意以下几点。

1. 题材的选择

首先,通讯所选题材要有新闻价值,也就是说,必须是新近发生的人或事。其次,所选题材应该有宣传价值,也就是说,它必须有值得宣传的方面,有一定的宣传意义。最后,所选题材应该有典型性,即所选题材应该是具有典型意义的有代表性的人或事。

2. 主题的提炼

在选定题材以后,还要针对所选题材收集材料提炼主题。首先,通讯的主题应该深刻,要反映出所报道人和事的本质、内在特点。其次,通讯的主题还要新颖,只有新颖的主题才能吸引读者。

3. 宣传点的确立

通讯的主题还必须紧紧抓住宣传点,也就是说,这个主题必须有其宣传意义,行文时应该紧扣其宣传点来写作。通讯与消息相比,消息更侧重新闻价值,主要是把新近发生的人和事告知公众,因而消息可以有宣传意义,也可以没有宣传意义。但通讯则不同,通讯更侧重宣传意义。所谓宣传意义是指在思想、道德、行为或者政治、经济、文化等方面能够起到明辨是非、引导公众向真善美的作用。通讯的写作意义就在于展示其宣传点,因而在写作时应该紧扣宣传点,围绕它来组织材料,以宣传点为中心进行写作。

本文书示例见例 11 - 3。

例 11 - 3

湖北省监狱系统聚焦主责主业
扎实开展下基层察民情解民忧暖民心实践活动

湖北省监狱管理局牢固树立以人民为中心的发展思想,坚持"站位高、切口准、感情深、责任明",聚焦主责主业,持续推进监狱机关转作风、提能力、护平安,扎实开展下基层察民情解民忧暖民心实践活动,推动湖北省监狱系统工作质量高质量发展。

一、找准"亲民"切入点,"身入心到"下基层。一是全面谋划部署。召开全省监狱系统动员会,全系统压实主体责任,引导广大党员民警把群众路线根植于思想中、落实到行动上。二是加强组织领导。成立领导小组和办公室,办公室下设5个工作组,组建6个巡回指导组。制订相关方案3个、印发工作提示4个、编印工作手册1本。三是完善工作机制。结合基层党建联系点制度,省局党委班子成员带头明确基层联系点,局机关各处(部)室同步建立联系点,确保联系基层全覆盖。实践活动以来,局领导带头调研31次,省局机关处室点对点下沉联系点监狱19次,深入乡村振兴帮扶点、平安建设联系点以及社区3次。四是注重统筹兼顾。践行"一线工作法",把实践活动与"护航二十大、忠诚保平安"结合起来与开展"争创双一流、献礼二十大"主题活动结合起来,与加强民警改造罪犯能力建设结合起来,与省局年初部署开展的访民情、听民意、解民忧、暖民心"四民"活动结合起来,将实践活动作为推进党史学习教育常态化长效化的具体措施,形成相互促进的良好局面,让下基层"沾泥土""带露珠""接地气"。

二、抓住"爱民"着力点,"全面精准"察民情。一是课题式调研队伍。6月6日以来,省司法厅、省监狱局党委聚焦基层民警队伍建设实际,组建8个调研组,分别赴全省监狱开展领导班子和队伍建设调研,通过听汇报、个别谈、查资料,全面掌握基层民警所想所思所难所盼,听取从优待警的意见建议。二是下沉式联系群众。发挥"主题党日""三会一课"活动、"科(处)室包片""双报到双报告"机制等作用,全系统各级党员干部深入监区(社区)走访,既指导疫情防控、监管安全、生产安全等,又与基层民警、群众交心谈心,问需于民,摸清实情。三是线上式收集意见。开通"局长热线电话",畅通"局长信箱",通过线上方式收集意见建议。5月以来,通过"线上"渠道收集群众有效来信22件。四是清单式管理推进。结合监狱系统工作实际,制定并印发问题清单、任务清单、效果清单。目前局领导和处室在实践活动期间已征求意见建议179条,并实施清单式、项目化管理,推动各项工作落地落实。

三、把握"便民"关键点,"务求实效"解民忧。一是确保监狱绝对安全稳定,提升群众"安全度"。以维护党的二十大和省第十二次党代会期间安全稳定为重点,强化安全隐患排查整治,围绕警情、犯情、警戒设施在全省监狱开展督导调研,组织座谈会11次,收集信息80条。在罪犯中开展"喜迎二十大　感恩促新生"教育活动,引导罪犯认罪悔罪,努力提高改造质量。二是常态化整治群众反映强烈的违规违法办理"减假暂"顽瘴痼疾,提升执法"公信度"。在2021年倒查30年"减刑、假释、暂予监外执行"案件基础上,今年配合省高级人民法院,起草关于减刑、假释案件实质化审理的工作指引有关规定。建立健全集中议案制度,不断规范刑罚执行工作。三是加大罪犯家属会见服务力度，提升来监群众“满意度”。加强同地方司法所联系沟通，深入推进视频会见系统建设，打通跨省视频会见通道，有效解决常态化疫情防控期间罪犯亲属会见难等问题。

四、夯实“为民”落脚点，“主动及时”暖民心。一是用活“资金池”，服务对口乡村振兴。建立省局对口联系两个自然村帮扶工作机制，推进美丽乡村建设。在做好蕲春县刘河镇石马山村对口帮扶工作的同时，用好用活监狱企业“资金池”，服务沙洋小江湖监狱天鹅村和襄南监狱李家山办事处生产队乡村振兴工作。关心关爱对口帮扶村特殊困难群体，开展结对帮扶、献爱心活动。二是聚焦“小切口”，解决基层急难愁盼问题。结合常态化疫情防控实际，连续两年开展“爱在警营　情暖民警”十件实事，积极推进食堂社会化服务、警体中心建设、隔离备勤楼改造等系列举措。三是开展“手牵手”，帮扶困难罪犯子女。关注困难罪犯家属、困难儿童等特殊群体需求，开展“大手牵小手”帮扶困难罪犯子女等行动，落实走访慰问、帮困解难、申请救助、协助就学、心理疏导等帮扶措施。四是用好“宣传队”，营造良好舆论氛围。发挥湖北监狱微信公众号、门户网站，《湖北监狱》《警苑》等系统内媒体作用，加强与法治日报、湖北日报等中央、省级主流媒体联系，增强广大民警职工、基层群众奋进新征程、建功新时代的信心。（来源：司法部官网　发布时间：2022－07－07　16：05）

这一篇新闻通讯属于通讯中的工作通讯这一类型。与消息相比，通讯的标题一般更富有文采，更多运用一些修辞手法作修饰。例文的标题“湖北省监狱系统聚焦主责主业扎实开展下基层察民情解民忧暖民心实践活动”即是如此，像“聚焦”“扎实”这样的修饰性语言在消息的主标题中较少出现。例文第一段为通讯的开头部分。在这部分，例文开门见山，先对通讯报道的主体内容言简意赅地引入，指出了报道的对象湖北省监狱管理局，其主要工作内容“聚焦主责主业，持续推进监狱机关转作风、提能力、护平安，扎实开展下基层察民情解民忧暖民心实践活动”，以及其成绩“推动湖北省监狱系统工作质量高质量发展”。这种开头方式，可以使读者一下子就抓住通讯的主要内容，并引起其注意，吸引读者想进一步了解详细情况。这篇通讯，叙述形象生动，同时语言又凝练干脆，结构上层次清晰，不失为通讯中的佳作。

三、新闻评论

（一）概念

新闻评论是指对某一新闻事件或现象进行评说以发表观点、见解的新闻文体。

新闻评论针对的多是现实生活中影响较大、公众关注度较高的新闻事件或现象，对此发表评论。

新闻评论根据不同的分类标准可以分为不同的类型。常见的新闻评论种类有社论、评论员文章、短评、编者按、编后、述评等。社论是规格最高的新闻评论，大多针对重大问题及影响非常大的事件进行评论，代表的是党和国家的态度、观点。评论员文章针对的问题和事件影响要小于社论所针对的事件。短评一般篇幅较短，针对一些有一定影响的事件、问题进行论说。编者按和编后分别是在报道前和报道后，对所报道新闻具有补充、解释作用的评论性文字。述评是一种既报道新闻事件同时又对新闻事件进行评析，把述和评结合起来的新闻文体。在监狱对外宣传工作中短评和述评用得较多，其他文体用得较少。

（二）内容结构

新闻评论的写作意图，在于对某一新闻事件或现象进行评说以发表观点、意见，如编者按和编后，意在补充、解释报道，起新闻导向的作用。新闻评论没有统一的结构模式，但在写作过程中也可以遵循一些结构的原则。

1. 开头

新闻评论的开头可以一上来就开门见山地提出自己的观点，先把道理摆出来再通过种种事例加以论证；也可以先提出一种现象，然后再由这种现象说开去，引出所要评论的问题和观点。例如：

近日，最高人民法院、最高人民检察院、公安部、司法部联合发布《关于加强减刑、假释案件实质化审理的意见》，再次强调实质化审理的基本要求，保证减刑、假释只适用于确有悔改表现的罪犯。

这篇新闻评论的开头，就是采用开门见山的方式，直接提出论点：最高人民法院等部门联合发布强调实质化审理，保证减刑、假释只适用于确有悔改表现的罪犯。

2. 正文

在正文评论过程中可以采用并列式、递进式，或者把二者结合起来安排结构使论证的层次清晰。例如：

深入学习贯彻习近平总书记重要指示精神，要强化监狱内部管理，坚持严格依法、科学文明管理，善于运用法治思维和法治方式做好监狱管理工作。监狱管理是严肃的执法活动，依法管理是监狱工作的必然要求。要端正执法理念，坚持以人为本、执法为民，忠诚履行法定职责。要坚持把教育改造罪犯作为中心任务，大力加强罪犯思想、法制、文化、技术教育和管理教育、劳动教育，切实提高罪犯改造质量。要规范执法行为，抓住最容易发生问题的岗位、环节，进一步规范执法行为，细化执法标准，严密执法程序，强化执法监督，提高执法的规范化和公信力。

深入学习贯彻习近平总书记重要指示精神，要坚持公正廉洁执法，严防监管执法环节不公不廉等各种腐败行为。要把严格规范减刑、假释、暂予监外执行工作作为重要任务，深化狱务公开，增强执法透明度，以公开促执法公正；改革完善罪犯计分考核办法，确保计分考核的科学、客观、公正；修订完善各项规章制度，进一步规范监狱提请减刑、假释和暂予监外执行的条件和程序，筑牢执法公正的制度"防火墙"。

深入学习贯彻习近平总书记重要指示精神，要坚持把安全稳定作为监狱工作重中之重，保持监狱持续安全稳定。要进一步落实安全稳定长效机制和各项规章制度，开展经常性安全隐患排查整治，强化监狱突发事件防范和应急处置工作，大力提高安全防范和应急处置能力，有效防止和杜绝各类安全事件发生，持续保持监狱安全稳定。要深入推进监狱布局调整和信息化建设，进一步改善监狱刑罚执行和监管条件。

这篇新闻评论的正文采用的就是并列式结构，把在深入学习贯彻习近平重要指示精神中监狱应该做的各方面工作以并列的方式一一指出，条理清楚。

3. 结尾

结尾可以对前面的评论进行总结强调，也可以提出新的问题引人思索。例如：

法律神圣不可侵犯，捍卫法律尊严，决不能让减刑成为逃避法律制裁的"空子"。只有盯紧把牢每个环节，严格执行每道程序，才能消除一些人徇私枉法的侥幸，才能保证监督和审理的实质化。期待联合调查组对郭某思案一查到底，维护公正司法，树立浩然正气。

这段结尾就是对"决不能让减刑成为逃避法律制裁的'空子'"这一评论观点进行总结强调来作为文章的结尾。

（三）写作要求

新闻评论在写作过程中，需要注意以下要点和问题。

1. 切入点要选准。新闻评论选题多选择公众普遍关注的热点问题，或者新出现的一些现象、问题。并且切入的角度宜小不宜大，宜实不宜虚。对于监狱对外宣传的新闻评论来说，主要是选择涉及监狱并被公众关心的热点问题。

2. 见解要深刻。首先，新闻评论在进行评论时，论点要深刻，要能透过现象看本质，能够提出自己独特的见解和观点。评论的论点可以是确立自己的观点也可以批驳对方的观点，或者有立有破，把二者结合起来。其次，在评论过程中一定要紧紧围绕论点进行论证。要选择切实、有力的论据，运用严密的逻辑推理，展开仔细的分析、论证，从而推出论点。

3. 论证要明快。为使读者易于理解和接受，新闻评论在论证时既要注意论证的严密性，又要注重论证的简洁性。论证过程要简洁明快，宜用直笔，直抒己见，直论其理。在论证模式上，一般采用提出问题、分析问题、解决问题的三段式形式，换句话说，就是采用“是什么”“为什么”“怎么办”的结构模式。

本文书示例见例11－4。

例11－4

增强公开透明，堵死减刑“后门”

2020年5月9日，北京市郭某思减刑案联合调查组公布了关于郭某思前科犯罪、多次减刑等问题的调查结果。在依法依纪、全面调查后，联合调查组发现，监狱干警刘某某、隋某某等人受郭某思亲属及有关社会人员请托，利用职务便利，违规为郭某思获得减刑创造条件、提供帮助，涉嫌徇私舞弊减刑、受贿等犯罪。

这一备受关注的案件有了说法，相关部门也已经对涉案人员采取措施，司法公正得以捍卫。不过，这并不是最终结论，联合调查组将继续深入彻查，切实维护司法公正。我们期待后续调查结果，期待更加权威且全面的调查结论，期待将法律正义维护到底。

正义不会迟到，渎职必受严惩。有网友说，司法腐败是最让百姓无法容忍的，探本溯源在路上。今年3月，郭某思故意伤害致人死亡案发生后，对于暴露出的郭某思犯罪前科及服刑期间多次被减刑情况，北京市委高度重视，北京市委政法委直接督办，推动办案单位依法从严从快办理。可以说，主动办、从快办、从严办，这一调查过程释放出强烈信号：法律正义不容挑战，司法公正不容亵渎。

在为北京市相关部门点赞的同时，我们更应该反思：减刑、假释和暂予监外执行，这一刚柔相济、激励罪犯积极悔过自新的政策，为何被“钻空子”了？如何破解减刑乱象的难题？如何遏制住“高墙腐败”？

减刑作为一种善意的制度设计没有问题，但是把减刑作为逃脱法律惩戒的工具、作为逍遥法外的掩护，就是大错特错了。一段时间以来，由于刑罚执行透明度低等原因，减刑随意、过滥甚至无视法律规定的现象时有发生，在很大程度上损害了司法的公平性和权威性，备受诟病。法律既惩前毖后又治病救人，但不能让那些所谓“有钱的”“有权的”“有关系的”违法犯罪分子抱有可以践踏法律的幻想。采取雷霆手段，拿出切实行动，堵住减刑的“后门”，才能让司法腐败无处可藏、让公平正义沐浴阳光。

制度，既要不断完善，更要重在执行。党的十八届三中全会决定明确提出，严格规范减刑、假释、暂予监外执行程序，强化监督制度。近年来，全国各地多次开展减刑、假释清查活动，取得一定成效。继续确保公开透明、避免再出现"花式赎身"现象，就要从织密制度之笼着手。例如，更加全面详细地公开裁定文书，监狱管理接受社会监督，减刑、假释、暂予监外执行要听证在前……只有让司法信息公开、司法程序规范，才能压缩暗箱操作的空间，在制度完善的轨道上确保法治昌明。

努力让人民群众在每一个司法案件中感受到公平正义，不是一句空话，而应更具分量。以郭某思减刑案为警醒，各级司法机关务必吸取教训、主动自查，让践踏司法尊严的案件不再出现，让司法正义的天空更加澄澈。(2020 年 5 月 9 日 21:11 来源：人民网——观点频道)

这是一篇新闻评论中的评论员文章。作为一种新闻文体，新闻评论的标题和党政公文的标题不同。党政公文多采用标准的事由 + 文种的标题形式，而新闻评论则像一般文章一样，多对评论的内容加以概括提炼来生成标题，例文标题"增强公开透明，堵死减刑'后门'"即是如此。新闻评论在论证时一定要注意论证的逻辑层次，常用的一种逻辑层次就是提出问题、分析问题、解决问题的模式，换句话说，就是采用"是什么""为什么""怎么办"的结构模式。例文在结构安排上即是如此。开头两段先提出问题，也就是郭某思减刑案调查结果显示有相关人员违规为郭某思减刑提供便利。然后第三、四段指出这一情况对法律正义和司法公正的挑战和妨碍，并且明确提出减刑、假释"为何被'钻空子'"。这一部分显然是分析问题，也就是"为什么"。第五、六段则是解决问题，也就是阐述"破解减刑乱象的难题""遏制住'高墙腐败'"应该怎么办。评论的最后一段作为结尾，进一步强调应该"以郭某思减刑案为警醒，各级司法机关务必吸取教训、主动自查，让践踏司法尊严的案件不再出现"。总体来说，这篇新闻评论见解深刻，论证逻辑严密、层次清晰，值得我们学习、借鉴。

第二节　监狱常用礼仪文书

一、慰问信

(一)概念

慰问信是以组织或个人名义向有关单位或个人表达慰问、关切或致意时所使用的一种应用文书。

根据慰问对象和内容的不同,慰问信可以分为三种类型:节日慰问信,对作出贡献的集体或个人的慰问信,对遭灾受难者或其家属的慰问信。

(二)内容结构

慰问信属于一种非制式文书,在制作过程中同样没有统一规定的结构要求,一般按照约定俗成的模式来进行写作。慰问信的结构通常包括以下五部分。

1. 标题。慰问信的标题常用的有三种形式。第一种形式是单独以文种名"慰问信"作为标题。第二种形式是用慰问双方名称+文种,即"××致××的慰问信"的形式作为标题;或慰问对象+文种,即"致××的慰问信"的形式作为标题。第三种形式是用限定词+文种,即"×××慰问信"的形式作为标题。慰问信的标题一般在首页第一行居中排列。

2. 称谓。称谓一般在标题下一行顶格写。写明被慰问单位名称或慰问对象姓名,也可以在姓名前后加上一些必要的限定和修饰词语。

3. 正文。慰问信的正文依据不同的慰问种类,内容也有所不同。一般都包括慰问的缘由,慰问的具体事项,以及表明共同的愿望和决心。

4. 结尾。结尾一般在正文后另起一行用一些祝颂的话来作为结尾。

5. 落款。落款在正文右下方,署发文单位名称或发文者姓名,并注明发文日期。

(三)写作要求

慰问信在制作和使用过程中需要注意以下问题。

1. 慰问对象和慰问类型要明确,慰问目的要清楚,依据不同的慰问目的和对象来组织材料和内容。

2. 语言要恰当,表现出亲切关怀的感情,使对方感到慰问的真切、温暖。

3. 慰问信的文字要简练,杜绝空话,少用套话,篇幅不宜过长。本文书示例见例11-5。

例11-5

致监狱民警职工的新春慰问信

监狱全体民警职工:

岁序更迭,华章日新。值此农历辛丑年春节来临之际,我们谨代表监狱党委,向您和家人致以新春最美好的祝福!向假日期间仍然坚守值班岗位的同志们、向正在监管区一线封闭执勤的战友兄弟姐妹们致以最崇高的敬意!

过去的2020年,实"鼠"不"疫",玉汝于成。这一年,我们齐心战"疫"。面对新冠疫情，监狱广大民警职工迎难而上、坚定逆行，同志们强忍着亲情割舍的酸楚、强撑着身体病痛的困扰、强担着巨大监管压力的使命，谱写了高墙内疫情防控阻击的战“疫”辉煌，为监狱牢牢守住了抗疫和监管工作“双安全”。这一年，我们负“疫”前行。监狱基层基础工作不断夯实，“智慧”监狱成果不断拓展，“十三五”规划建设顺利收官，连续24年实现监管安全“三无”目标，荣获省监狱管理局优秀等次班子单位荣誉。正是因为大家的恪尽履职、无私奉献和默默坚守，才又一次为花都监狱塑造了“样板”、擦亮了“品牌”、唱响了“强音”，谢谢你们！

迎来的2021年，“牛”转乾坤，接续奋斗。2021年，是中国共产党成立100周年，是全面建设社会主义现代化扬帆起航之年，更将是花都监狱乘势而上再创新高的关键之年。来年，我们要正式开启监狱“十四五”规划蓝图建设征程，我们要全面向着“争创示范、打造一流”的奋斗目标坚实迈进，我们要努力打造“对党忠诚、服务人民、执法公正、纪律严明”的政法铁军队伍，我们要毫不放松稳稳守住疫情防控和监管安全“双底线”……任务仍然艰巨、责任依然重大、前路仍旧荆棘。正所谓：征程万里风正劲，重任千钧再奋蹄！让我们继续保持住开拓进取的勇气、坚忍不拔的毅力、舍我其谁的境界、敢闯敢干的担当，大力发扬孺子牛、拓荒牛、老黄牛精神，以实干砥砺前行，用汗水浇灌收获，奋力为监狱全面建设发展开创新局面、续写新篇章、铸造新辉煌！

最后，衷心祝愿广大民警职工及家属新春愉快、阖家幸福、万事顺意！

监狱长　×××

政　委　×××

2021年2月10日

评析：以上是一封节日慰问信，采用约定俗成的慰问信的文书样式，分为标题、称谓、正文、结尾和落款五部分。标题，采用的是文种名“致监狱民警职工的新春慰问信”直接作为标题的形式。称谓顶格写各受文对象。

作为节日慰问信，正文首先表明了慰问的缘由，即新年的到来，并且表示节日的问候。然后再对过去一个阶段工作的成绩进行回顾和赞扬，例文正是对过去一年监狱各方面取得的成就进行了回顾和赞扬。节日慰问信一般接着对将要进行的工作和成绩进行展望，例文则是对2021年的工作表示了殷切希望。节日慰问信结尾一般是用祝颂性的话来作为结尾，例文最后正是表示了对新年的祝愿。

总体来看，这篇例文格式规范，结构安排合理，材料充实，语言得体，是一篇很好的节日慰问信。

二、邀请函

（一）概念

邀请函是邀请知名人士、专家学者等相关人员参加庆典、会议等重要活动时使用的一种请约性书信文体。

根据邀请函目的和内容的不同，邀请函可以分为会议邀请函、活动邀请函和工作邀请函三类。会议邀请函一般多为邀请相关人士参加各种庆祝会、座谈会、纪念会等。活动邀请函大多是邀请相关人士参加各种仪式、宴会活动等。工作邀请函多是邀请相关专家学者等参加一些成果鉴定、评审、决策等。

（二）内容结构

邀请函在制作过程中同样没有统一规定的结构要求，一般按照惯用的格式来进行写作。邀请函的结构通常包括以下五部分。

1. 标题。邀请函的标题常用的有两种形式。第一种形式是单独以文种名“邀请函”作为标题。第二种形式是“事由 + 文种”，即用邀请的事由加上邀请函的形式，如“××会议邀请函”。邀请函的标题一般也在首页第一行居中排列。

2. 称谓。称谓一般在标题下一行顶格写被邀请单位名称或被邀请者姓名。姓名之后往往加上职务或者先生、女士等尊称。如果被邀请对象是单位，应当写单位全称以示尊重。

3. 正文。邀请函的正文一般在称谓下另起一行空两格开始书写。正文一般要写清楚邀请参加的活动或会议的目的、内容、时间、地点，以及参加活动或会议时应该注意的一些事项。

4. 结尾。结尾一般在正文后另起一行写一些礼貌用语，如“敬请光临”“恭候光临”“敬请光临指导”等来作为结尾。

5. 落款。落款在正文右下方，分上下行排列，写明邀请单位名称或邀请者姓名以及发文日期。

（三）写作要求

邀请函在制作和使用过程中需要注意以下问题：

1. 要素齐全。一定要写清楚邀请参加的活动或会议等的时间、地点以及其他需要注意的事项，从而保证被邀请者能够顺利参加活动。

2. 语言恳切。邀请语言要恳切，对邀请对象的称谓应该加上尊称，最后要有适当的礼貌用语。

3. 文字简短。邀请函的文字要简短，篇幅不宜过长。本文书示例见例 11－6。

例 11－6

关于参加监狱开放日活动的邀请函

尊敬的各级领导、媒体朋友、社会各界人士：

为进一步推进监狱工作法治化、科学化、社会化，深化狱务公开，加强监狱与社会沟通，让社会更加了解监狱，促进监狱文明管理、公正执法，我狱拟于 2021 年 3 月下旬面向社会举办监狱开放日活动，现邀请广大关心监狱事业发展的各界人士积极参与。

一、申请时间

2021 年 3 月 18－21 日。

二、申请条件

(1)年满 18 周岁的中国公民。

(2)无犯罪记录。

(3)身体健康。

三、申请方式

网上预约(有意申请的人员，请直接在本篇信息后留言，留言时请注明姓名、家庭住址、联系电话)。

四、参加所需的材料

(1)身份证。

(2)户籍所在地派出所出具的无犯罪证明。

(3)近三天的核酸检测证明。

五、监狱审核

由于疫情原因，以及监狱工作和监管场所的特殊性，监狱将对报名人员进行必要的资格审查，以确保安全。

××监狱

2021 年 3 月 18 日

评析：这是一份活动邀请函。标题采用的是邀请函最常用的标题形式即“事由＋文种名”作为标题。称谓“尊敬的各级领导、媒体朋友、社会各界人士”则表明邀请对象不是某一特定对象，并且用敬语表示尊重。

在正文部分，例文对邀请的目的、内容和时间地点及参与方式和注意事项等都有清楚交代。因为这次是邀请各界人士参加监狱开放日活动，而不是一些礼仪性活动，所以结尾没有出现“恭请光临”等礼貌用语，而是使用“积极参与”，并且对参加活动者的申请条件和所需材料提出了详细具体的要求，这样更能体现出活动的庄重性和严肃性。因而监狱在使用邀请函时不一定像一般邀请函那样全部都是恭敬、礼貌的语气，而应该根据邀请对象的不同，以及活动的内容和性质，采用合适的用语，以使内容和语气相统一。

三、感谢信

（一）概念

感谢信是感谢某单位或个人对自己的帮助、支援或关心时所写的一种礼仪性应用文书。在监狱日常工作过程中，很多工作难免需要有关单位或个人的帮助和支持，因而感谢信也就成为一种必不可少的礼仪文书。

按照感谢对象的不同，感谢信可以分为对个人的感谢信和对集体的感谢信。按照传达方式的不同，感谢信又可以分为通过寄送传达的感谢信，通过张贴的感谢信，以及通过报纸、杂志、电台、电视台刊登或播出的感谢信。

（二）内容结构

监狱制作感谢信的意图是向有关单位和人员对监狱提供帮助或支援时表达谢意。感谢信没有统一规定的结构要求，一般按照约定俗成的模式来进行写作，包括以下五部分。

1. 标题。感谢信的标题一般有两种形式。第一种形式是单独以文种名“感谢信”作为标题。第二种形式是用“××致××的感谢信”或“致××的感谢信”的形式作为标题。感谢信的标题一般在首页第一行居中排列。

2. 称谓。称谓一般在标题下一行顶格写。写明被感谢者的单位名称或姓名，也可以在姓名前后加上一些必要的修饰词语。

3. 正文。感谢信的正文一般首先表明感谢的原因，即简要叙述被感谢对象的人物、时间、地点以及简单的经过。其次写清得到的支持和帮助有哪些，并且指出这些支持或帮助的性质以及所产生的效果或作用。最后，对对方表示真挚的感谢。

4. 结尾。结尾一般在正文后另起一行以惯用语“此致、敬礼”来作为结尾。

5. 落款。落款署发文单位名称或发文者姓名，并注明发文日期。

（三）写作要求

感谢信在制作和使用过程中需要注意以下问题：

1. 被感谢的人物、事件的时间、地点和经过叙述应简略，但必须清楚，以使读者明白感谢的缘由。

2. 务必写清得到的帮助和支持有哪些，以及这些帮助或支持产生的效果，以使感谢的理由充分。

3. 语言应真挚、朴实，不要过于修饰和华丽，否则容易给人以虚假的感觉。篇幅也不宜过长，重在表达感激之情，而不在叙述事情的详细经过。

本文书示例见例 11－7。

例 11－7

感　谢　信

×××物业公司的冯大哥：

你好，从未谋面，不知这样称呼是否合适。我是新疆监狱民警×××，住在小区多年，那天第一次冒昧地联系你，也实属是束手无策之下的侥幸一试，感谢那天拨通了你的电话，才能让我和妻子在抗“疫”战场上没有后顾之忧地奋勇前行……

2020 年，注定不一般。新冠肺炎疫情汹汹来袭，当攻坚防疫战争的号角吹响，我与在卫健委工作的妻子迅速收拾行李各自奔赴“疫”线。

年三十儿，我在家门口贴了一对“福”字，拿出准备给儿子的压岁钱，穿上妻子送的新衣服。大年初一，在鞭炮声还未彻底散去时，我和妻子同时接到了立即返岗的通知。妻子平时很疼孩子，以前出差或者离家总会舍不得，蔬菜、水果全部配齐，注意事项能反复说好几遍，此次离家突然，什么都来不及准备，甚至来不及交代一句就出门了。电梯里，妻子终于忍不住红了眼眶，似乎预感到此次的离别可能并不像以往那样短暂。大年初一，新年的第一天，我们一家三口分隔在了 3 个地方。

妻子被分配在集中医学观察留验站，我被封闭在监狱高墙内守卫疫情防控警戒线。她 24 小时守护集中医学观察人员，疏导情绪、观察病情；我 24 小时防控疫情，应急处突、守卫监墙。随着观察人员的日益剧增，留验站点也越来越广，观察人员的情绪变得更加焦灼，妻子的休息时间渐渐从每天五六个小时变成有时日夜连轴转，同事们都身心疲惫，但她看着自己胸间的党徽、看着有些比儿子还小的观察人员，强迫自己稳定心神，带领同事们一起转变心态，工作变得更加认真细致，沟通变得更加温和耐心，逐渐掌握技巧稳定了观察人员的情绪。

电话里的妻子很是开心：“办法总比困难多！我是党员，关键时刻肯定要挺身而出，我要做给儿子看！”我向她竖起大拇指，给尽职尽责，努力抵抗疫情的她点赞。虽然她党龄比我多 1 年，但我不会输给她，因为我也正在坚守岗位、勇担重任，坚决将疫情阻挡在监墙之外，确保监管场所持续安全稳定。我们都很棒！

转眼离家已近半月，疫情形势依然严峻，什么家务都不会的儿子，渐渐学会了简单的蒸煮，可家中的食材已经所剩无几。正值疫情防控的关键时刻，我和妻子都不愿给组织增添麻烦，亲朋好友要么不在本市，要么也在各自单位封闭，都帮不上忙。当兵从警几十年，从未像现在这样束手无策、力不从心……抱着最后一试的心态，我拨通了物业经理的电话，向他说明事情情况，本没有期望太多的我得到了肯定的答案，“你们在前线奋斗，为了社会平安稳定，家都管不了，我做不了一线的战士，但也能当保障后勤的兵”。

从那天起，我才知道你叫冯×，也是从那天起，儿子再也没有断过食物。冯大哥为人豪爽，给孩子买菜的这几天从未收过我们一分钱，“给自己孩子买东西算什么，等疫情过去，你们回家了，求我送我都不送”！冯大哥做事却细致入心，他怕儿子不好意思，每次安排不同的同事送东西，还交代东西放在门口敲了门就走，坚决确保“零接触”。谁说“男儿有泪不轻弹”？再铁的汉子也有侠骨柔情！冯大哥的所作所为在疫情的暴风中令我敬佩，他的“侠义心肠”使我数次哽咽。

冯大哥，为了守护一片安宁，为了还岁月一片静好，疫情防控的战场我们夫妻还要继续前行，是你的无私帮助消除了我们最后一丝顾虑，接下来的战“疫”，我们将奋勇向前、无所畏惧！

冯大哥，待战“疫”结束，待冬去春来，待锦绣烂漫，你我共饮一杯，可好？

新疆××监狱民警×××

2020年2月14日

（《抗“疫”一线民警写给“陌生人”的感谢信》 发布时间：2020－02－14 文章来源：新疆维吾尔自治区监狱管理局网站）

评析：这封感谢信采用约定俗成的感谢信的文书样式，分为标题、称谓、正文、结尾和落款五部分。标题，即“感谢信”，是直接用文种名作为标题，属于感谢信最常用的标题形式。称谓，即“×××物业公司的冯大哥”，顶格写被感谢人的称谓。正文部分一般先写被感谢的人物、事件的时间、地点以及简单经过，作为感谢的缘由，然后指出得到的帮助和支持有哪些以及产生的效果，最后再表示真挚的感谢。例文首先简要表明新疆某监狱民警×××在抗疫工作期间，得到“冯大哥”的无私帮助，这正是感谢的缘由部分。然后例文第二段开始具体写×××遇到的困难，以及得到的帮助、支持以及产生的效果。例文最后部分宕开一笔，没有局限于对“冯大哥”帮助表示感谢，而是先表明因为“冯大哥”帮助使自己夫妻没有后顾之忧可以在抗疫战场上“奋勇向前，无所畏惧”，使主题得到升华，接着又希望抗疫结束后能和“冯大哥”“共饮一杯”是一个非常好的结尾。

感谢信多用惯用语“此致、敬礼”来结尾，也可省略不写。例文省略了这一部分。感谢信的落款包括署名和日期。例文是以个人名义对“冯大哥”进行感谢，所以署名署个人姓名。需要指出的是，例文日期采用的是阿拉伯数字的日期形式。感谢信作为一种礼仪文书，通常使用阿拉伯数字的日期形式。同时在单位正式行文这种较为正式的情况下也可以使用汉字小写的日期形式。

感谢信的重点和难点是表达谢意要真挚而不虚假。首先，要使感谢真挚，必须使感谢言之有据，因而被感谢者所提供的帮助和支持以及所产生的效果一定要写得详细、具体。例文对作者夫妻二人因为抗疫无法照顾孩子的情况下，“冯大哥”给孩子无偿购买食物，从不间断，而且确保零接触，这些无私帮助以及所取得的效果作了描述，详细具体。其次，感谢的话语必须真诚、具体而不空泛。例文最后一段作者通过提出要和“冯大哥”在战“疫”结束“共饮一杯”进行由衷的感谢，真挚而具体。

总体来看，这封感谢信格式规范，能够围绕主题进行写作，主旨较为鲜明，层次也较为清晰，语言平实，表达情感真挚而不空泛。

研究与思考

1. 监狱常用的宣传文书有哪些？
2. 简述消息的内容结构和写作要求。
3. 简述通讯的内容结构和写作要求。
4. 简述新闻评论的内容结构和写作要求。
5. 监狱常用的礼仪文书有哪些？
6. 简述慰问信的内容结构和写作要求。
7. 简述邀请函的内容结构和写作要求。
8. 简述感谢信的内容结构和写作要求。

第十二章　常用事务性文书

要点提示

1. 常用事务性文书，是各单位在处理管理事务的过程中，用来安排工作、总结经验、交流信息、调查情况、指导工作的一些常用应用文体。

2. 在监狱日常工作中，常用事务性文书被广泛使用，在管理活动中发挥着重要作用。监狱常用事务文书主要包括计划类、总结类、调研类、简报类和公示类文书。这些文书具有管理性、具体性、实际性的特点。具体来讲，管理性是指事务文书涉及管理活动的决策、计划、组织、控制四个层面。例如，调查报告为决策提供材料和情况，工作计划直接完成计划和组织环节。具体性是指大多数事务性文书的写作对象都十分明确，内容要求具体。实际性是指各类事务文书的使用都是为了处理事务、解决实际问题，撰写事务性文书以满足实际工作需要为前提。

3. 常用事务性文书被党政机关、企事业单位广泛使用于工作之中。与党政机关公文和专用文书相比，事务性文书的格式一般没有特别严格的规定，往往采用约定俗成的格式。

第一节　计划类事务文书

一、概念和作用

计划类事务文书，是开展某项工作或采取某项行动之前拟订的有关布置、要求、步骤等内容的文书，是实行科学管理的必要措施和重要形式。计划类事务文书常用“规划”“计划”“方案”“要点”等作为文种。

计划类事务文书的作用主要表现在以下三个方面：一是提高工作效率。事先制定出明确的目标和具体的步骤，根据需要有效地分配时间、组织力量、投入精力，充分发挥集体和个人的创造力，使工作进展有条不紊，避免盲目性。同时，工作计划能够协调各部门、各方面的关系,突出中心和重点,统筹兼顾,有效配合,充分提高工作效率。二是预防出现偏差和失误。工作计划可以有效保证工作沿着正确的轨道向前推进,对可能发生的困难和问题作出预测,确定相应的对策、办法或措施,有利于工作的顺利开展。三是方便工作的检查。工作计划确定了工作完成情况的衡量标准,上级机关可以据此检查下级机关工作落实的情况和进度,计划制订单位也可以根据计划进行自查,发现问题及时解决。

二、内容结构

计划类事务文书并无统一要求的文书格式,但在使用中有着约定俗成的大致结构框架。一个完整的计划类事务文书一般由以下四部分组成。

1. 标题

拟定标题有两种方法:

(1)计划内容标题。例如:“年度工作计划”“罪犯教育工作计划”等。

(2)计划制订者 + 计划内容。例如:“监狱干警轮训计划”“监狱纪律整顿计划”。如果计划是草稿或初稿,可在标题后或标题下方正中用圆括号注明“草案”“草稿”“送审稿”“征求意见稿”等。

2. 导言

导言主要说明“为什么做”的问题。

(1)制订计划的指导思想。说明制订计划应当依据有关政策或上级的指示精神。

(2)基本情况。概括分析总结前一阶段的工作、学习或生产情况,找出成绩和不足,归纳经验和教训,增强工作计划的说服力。

3. 正文

正文包括三项内容:

(1)目标。主要说明“做什么”的问题,包括任务和要求。任务一定要明确,要求必须清楚。要有总体的、质的和量的、时间的指标,以便使计划执行者心中有数。

(2)措施。主要说明“怎样做”的问题,措施是实施计划的具体办法,是实现计划、完成任务的保证,是达到目标的具体手段。

(3)步骤。主要说明“什么时间做”的问题,是完成工作的程序和时间安排。工作计划中的事哪些先做,哪些后做,依照什么顺序展开,这就是步骤。步骤可以使执行者清楚地知道在每一阶段、每一时限内,应该完成什么。目标、措施、步骤是工作计划的三要素,缺一不可。

4. 落款和日期

单位计划应写明单位名称，如果单位名称在标题中已经写明，这里可不写。最后，用年、月、日表明计划制订的日期。此外，如果计划附有表格及其他附件，或者需要报、送、发某些单位的，应在正文之后分别写明。

三、写作要求

监狱制作计划类事务文书的意图是在监狱工作开展之前对该项工作的目标、措施和步骤做出统筹的安排。在写作过程中需要注意以下几点。

1. 深入调查研究，充分准备材料。工作计划所涉及的内容都是尚未开展的工作，制订工作计划都是建立在对未来工作预测的基础之上，是对将来工作的一种构想。但是，这种构想绝不是凭空臆断，而是以现实工作情况为基础，在进行广泛调查、深入分析之后作出的科学预测。在制作之前应认真分析本单位的具体情况，广泛听取相关部门、相关人员的意见，博采众长，充分收集与具体工作相关的各类材料。工作计划草案制订后，如果条件允许，应交全体相关部门及相关人员讨论、修改。工作计划是要靠相关部门、相关人员来完成的，只有正确反映其要求，才能使之成为大家自觉为之努力的目标，充分调动相关人员的工作积极性。

2. 内容明确具体，切实可行。目标、措施、步骤是工作计划的三要素，是工作计划内容的主体部分。工作计划确定的目标过高或过低，都难以调动计划执行者的积极性。因此，制订计划时应尊重客观实际，实事求是，确定的目标要明确且能够实现，保证计划执行者有清晰的工作方向。措施是实施计划的具体办法，是实现计划、完成任务的保证，应详细可行，分工明确，能够量化的一定要量化，能落实到人的应落实到人，以保证计划目标的顺利实现。步骤是完成工作计划的程序和时间安排，步骤部分既要尊重事物发展的基本规律和顺序，又要清晰具体，保障工作能够及时、有序、有效开展。

3. 抓住实施难点，做到科学应对。“凡事预则立，不预则废。”制订工作计划时，充分评估工作计划实施中可能出现的困难和问题，预设相应的对策、办法和措施。需要吸取以前的经验和教训，使工作计划符合本单位、本部门的客观情况。

4. 避免出现常见错误。工作计划在日常工作中的使用频率虽然比较高，但是常见毛病也比较多，在写作中要注意以下问题：第一，切忌目标脱离实际。制订工作计划要在科学预测的基础之上，对将要开展的工作作出统筹兼顾的安排，绝不能凭空想象、闭门造车。在工作计划的三要素中，目标处于支配地位，措施和步骤为目标服务。脱离实际情况和现实条件的工作目标，不可能实现，工作计划的措施和步骤部分也就失去了存在的意义。因此,目标的制订是否合乎实际是衡量工作计划优劣的首要标准。一项恰当的工作目标应该符合两方面要求:一方面,目标要有前瞻性,有一定的高度和挑战性,能够激发计划执行者的工作热情;另一方面,这项目标应该在现实可行条件之下,经过执行者的努力能够达到。第二,切忌措施缺乏可操作性。可操作性是指计划的措施安排详细、具体,能够被计划执行者遵照执行。同时,可操作性也强调措施执行的现实可能性,不能脱离实际,强人所难。实践中,有的工作计划虽然确定了合理的目标,但是却没有切实可行的工作措施。这类工作计划虽然指明了努力的方向,但是却没有指出工作的路径和工作的办法,不符合工作计划的写作要求。计划是工作的指南,对工作实践活动具有指导作用,要对工作作出详细安排,未来的工作将在它的规范下被具体落实,如果措施缺乏可操作性,将不可能有效组织力量,分配资源,也不能保证工作目标的顺利实现。第三,切忌欠缺时限要求。实践中,任何工作的完成都有时限要求。工作计划的制作也需要明确具体任务的时限要求,明确的时限要求可以督促计划执行者按时完成工作任务,促进工作有序进行,只有如此才能保证及时实现工作目标。同时,清楚地确定时限要求,也便于对工作计划的执行情况开展检查工作。

第二节　总结类事务文书

一、概念和作用

总结类事务文书是对一定时期内的工作实践活动进行系统性回顾、分析、评价的文书。常用的有"总结""述职报告"等。

工作总结是对以往工作的一种理性认识,是对工作实践本质的概括,对指导和促进今后的实践工作具有重要的作用。工作总结的作用主要表现在两方面:第一,可以使人们的认识得到深化和飞跃。通过总结,人们可以把从工作实践中获得的感性认识加以提炼和概括,认识事物的客观规律,把握事物的本质,实现从感性认识到理性认识的飞跃,或者使原有的理性认识进一步丰富和发展。第二,可以提高工作能力,推动工作进展。工作总结是对工作实践活动一分为二的分析,一方面肯定成绩,提炼经验;另一方面要查找问题,吸取教训,从而发扬成绩,克服缺点,纠正错误,不断提高工作能力,顺利推进工作。

二、内容结构

总结类事务文书的结构并不固定,一般包括三部分。

1. 标题。标题有四种写法,第一,公文式标题。一般由“单位名称 + 年限 + 内容 + 总结”构成,如“监狱 2008 年工作总结”“监狱 2008 年度教育工作总结”。第二,论点式标题。用标题直接揭示总结的中心、观点等,如“搞好伙食管理为教育改造服务”“改革出成绩”。第三,提问式标题。如“如何防止罪犯脱逃”“我们是怎样抓监狱内案件预防的”。第四,艺术式标题。标题经过了艺术加工,这种标题一般还要用副标题进行说明,如“天网恢恢,疏而不漏——××监狱防止罪犯逃跑的经验”“精诚所至,金石为开——我是如何转化顽固犯的”。

2. 正文。正文包括:第一,基本情况。可简要介绍开展某项工作的时间、地点、背景、基础,可提示总结的主要精神或中心内容,可交代写总结的动机、目的等。第二,具体做法。包括完成任务的情况、采取的方法步骤、遇到的困难及阻力、解决的措施、取得的成绩等。第三,经验与教训。应将经验和教训从工作回顾中很自然地归纳提炼出来。一定要写得丰富、充实,并选用具体事例适当地展开议论,使总结出来的经验和教训有论点、有论据,有血有肉、鲜明生动,确实能给人以启发和教益。第四,今后设想。总之以上几项内容,既可以合并,也可以分项单独写,还可以突出某个方面,写作时应根据具体情况决定。

3. 结尾。文尾包括署名和日期,写在总结正文右下方。如果总结者名称已写于标题中或标题下面,文尾则不用再写,只写日期即可。

三、写作要求

总结类事务文书旨在针对一定时期内监狱工作进行系统性分析之后得到的规律性认识,包括经验和教训。其写作意图是对一定时期内的监狱工作进行系统的回顾、分析、评价。在写作过程中需要注意以下几点。

1. 深入调查研究,充分掌握材料。总结类事务文书的研究对象是过去做过的工作或完成的某项任务,进行总结时,必须通过调查研究,努力掌握全面情况和了解整个工作过程,只有这样,才能进行全面总结,避免以偏概全。调查研究的过程同时也是掌握材料的过程。材料是形成观点的基础,缺乏材料的观点是空洞的、抽象的,没有说服力。没有丰富的材料,就无法写出好的总结类事务文书。

2. 透彻分析材料,形成规律性认识。进行工作总结的目的,在于使人们对客观事物的认识由感性上升到理性,最终要从实践中归纳出规律性的认识,正确地指导今后的实践活动,使人们更加自觉地按客观规律办事。因此,总结不能停留在表面现象的认识和客观事例的罗列上,必须针对特定时期的工作实践进行深入透彻的分析,从中归纳出规律性的结论来。需要说明的是,这种高度概括的规律性结论,实际上就是总结类事务文书的见解主旨，是制作者的主要观点。该观点需要有具体的事实材料支撑，否则，容易出现观点与材料脱节的毛病。

3. 一分为二，实事求是。总结类事务文书应该一分为二地估价、评定工作中的成绩和不足。在肯定成绩的同时，要注意存在的问题和不足之处；在肯定现在的同时，不要不恰当地否定过去，应避免绝对化、片面化、极端化，对于成绩和问题，都应实事求是，如实反映，不能任意夸大或缩小。凡是工作实践活动，总会存在人类改造世界的主观能动性与现实世界客观规律性之间的矛盾，其结果是产生正反两方面的精神成果，即经验和教训。无论是经验还是教训，对今后的工作实践都具有重要的指导意义。谈成绩要写清怎么做的，为什么这样做，效果如何，经验是什么；谈存在的问题，要写清是什么问题，为什么会出现这种问题，其性质是什么，教训是什么。这样的总结，才能对前一段的工作有所反思，并由感性认识上升到理性认识。进行工作总结的目的就是要提炼经验，吸取教训，指导今后的工作。

4. 抓住中心，突出重点。总结类事务文书按内容可分为综合性总结和专题性总结。综合性总结也称全面总结，是对一定时期内所做的各项工作进行全面的回顾，这种总结类事务文书时间跨度长，内容广泛，材料繁复。专题性总结是对某一方面的工作情况进行总结，其内容集中，针对性强，专业性强。无论是综合性工作总结还是专题性工作总结，都应该抓住中心，突出重点。写总结类事务文书时不能主次不分，贪多求全，面面俱到，而应当从实际出发，有所侧重，抓住重点。所谓重点，就是决定和影响事物发展的主要矛盾以及矛盾的主要方面。在总结中抓住重点，就是要集中论述几个主要问题，把主要矛盾和矛盾的主要方面说深说透，从中找出经验教训，对工作发挥指导作用。

5. 采用恰当的表达方式，语言精练。总结类事务文书既要回顾过去的工作，又要对其进行分析研究，既要陈述事实，又要上升为理论，提高人们的认识。因此，总结类事务文书的表达方式以叙述和议论为主，根据需要，灵活运用。总结类事务文书还要求判断准确、推理严密，文字朴实、干净利落。因而，无须对事物情况和发展过程进行渲染及详细描写，不能大量堆砌形容词和进行空泛的抒情，那样只会造成华而不实。同时，总结类事务文书一般都是以本单位或者本人的实践为研究对象，选用的材料都是制作者亲身实践的活动，理论、观点一般也都是制作者自身的感受，所以总结类事务文书一般采用第一人称的语气写作。

6. 制作中要避免出现以下问题：第一，材料不真实。总结类事务文书是以自身的工作实践活动为依据的，其目的是要指导和促进今后工作。因此，写作总结类事务文书时，要端正思想，从实际工作出发，尊重客观事实，使用的事例要确有其事，引用的数据要真实可靠,绝不能弄虚作假。实践中,有的总结类事务文书夸大、缩小、歪曲事实,甚至杜撰、编造事实。这类总结类事务文书违背了实事求是的原则,结果是既不可能获得正确的理性认识,也不可能指导和促进今后的工作,没有任何实际意义,也不符合总结类事务文书的写作要求。第二,缺乏理性认识。总结类事务文书必须忠实于自身工作的实践活动,但是总结又绝不是对工作实践的简单记录,不能仅仅停留在对表面现象和具体事例的罗列上,必须把感性认识上升为理性认识,归纳出能够反映事物本质的规律性结论。这种理性认识就是见解主旨,是总结类事务文书的必备要素。缺乏理性认识或者认识不深刻,是总结类事务文书写作中的常见问题。如果总结类事务文书缺乏具有一定深度的理性认识,容易导致总结类事务文书沦为对工作的简单回顾,内容方面只见材料的罗列,不见观点的提出。这类缺乏见解主旨或见解主旨不深刻的总结类事务文书难以发挥应有作用,不符合总结类事务文书的写作要求。第三,面面俱到,重点不突出。总结类事务文书的材料主要来自以往自身工作活动,往往比较丰富。因此,如何选择典型材料,突出重点,是写好总结类事务文书的关键。写作过程中,要着重避免面面俱到,不突出重点的毛病。有的总结类事务文书看似非常全面,不分主次、不分轻重地把工作的每个方面都写到了,结果却是重点不突出,材料虽然数量丰富却不能有效支撑主要观点。这种总结类事务文书不能使人信服,难以发挥应有作用。

第三节　调研类事务文书

一、概念和作用

调研类事务文书是监狱针对某项工作(或事件、问题)进行深入细致的调查研究之后,写出的反映情况、揭示本质、探索规律的汇报类文书。调研类事务文书常用“调查报告”“提案”“建议”等作为文种。

调研类事务文书是在实际工作中使用频率非常高的事务性文书。调研类事务文书的写作能力通常被看成从事各项工作的基本能力。调研类事务文书可以作为领导决策的根据,可以用来推广新生事物,宣传先进典型,也可以用来揭露社会问题和事实真相,其作用主要体现在以下三方面:第一,了解掌握实际情况,为领导决策提供事实依据。各级机关通过调研类事务文书往往能够及时、准确地掌握某一特定时期内工作的实际情况,了解其中的新事物、新问题,从而实事求是地作出决策,开展工作。各级领导部门的任何一项重大决策,都是在调查研究的基础上制定的，写作调研类事务文书是调查研究的重要形式。第二，揭示事物的本质和规律。“求是性”是调研类事务文书的重要特征，揭示事物的本质和规律，把握事物的发展趋势。调研类事务文书的制作者通过调查研究，写作调研类事务文书，可以揭示事物的本质，分析问题根源，得出规律性认识，指导工作实践。第三，指导、警示今后工作。调查研究本身不是写作调研类事务文书的目的，是为了掌握事物发展变化的规律，从而运用这种规律指导、警示今后工作。总结分析了以往工作中的经验，可以推广适用，更大程度发挥其效力，指导今后工作；深入剖析了工作中的失误和问题，可以作为前车之鉴，避免重蹈覆辙。

二、内容结构

调研类事务文书一般由以下三部分组成。

1. 标题。调研类事务文书的标题有两种形式：第一，单标题。直接写明调查对象和内容，常见的主要有公文式标题、一般文章式标题、提问式标题等。如“关于××省罪犯生活费到位情况的调查报告”“××监狱罪犯出狱后就业情况调查报告”“罪犯教育工作如何开展”。第二，双标题。正标题突出主题，副标题写调查对象和内容。如“积极改革，提高改造质量——××监狱改革情况的调查报告”。

2. 主体。调研类事务文书的主体一般包括三部分：第一，前言。前言是调研类事务文书正文前面的简要说明，是为正文的展开做好准备和铺垫。在前言中，可介绍调研类事务文书的经过或有关背景，点明主要收获或基本观点，提示调查的意义等。前言的文字应当高度概括，提纲挈领，紧扣主题，简明扼要。第二，正文。正文部分是调研类事务文书的主要部分，一般包括基本情况、观点结论、建议措施三方面内容。基本情况需要写明通过调查所得到的有关具体情况、做法、材料、数字等。此部分内容不应有闻必录，写成流水账，而应有所取舍，去粗取精。观点结论部分要对基本情况进行深入、透彻地分析，介绍经验的价值与意义，指出问题的危害、实质、根源，说明对形势的估计、预测等。建议措施部分提出设想、建议、措施等，供有关部门或者有关人员参考。第三，结尾。调研类事务文书的结尾有多种写法。有的总结全文，加深印象；有的展望前景，催人奋发；有的提示问题的普遍意义，发人深省；有的附带说明正文内未能提及的重要情况；有的交代有关的附件，等等。结尾应简短有力，意尽言止。也有的调研类事务文书不另写结尾，正文结束后全文即结束。

3. 落款。落款由署名和日期组成，一般写在文末右下角。如果署名已写于标题下方正中,此处则不用再写。

三、写作要求

监狱制作调研类事务文书的意图是为了反映监狱工作中的实际情况,揭示监狱工作中突出问题的本质和症结,探索监狱工作中的客观规律,从而指导、警示今后工作。在写作过程中需要注意以下几点。

1. 明确写作意图,强调针对性。针对性主要强调调研类事务文书在撰写之前必须明确调查目的,确定调研类事务文书的写作意图,这是撰写调研类事务文书需要解决的首要问题。作者先要弄清楚撰写这个调研类事务文书是为了反映监狱工作中的实际情况,还是为了揭示存在的突出问题;是为了总结推广监狱工作中的经验,还是为领导决策提供事实依据;是以个人名义调查并撰写报告,还是以组织名义调查。调查目的为调查工作提供了方向性保证。写作者只有在清楚理解调查目的的基础之上,才能确定调研类事务文书的写作意图,制订合理的调查计划,调研类事务文书才能有的放矢,充分发挥作用。

2. 重视调查工作,充分掌握材料。没有调查就没有发言权,调查研究工作是撰写调研类事务文书的基础和前提。没有对监狱工作深入细致的调查工作,就形成不了写作调研类事务文书的意图,更掌握不到鲜活的第一手材料。缺乏调查工作的调研类事务文书,只能是脱离实际的空中楼阁,沦为写作者的妄断和臆测,根本不可能发挥调研类事务文书的实际效用。开展调查工作之前,应该做好充分准备。必须明确调查目的,确定调查项目,确定调查范围和对象,制订合理的调查计划和调查提纲。同时,开展调查工作还必须充分合理运用各种调查方法。实践中的主要调查方法有:第一,访问调查法。访问调查法是通过交谈、座谈的形式,掌握第一手材料。可以采用个别访问和召开座谈会的形式,深入了解实际情况。第二,统计调查法。统计调查法是调查人员根据调查项目对有关问题进行全面统计,获取系统数据。第三,问卷调查法。问卷调查法是使用预先制订好的书面问卷来了解实际情况。在调查工作中,调查人员应该充分合理利用各种调查方法,掌握尽量多的材料。

3. 认真分析材料,形成核心见解。调查是开展研究的前提,研究是调查的继续,撰写调研类事务文书实际上是调查工作和研究工作高度统一的活动。在完成调查工作,掌握充分材料之后,调研类事务文书的写作者应该深入细致地从事材料分析,揭示事物本质规律,形成调研类事务文书的见解主旨。调研类事务文书不是堆砌材料,罗列现象,而是要对调查的事实进行分析研究,从中概括出共性的、规律性的东西,提炼出最能反映调查目的的结论。对调查事实的分析,是一个从现象到本质、从具体到抽象、从局部到整体的系统综合过程,也是一个纵横比较的过程。针对收集来的大量材料应该进行分析与整理,以便于参考利用。分析与整理的步骤如下:第一,检查。调查材料通常能够如实反映调查中的见闻,但是,往往由于调查时条件的限制或主观上的原因,造成调查材料的缺漏或差错。因此,调查结束,应通过检查,加以必要的补充、追记或订正,使调查材料完整和准确无误。第二,核实。经过检查的材料,只是调查见闻的实录,仍不一定符合调查对象的实际情况。因此,还要进行核实,以辨别材料的真实和可靠性。核实的方法有比较、分析和验算。第三,统计。这里的统计,是指对写作调研类事务文书备用的各种数字资料进行加工汇总和分析。引用科学统计的资料,能使调研类事务文书更为精确、透彻和深刻,从而增强说服力和参考利用价值。因此,对调查中获得的数字资料,凡是需要统计又能进行统计,都应当进行统计。在对材料进行分析与整理的基础之上,必须从材料中找出最能反映事物本质的规律,得出规律性的认识。

4. 制作中要避免出现以下问题:第一,不重视调查活动。实践中,一些写作者一旦承担撰写调研类事务文书的工作任务,就立即开始伏案写作,完全跳过调查研究的环节,最终拿出来的成果严重脱离实际情况,既不能反映真实情况,又不能揭示事物本质规律,更不能指导实践工作。也有的写作者,虽然开展了调查研究工作,但是调查研究不够深入,以致材料肤浅。不注重调查写出的调研类事务文书,必定是空洞无物的。第二,见解不深刻。在调研类事务文书这一文书中,主旨是制作者对事实的核心认识,是支撑写作意图的原因和理由。调研类事务文书的见解要正确、鲜明、内涵深刻,切中问题实质。调查研究工作本身不是目的,目的是要揭示事物的本质和规律,把握事物的发展趋势,获得深刻的理性认识。工作中,一些调研类事务文书虽然展现了丰富的材料,却不能在综合分析的基础之上提出深刻的见解。这类调研类事务文书缺乏深度和实用价值。第三,观点与材料脱节。调研类事务文书要用事实说话、用材料说话,观点和认识要从材料中提炼出来,只有如此才能使阅读者信服。调研类事务文书的观点和材料应该保持高度的契合,观点统领材料,材料支持观点。一些调研类事务文书往往出现观点与材料脱节的问题,观点与材料没有内在的、本质的联系,甚至毫无关联,结果是不能令人信服,难以指导工作实践。撰写调研类事务文书的写作者应该在深刻、全面分析材料的基础之上提炼观点,根据行文的需要合理选择、组织典型材料,注意避免出现观点与材料脱节的问题。

第四节 简报类事务文书

一、概念和作用

简报类事务文书是一种汇报工作、反映情况、传递信息、交流经验的具有新闻性、情报性特点的应用文书。简报类事务文书的名称并不固定,如“工作通讯”“情况反映”“工作动态”。

简报能够以具体的事例、简洁的文字、灵活的形式,及时迅速地向上级机关反映情况、汇报工作;对下级机关或者平级机关指导工作,通报情况。简报的作用具体表现在以下三方面:第一,汇报作用。通过工作简报可以向上级汇报本单位、本部门或本地区的工作情况和重要动态,使上级机关及时了解下属各单位的工作情况和问题,便于上级机关掌握全局、正确决策。第二,交流作用。简报通常刊登本单位工作安排及进展情况,有利于本系统各部门之间及时沟通、协调行动;平行单位之间通过简报可以及时推广和交流经验、先进的工作方法,促进相互间的了解、学习。第三,指导作用。工作简报可以向下级机关宣传党的方针政策,向各职能部门及时传达上级部门的决策和指示精神,对下级机关的工作起到一定的指导作用。但是,必须注意简报对上级不作请示,对下级不作指示。因为工作简报不具备行政公文的法律效力和行政效力,就上行文而言,不能代替请示、报告;对下行文而言,不能代替通知、通报、指示等。

二、内容结构

简报类事务文书的结构一般包括三部分。

1. 报头。报头的版式固定,包括名称、期数、编发机关、印发日期、秘密等级、编号等几部分。报头与正文之间,用横线隔开。报头在第一页上方,占一页的1/3篇幅。工作简报的报头类似行政公文的“红头”,名称要用套红大号字体印刷,位置居中,所以又被称为“红头小报”。工作简报名称应该排在报头的中间,标明“××简报”,如“会议简报”“罪犯教育工作简报”等。期数一般排在工作简报名称的正下方,标明“第×期”,还可以用括号注明总期数。编发机关标注于期数的左下方,横隔线之上,应写编发机关的全称或规范化简称。印发日期标注于期数的右下方,横隔线之上,与编发机关平行,年、月、日必须齐全。秘密等级和编号根据具体情况,可以不写。秘密等级标注于标题的左上角,分“秘密”“机密”“绝密”三种,或写“内部资料,注意保存”。编号标注于简报名称的右上角,是一份简报总印数中的次序号。一般情况下,“绝密”“机密”简报应当有编号。

2. 报身。简报的报身是其内容部分,也可称为主体或报核,由按语、标题和正文三部分组成。“按语”,就是写在文稿前面或后面,依附于文稿的简短的话。工作简报的“编者按”是简报的编发者对简报内容的说明、重点文章的介绍、阅读重点的提示等。对于特别重要的稿件,如转发上级机关重要文件、本机关领导人的重要意见、有推广价值的经验材料、应引起重视的情况或者信息等,往往要加按语。按语的内容,或者是揭示主旨、提出要求,或者是指示关键、提出希望,或者是进行评论,加以强调。按语的目的是引起人们的注意或重视,帮助人们加深理解和认识。需要强调的是,按语的编写必须简明扼要,文字不宜过多。工作简报的标题一般要扼要地概括正文部分陈述的核心内容,尽量准确、简明、醒目。标题居中排列,较长者可以分为两行。标题有单标题和双标题两种写法。单标题为实题,交代单位和事件等;双标题一般正标题为虚题,阐发正文的思想意义;副标题为实题。无论何种标题,都应准确、恰当地概括正文的内容。工作简报的正文有下列写法:第一,新闻式。写法类似新闻,一般开头为导语,下面再详细写具体内容。第二,总结式。主要用来介绍和推广先进经验。这种正文类似于总结,但又不同于总结。总结的区别在于:总结较系统、全面、详细,而简报则较简要。第三,指示式。指示式是上级机关对下级机关部署任务,阐明工作原则、步骤、方法、重点时所用。这种正文与指示的区别在于:指示具有法规性,有行政约束力,而简报不具有行政约束力,只供下级机关在工作中参考。第四,转发式。转发式简报最主要的特点是在转发的内容前有编者按。此处编者按或者说明转发的原因、目的,或者强调简报的重要意义,或者阐述简报的参考价值,或者指出简报的要点等。

3. 报尾。工作简报的报尾包括间隔横线、报送发单位、印刷份数。第一,间隔横线。间隔横线与报头的间隔横线同样粗细,标在简报末页下方大约1/3处。第二,报送发单位。“报”,指给上级机关;“送”,指给同级机关或不相隶属的机关;“发”,指给下级机关。报送发单位写完后,还应再画一条间隔横线。第三,印刷份数。印刷份数标在最后一页右下角,用“共印××份”表示,并用圆括号括起。印刷份数也可以不写。

三、写作要求

监狱制作工作简报的意图是为了迅速及时地向上级领导机关汇报工作,反映对罪犯的管理、教育情况,或者把重要决策、动态等传达给平级或下级机关,以便沟通、交流信息,指导工作。在写作过程中需要注意以下几点。

1. 材料准确,事例典型。简报是用来向有关单位或者人员反映情况、传递信息的,因此内容必须客观、真实、准确,材料必须典型,所反映问题必须突出,务必让人了解和把握真实情况和突出问题。具体来讲,需要做到以下三点:第一,问题要抓准。所反映问题要有一定价值,要有典型性。监狱的上级机关及时了解监狱工作中出现的突出的新情况、新问题,可以对某些政策措施加以调整完善,避免决策失误;基层监狱及时了解监狱工作中出现的新情况、新问题,可以有的放矢,克服工作中的盲目性。第二,材料要准确可靠。工作简报所选择的素材必须做到典型性和真实性的辩证统一。第三,语言要准确。语言是工作简报材料的表现形式,如果语言表达不准确,根本不可能准确可靠地反映材料。

2. 内容新鲜,制发及时。工作简报具有新闻性、时效性的特点。因此,必须迅速及时地反映工作中的新情况、新问题、新信息。新鲜的事物往往具有必然性、普遍性,包含着事物的发展趋势,具有极大的应用参考价值。如果反映的都是人所共知的旧闻,那样就失去了工作简报应有作用和意义。工作简报要保证其新颖性,既要突出一个“新”字,也必须注意一个“快”字。“快”是保证和实现“新”的必要手段。简报要写得快、编得快、印得快、发得快。否则,就会使新情况变成旧情况,新问题变成老问题,事过境迁,失去汇报、交流信息,指导工作的意义。需要注意的是,工作简报通常有定期和不定期两种形式,体现出一定的连续性。这种连续性实际上也是由工作简报新闻性、时效性的特点所决定的。

3. 文字简明,话题集中。文字简明是指工作简报的篇幅短小,语言精练、简明扼要。文字简明是简报传阅快、效率高、效果好的关键。由于简报要求内容新鲜,编发迅速及时,因此简报不能写得冗长,必须简明扼要,短小精悍,一般只反映出主要问题,不必面面俱到。同时,简报所编发的内容,应当集中突出,只有内容集中才能做到文字简明、突出中心,否则出现多个中心,像工作总结一样,将会严重影响简报作用的发挥。简报的编写提倡一事一报。一份简报(综合性简报除外)一般只报告一个问题,反映一件事情。内容力求平实集中,不搞理论阐述,不用艺术描写,只将“什么情况”“事实如何”写清楚就可以了。简报的字数一般不宜过长,字数太多,篇幅过长就不是简报了。针对一些大型会议或事件,可以编发多期简报。

4. 格式规范,形式美观。尽管简报所反映的内容多种多样,其写法也没有固定的模式,但是简报的格式比较统一,大体上可分为报头、报身(主体、报核)和报尾三部分。简报的报头、报尾有比较固定的版式,这一点近似于行政公文。因此,简报在写作中应该符合一般格式要求,做到格式规范、形式美观。

5. 制作过程中避免出现的问题。第一，报道不及时。简报的写作和编发速度要快，要抓住时机迅速及时地作出报道，错过时机、报道不及时往往导致简报的内容缺乏新颖性，简报也就不能发挥应有作用。因此，报告工作情况要快，反映思想动态也要快，要争分夺秒地抢时间，使简报真正实现快速传递信息的作用。第二，"简"字特征不突出。简报贵在一个"简"字，篇幅要简短，内容要简明，文字要简要。违反"简"字要求，将严重影响简报的写作速度和编发速度，不能及时传递新信息、反映新情况，影响读者的阅读效果。这类违反简短、简明、简要要求的所谓简报，不能有效发挥作用，不符合简报的制作要求。第三，格式不规范。与其他常用事务文书相比，简报的格式比较统一，报头、报尾有比较固定的版式。实践中，有的简报虽然内容方面符合要求，但是格式却不够规范。这类格式方面的问题，简报的制作者应该着力避免。

第五节　公示类事务文书

一、概念和作用

公示类文书，是党政机关、企事业单位、社会团体等事先预告群众周知，用以征询意见、接受社会监督、改善工作的一种文书。公示类文书除了包括"公示"外，还有"声明"等文种。

公示，充分体现了"公开、公平、公正"的原则，在任用干部、评优、评比等活动中被广泛使用。公示的作用主要表现在以下三个方面：第一，公开信息。公示所写作的内容、承载的信息，都是要向一定范围内或特定范围内的人员公开，目的是要让相关人员知道和了解，增强工作的透明度，杜绝暗箱操作。信息的公开，是征求意见、接受有效监督的前提条件。公示的发布者通常选择报纸、广播、电视、网络、单位公示栏等合适的媒介发布。第二，反馈信息。公示不同于一般知照性文书，其目的是广泛听取对公示对象和内容的反映，是需要接受反馈意见的文种。反馈信息的形式主要表现为相关人员提出意见。第三，促进民主，有效监督。公示发布之后，相关人员或者没有情况反映，表示认可；或者反映情况，表示不认可。无论公示的结果如何，其中都有群众的参与和监督，表达了群众的意愿，充分体现了民主性。

二、内容结构

公示类事务文书一般应由标题、正文和落款三部分组成，有些情况下也可以有附录、附表、附图。

1. 标题。拟定标题有四种方法：第一，“单位 + 事由 + 公示”，如“××监狱关于××问题的公示”；第二，“事由 + 公示”，如“任前公示”；第三，“单位 + 公示”，如“××监狱公示”；第四，“公示”，即直接以“公示”作为标题。

2. 正文。公示类事务文书的正文主要写三方面的内容。第一，公示的原因。在公示的事由之前通常应该交代公示的原因、依据，以突出公示内容的严肃性、重要性。常用的用语格式是“为了……公示如下”或者“根据……现予公示”。第二，公示的事由。公示的事由是公示对象的基本情况。应该根据需要，尽可能清楚、详细地将需要公示的人和事及其相关情况写出来。写作中，既可以用文字叙述，也可以用图表或者文表结合的方式表达。有些公示，需要被公示的名单或事项较多，可用附件的形式发布。第三，结语。公示的结语一般使用简洁明了的习惯语句，如“现予以公示”“如有意见，请自本日起7个工作日内向××反映”。

3. 落款。落款是公示发布单位的名称（加盖公章）及发布时间。如果标题中有发布单位名称，落款处可以省略。公示的发布时间实际上是公示的生效时间，通常也是公众反映问题有效时限的起始点，因此必须准确清楚。时间写清楚准确，公众才能在公示期间提出意见，也才能达到公示的目的。

三、写作要求

监狱制作公示类事务文书的意图是公开监狱工作中的相关信息，征询意见、接受监督。在写作过程中需要注意以下几点。

1. 事先公示类事务文书。公示类事务文书不是走形式，其内容是初步的决定而并非最终结果。公示类事务文书的目的是将有关内容事先告知公众，用以征求意见，规范干部的选拔任用工作，完善考核评审制度，因此应该在公示的内容没有正式生效至少一周前选用合适的媒体预先向社会公布。例如，“任前公示”“评前公示”“发展党员公示”。保证事先性是公示类事务文书发挥作用的前提。

2. 方便反馈信息。公示类事务文书的目的是公开信息并接受反馈信息，因此，公示类事务文书的写作应注意标明联系人和恰当的联系方式。联系方式包括电话、信件、电子邮件等形式。同时，公示类事务文书应对公众反映情况的时间和内容作出必要的要求，促使相关人员方便、适当反馈信息。

3. 文字简练，内容清楚。公示类事务文书的篇幅一般比较短小，承载的信息要受到篇幅的限制。因此，公示类事务文书原因、公示类事务文书事由必须用尽量简洁的语言交代清楚。

研究与思考

1. 简述工作计划的内容结构和写作要求。
2. 简述总结类事务文书的内容结构和写作要求。
3. 简述调研类事务文书的内容结构和写作要求。
4. 简述简报类事务文书的内容结构和写作要求。
5. 简述公示类事务文书的内容结构和注意事项。

主要参考文献

[1]周道鸾主编:《法律文书教程》,法律出版社 2007 年版。

[2]宁致远主编:《法律文书学》,中国政法大学出版社 2006 年版。

[3]潘庆云主编:《法律文书范例评析》,复旦大学出版社 2005 年版。

[4]欧阳俊主编:《法律文书写作教程》,中国政法大学出版社 2005 年版。

[5]王光祖、杨荫浒主编:《写作》,华东师范大学出版社 2000 年版。

[6]张靖主编:《公安机关刑事法律文书制作与规范》,群众出版社 2005 年版。

[7]吴丙林、王清明主编:《监狱文书写作》,群众出版社 2003 年版。

[8]田伟明、韩宏西主编:《监狱执法文书》,金城出版社 2003 年版。

[9]张连举主编:《当代法律文书写作》,暨南大学出版社 2006 年版。

[10](梁)刘勰著,龙必锟译注:《文心雕龙》,贵州人民出版社 1990 年版。

[11]王泰主编:《新编狱政管理学》,中国市场出版社 2005 年版。

[12]章恩友、姜祖桢主编:《矫治心理学》,教育科学出版社 2008 年版。

[13]王秉中主编:《罪犯教育学》,群众出版社 2003 年版。

[14]吴丙林、裴玉良主编:《监狱文书制作原理与实务》,中国市场出版社 2012 年版。

[15]吴新元:《公文写作速成:原理 · 标准格式 · 例文解析》,中国纺织出版社 2009 年版。

[16]张泗汉主编:《法律文书教程》(第三版),法律出版社 2017 年版。